U0136243

鄧孔昭

臺灣史研究名家論集

（初編）

蘭臺出版社

作者簡介（依姓氏筆劃排序）

王志宇 1965 年出生於臺灣彰化縣田中鎮，1988 年移居臺中。現為逢甲
大學歷史與文物研究所專任教授長，曾任逢甲大學歷史與文物
研究所所長、臺灣古文書學會理事長、臺灣口述歷史學會理事
等職。專攻臺灣史、臺灣宗教及民俗、方志學，並對近代中國
史頗有涉略，著有《臺灣的恩主公信仰》、《苑裡慈和宮志》、《儒
家思想的實踐者－廖英鳴先生口述歷史》、《寺廟與村落－臺灣
漢人社會的歷史文化觀察》等書，編有《片雲天共遠》、《傳承
與創新－逢甲大學近十年的發展，1998-2007》、《閩臺神靈與社
會》、《大里市史》等書，並著有相關論文三十餘篇，也參與《集
集鎮志》、《竹山鎮志》、《苑裡鎮志》、《外埔鄉志》、《臺中市志》、
《南投縣志》、《新修彰化縣志》、《大村鄉志》、《續修南投縣志》
等方志的寫作，論述豐碩。

汪毅夫 男，1950 年 3 月生，臺灣省臺南市人。曾任福建社會科學院研
究員，現任中華全國臺灣同胞聯誼會會長，福建師範大學社會
歷史學院兼職教授、博士生導師，享受國務院特殊津貼專家。
撰有學術著作《中國文化與閩臺社會》、《閩臺區域社會研究》、
《閩臺緣與閩南風》、《閩臺地方史研究》、《閩臺地方史論稿》、
《閩臺婦女史研究》等 15 種，200 餘萬字。曾獲福建省社會科
學優秀成果獎 7 項。

卓克華 文化大學史學碩士，廈門大學歷史博士。曾先後兼任過中山、
空中、新竹師範、中原、中國醫藥、中國技術、文化等等大學
教職，現在佛光大學歷史系所為專職教授。先後擔任過臺灣眾
多縣市的古蹟審查委員，現為文化部古蹟勞務主持人之一。早
年專攻臺灣經濟史，近二十年轉向古蹟史、宗教史、社會史，
撰寫古蹟調查研究報告書超過八十本，已出版學術著作有《清
代臺灣行郊研究》、《從寺廟發現歷史》、《寺廟與臺灣開發史》、
《古蹟‧歷史‧金門人》、《竹塹媽祖與寺廟》、《民間文書與媽
祖廟之研究》、《臺灣古道與交通研究—從古蹟發現歷史卷之
二》，著作等身，為臺灣知名學者。

周宗賢 臺灣臺南市人，生於 1943 年。文化大學史學碩士。曾任淡江大
學歷史系教授、系主任、主任、所長，內政部暨文建會古蹟評

鑑委員。現任淡江大學歷史系榮譽教授，臺北市、新北市文化資產審議委員。學術專長為臺灣史、臺灣民間組織、臺灣文化資產研究、淡水學等，著有《逆子孤軍——鄭成功》、《清代臺灣海防經營的研究》、《黃朝琴傳》、《臺南縣噍吧哖事件的調查研究》、《淡水輝煌的歲月》等。是臺灣知名的臺灣史、臺灣文化資產研究的學者。

林仁川　1941 年 10 月出生於龍岩市。1964 年復旦大學歷史系本科畢業，1967 年研究生畢業。教育部文科百所重點研究基地——廈門大學臺灣研究中心首任主任、教授、博士生導師，享受國務院特殊津貼專家。曾兼任福建省人大常委會常委、廈門市政協副主席。現任兩岸關係和平發展協同創新中心教授，廈門市炎黃文化研究會會長。主要著作有《大陸與臺灣歷史淵源》、《閩台文化交融史》、《臺灣社會經濟史研究》、《明末清初私人海上貿易》、《閩台緣》等多部專著。編寫十三集大型電視專題片《海峽兩岸歷史淵源》劇本和國家級博物館《中國閩台緣博物館》、《客家族譜博物館》展覽文本。在國內外各種刊物上發表學術論文近百篇。多次承擔國家文化出版重點工程、國家哲學社會科學重大項目、教育部文科重點項目，均任課題組長。主持編寫《現代臺灣研究叢書》、《圖文臺灣》、《中國地域文化通覽——臺灣卷》、《臺灣大百科全書——文化分冊》。曾多次榮獲全國及省部級哲學社會科學優秀成果獎。

林國平　歷史學博士，兩岸協創新中心福建師範大學文化研究中心首席專家，福建師範大學社會歷史學院教授、博士生導師，福建省高等院校教學名師，享受國務院特殊津貼的專家。主要從事閩臺民間宗教信仰研究，代表作有《林兆恩與三一教》、《福建民間信仰》、《閩臺民間信仰源流》、《籤占與中國社會文化》等。

韋煙灶　學歷：國立臺灣師範大學文學博士【地理學】（2003）
現職：國立臺灣師範大學地理學系教授
學術專長：鄉土地理、水文學（地下水學）、土壤地理學、地理教育
主要著作（專書）：《鄉土教學與教學資源調查》（2002）、《臺灣全志：卷二土地志（土壤篇）》【與郭鴻裕合著】（2010）、《與海相遇之地：新竹沿海的人地變遷》（2013）
研究領域：早期的研究偏向於自然地理學，奠定後來地理研究之厚實知能。2004 年以後的研究重心逐漸轉向鄉土地理、歷史

地理（閩客族群關係）與地名學研究，已發表相關學術期刊論文約 40 篇。

徐亞湘　臺北藝術大學戲劇系教授、中國文化大學戲劇系兼任教授、《戲劇學刊》主編、中華戲劇學會理事、華岡藝校董事。學術專長為臺灣戲劇史、中國話劇史、中國戲劇 及劇場史。著有戲劇專書《日治時期中國戲班在臺灣》、《日治時期臺灣戲曲史論——現代化作用下的劇種與劇場》、《Sounds From the Other Side》、《臺灣劇史沉思》等十餘冊。

陳支平　1952 年出生，歷史學博士。現任廈門大學人文與藝術學部主任委員、國學研究院院長，兩岸關係和平發展協同創新中心首席專家，兼任中國西南民族學會會長、中國明史學會常務副會長、中國朱子學會副會長、中國民族學與人類學研究會副會長等學術，職務。主要著作有《清代賦役制度演變新探》、《近 500 年來福建的家族社會與文化》、《明史新編》、《福建族譜》、《客家源流新論》、《民間文書與明清賦役史研究》、《歷史學的困惑》、《透視中國東南》、《民間文書與明清族商研究》、《臺灣文獻與史實鉤沉》、《史學水龍頭集》、《虛室止止集》等，編纂大型叢書《臺灣文獻彙刊》100 冊等。2006 年胡錦濤總書記訪問美國時，曾把《臺灣文獻彙刊》作為禮品之一贈送給耶魯大學。是書 2009 年入選「建國 60 周年教育成就展」。

陳哲三　1943 生，南投縣竹山鎮人，東海大學歷史系歷史研究所畢業，逢甲大學歷史與文物研究所教授，退休。先治中國現代史，著有：《中華民國大學院之研究》（臺北，商務印書館，1976）、《鄒魯研究初集》（臺北，華世出版社，1980）、《中國革命史論及史料》（臺北，商務印書館，1982）、《問學與師友》（臺中，大學圖書供應社，1985）等書。後治臺灣史，著有《竹山鹿谷發達史》（臺中，啟華出版社，1972）、《臺灣史論初集》（臺中，大學圖書供應社，1983）、《古文書與臺灣史研究》（臺北，文史哲出版社，2009）。教學研究之餘，又主修《逢甲大學校史》（未刊稿，1983）、《集集鎮志》（南投，集集鎮公所，1998）、《竹山鎮志》（南投，竹山鎮公所，2001）、《南投縣志》（南投縣政府，2010）、《南投農田水利會志》（南投，南投農田水利會，2008）等書。

陳進傳　1948 年生，台灣宜蘭人。淡江大學歷史系、歐洲研究所畢業，

曾任宜蘭大學副教授、教授，嶺東科技大學教授，現為佛光大學文化資產與創意學系教授。早年先治明史，著有論文多篇，其後研究轉向宜蘭史，並曾擔任宜蘭縣文化、文獻、古蹟、藝術各種委員會委員及宜蘭縣政府顧問，撰述《清代噶瑪蘭古碑之研究》、《宜蘭傳統漢人家族之研究》、《宜蘭擺厘陳家發展史》（合著）、《宜蘭本地歌仔—陳旺欉生命紀實》（合著）、《宜蘭布馬陣—林榮春生命紀實》（合著）、《宜蘭的傳統碗盤》（合著）等及論文約 80 篇。

鄭喜夫　台南市籍澎湖人，民國三十一年生。財校財務科畢業、興大歷史所碩士。高考會審人員考試及格。曾任臺灣省及北、高二市文獻會委員，內政部民政司專門委員。編著有臺灣史管窺初輯、民國連雅堂先生橫年譜、民國邱倉海先生逢甲年譜、清鄭六亭先生兼才年譜、重修臺灣省通志財稅、文職表、武職表、武職表三篇、南投縣志商業篇、臺灣當代人瑞綜錄初稿等書十餘種。

鄧孔昭　1953 年生，福建省三明市人。1978 年廈門大學歷史系畢業。後留系任教。1982 年轉入臺灣研究所。先後任助理研究員、副研究員、研究員、教授。1996 年起，兼任臺灣研究所副所長，2004 年改為副院長。2012 年退休。現為兩岸關係和平發展協調創新中心成員。

已經出版的著作有：《臺灣通史辨誤》、《鄭成功與明鄭在臺灣》等。

戴文鋒　1961 年生，臺南人，國立臺灣大學歷史學學士、國立成功大學歷史語言研究所碩士、國立中正大學歷史研究所博士，日本國立一橋大學言語社會研究科客員研究員，國立臺南大學臺灣文化研究所教授兼所長。學術領域為臺灣史、臺灣民俗、臺灣民間信仰、臺灣文化資產，重要專著有《府城媽祖行腳》、《萬年傳香火、世代沐法華——萬華寺廟》（以上 2002）、《萬華觀光案內》（2004）、《走過‧歷史‧記憶——鏡頭下的永康》（2008）、《萬年縣治所考辨》（2009）、《東山鄉志》、《在地的瑰寶——永康民俗祭儀與文化資產》、《永康的歷史遺跡與民間信仰文化》（以上 2010）、《九如王爺奶回娘家傳統民俗活動之研究》（2013）、《重修屏東縣志‧民間信仰》（2014）、《山谷長歌——噍吧哖事件在地繪影與歷史圖像》（2015）等十餘冊。

目　錄

臺灣史研究名家論集——總序

　　《臺灣史研究名家論集》（初編）即將印行，忝為這套叢刊的主編，依出書慣例不得不說幾句應景話兒。

　　這十幾年我個人習慣於每學期末，打完成績上網登錄後，抱著輕鬆心情前往探訪學長杜潔祥兄，一則敘敘舊，問問半年近況，二則聊聊兩岸出版情況，三則學界動態及學思心得。聊著聊著，不覺日沉西下，興盡而歸，期待半年後再見。大約三年前的見面閒聊，偶然談出了一個新企劃。潔祥兄自從離開佛光大學教職後，「我從江湖來，重回江湖去」（潔祥自況），創辦花木蘭出版社，專門將臺灣近六十年的博碩論文，有計畫的分類出版，洋洋灑灑已有數十套，近年出書量及速度，幾乎平均一日一本，全年高達三百本以上，煞是驚人。而其選書之嚴謹，校對之仔細，書刊之精美，更是博得學界、業界的稱讚，而海峽對岸也稱許他為「出版家」，而不是「出版商」。這一大套叢刊中有一套《臺灣歷史文化叢刊》，是我當初建議提出的構想，不料獲得彼首肯，出版以來，反映不惡。但是出書者均是時下的年輕一輩博、碩士生，而他們的老師，老一輩的名師呢？是否也該蒐集整理編輯出版？

　　看似偶然的想法，卻也是必然要去做的一件出版大事。臺灣史研究的發展過程，套句許雪姬教授的名言「由鮮學經顯學到險學」，她擔心的理由有三：一、大陸學界有關臺灣史的任務性研究，都有步步進逼本地臺灣史研究的趨勢，加上廈大培養一大批三年即可拿到博士學位的臺灣學生，人數眾多，會導致臺灣本土訓練的學生找工作更加雪上加霜；二、學門上歷史系有被社會科學、文學瓜分，入侵之虞；三、在研究上被跨界研究擠壓下，史家最重要的技藝——史料的考訂，最後受到影響，變成以理代証，被跨學科的專史研究壓迫的難以喘氣。中研院臺史所林玉茹也有同樣憂慮，提出五大問題：一、是臺灣史研究受到統獨思想的影響；二、學術成熟度仍不夠，一批缺乏專業性的人可以跨行教授臺灣史，或是隨時轉戰研究臺灣史；三、是研究人力不足，尤其地方文史工作者，大多學術訓練不足，基礎條件有限，甚至有偽造史料或創造歷史

的情形，他們研究成果未受到學術檢驗，卻廣為流通；四、史料收集整理問題，文獻資料躍居成「市場商品」，竟成天價；五、方法問題，研究者對於田野訪查或口述歷史必需心存警覺和批判性。

　　十數年過去了，這些現象與憂慮仍然存在，臺灣史學界仍然充滿「焦慮與自信」，這些焦慮不是上文引用的表面問題，骨子裡頭真正怕的是生存危機、價值危機、信仰危機，除此外，還有一種「高平庸化」的危機。平心而論，臺灣史的研究，不論就主題、架構、觀點、書寫、理論、方法等等。整體而言，已達國際級高水準，整個研究已是爛熟，不免凝固形成一僵硬範式，很難創新突破而造成「高平庸化」的危機現象。而「高平庸化」的結果又導致格局小，瑣碎化、重複化的現象，君不見近十年博碩士論文題目多半類似，其中固然也有因不同學門有所創見者，也不乏有精闢的論述成果，但遺憾的是多數內容雷同，資料重複，學生作品如此；學者的著述也高明不到哪裡，調研案雖多，題材同，資料同，析論也大同小異。於是乎只有盡量挖掘更多史料，出版更多古文書，作為研究創新之新材料，不過似新實舊，對臺灣史學研究的深入化反而轉成格局小，理論重複，結論重疊，只是堆砌層累的套語陳腔，好友臺師大潘朝陽教授，曾諷喻地說：「早晚會出現一本研究羅斯福路水溝蓋的博士論文」，誠哉斯言，其言雖苛，卻是一句對這現象極佳註腳。至於受統獨意識形態影響下的著作，更不值得一提。這種種現狀，實在令人沮喪、悲觀，此即焦慮之由來。

　　職是之故，面對臺灣史這一「高平庸化」的瓶頸，要如何掙脫困境呢？個人的想法有二：一是嚴守學術規範予以審查評價，不必考慮史學之外的政治立場、意識形態、身份認同等，二是返回原點，重尋典範。於是個人動了念頭，很想將老一輩的著作重新整理，出版成套書，此一構想，獲得潔祥兄的支持，兩人初步商談，訂下幾條原則，一、收入此套叢書者以五十歲（含）以上為主；二、是史家、行家、專家，不必限制為學者，或在大專院校，研究機構者；三、論文集由個人自選代表作，求舊作不排除新作；四、此套書為長期計畫，篩選四、五十位名家代表

作，分成數輯分年出版，每輯以二十位爲原則；五、每本書字數以二十
萬字爲原則，書刊排列起來，也整齊美觀。商談一有結論，我迅即初步
擬定名單，一一聯絡邀稿，卻不料潔祥兄卻因某些原因而放棄出版，變
成我極尷尬之局面，已向人約稿了，卻不出版了。之後拿著企劃書向兩
家出版社商談，均被婉拒，在已絕望之下，幸得蘭臺出版社盧瑞琴女史
遞出橄欖枝，願意出版，才解決困局。但又因財力、人力、市場的考慮，
只能每輯以十人爲主，這下又出現新困擾，已約的二十幾位名家如何交
待如何篩選？兩人多次商討之下，盧女史不計盈虧，終於同意擴大爲十
五位，並不篩選，以來稿先後及編排作業爲原則，後來者編入續輯。

　　我個人深信史學畢竟是一門成果和經驗累積的學科，只有不斷累積
掌握前賢的著作，溫故知新，才可以引發更新的問題意識，拓展更新的
方法、理論，才能使歷史有更寬宏更深入的研究。面對已成書的樣稿，
我內心實有感發，充滿欣喜、熟悉、親切、遺憾、失落種種複雜感想。
本叢刊初編自有遺珠之憾，也並非臺灣史名家只有這十四位，此乃初編，
將有續編，我個人只是斗膽出面邀請同道之師長友朋，共襄盛舉，任憑
諸位自行選擇其可傳世、可存者，編輯成書，公諸同好。總之，這套叢
書是十四位名家半生著述精華所在，精采可期，將是臺灣史研究的一座
豐功碑及里程碑，可以藏諸名山，垂範後世，開啓門徑，臺灣史的未來
新方向即孕育在這套叢書中。展視書稿，披卷流連，略綴數語以說明叢
刊的成書經過，及對臺灣史的一些想法，期待與焦慮。

卓克華

2016.2.22 元宵　於三書樓

臺灣史研究名家論集——推薦序

　　臺灣史研究的興盛，主要是從二十世紀八十年代開始的。臺灣史研究的興起與興盛，一開始便與政治有著密切的聯繫。從大陸方面講，「文化大革命」的結束與「改革開放」政策的實行，使得大陸各界，當然包括政界和學界，把較多的注意力放置在臺灣問題之上。而從臺灣方面講，隨著「本土意識」的增強，以及之後的「臺獨」運動的推進，學界也把較多的精力轉移到對於臺灣歷史文化及其現狀的研究之上。經過二三十年的摸索與磨練，臺灣歷史文化的學術研究，逐漸蔚為大觀，成果喜人。以大陸的習慣性語言來定位，臺灣史研究，可以稱之為「臺灣史研究學科」了。

　　由於二十世紀八十年代以來臺灣史研究的興起與興盛，大體上是由此而來，這就造成現今的中國臺灣史研究的隊伍，存在著兩個明顯的特徵。其一，大部分的所謂臺灣史研究學者，特別是大陸的學者，都是「半路出家」，跨行或轉行而來，並沒有受過比較系統而嚴格的臺灣史學科的基礎訓練，各自的學術參差不齊，惡補應景和現買現賣的現象頗為不少。其二，無論是大陸的學者，還是臺灣的學者，對於臺灣史的研究，似乎都很難擺脫政治性的干擾。儘管眾多的研究者們，依然希望秉承嚴正客觀的歷史學之原則，但是由於各自政治立場的不同，大家對於臺灣歷史文化的關注點和解讀意趣，還是存在著諸多的差異，有些差異甚至是南轅北轍的。

　　儘管如此，從學術發展的立場出發，臺灣史研究的這兩個特徵，也未嘗不是一件好事。不同的政治立場、學術立場；不同的學術行當、學術素養，必然形成多視野、多層次、多思維的學術成果。即使是學術立場、觀點迥異的學術成果，也可以引起人們的不同思考與討論。借用大陸的一句套話，就是「百花齊放」，或者「毒草齊放」了。百花也好，毒草也罷，正是有了這般林林總總的百花和毒草，薈兮蔚兮，百草豐茂，在兩岸學者的共同努力之下，形成了臺灣史研究的熱潮。

　　蘭臺出版社有鑑於此，聯絡大陸和臺灣的數十位臺灣史研究學者，

出版了這套《臺灣史研究名家論集》。在這部洋洋大觀的名家論集中，既有較早拓荒性從事臺灣史研究的鄭喜夫、周宗賢、林仁川等老先生的論著，也有諸如如王志宇、戴文鋒等年富力強的中生代的力作。在這眾多的研究者中，各自的政治社會立場姑且不論，僅以學術出生及其素養而言，既有歷史學、語言文學的，也有宗教學、戲劇學、地理學等等。研究者們從各自不同的學術行當和研究意趣出發，專研各自不同的研究專題，多有發見，多有創新。因此可以毫不誇張地說，這套《臺灣史研究名家論集》，在一定程度上體現了當今海峽兩岸臺灣史學術研究的基本現狀與學術水平。這套論集的出版，相信對於推動今後臺灣史研究的進一步開拓與深入，無疑將產生良好積極的作用。

陳支平

2016 年 3 月于廈門大學國學研究院

光復初期臺灣的行政長官公署制

　　光復初期，國民黨政府在臺灣實行了一種與其它省政府組織不同的行政長官公署制（1945 年 10 月至 1947 年 4 月）。這種制度曾引起人們的種種非議，甚至被認爲是造成「二二八事件」的主要因素之一。臺灣省行政長官公署制如何產生？它與一般省政府制相比有些什麼特殊的地方？在它施政一年多的時間裡有哪些利弊得失？它爲什麼會產生與設計者的主觀願望相反的客觀效果？本文擬就以上這些問題作一個初步的探討。

一

　　在臺灣實行一種比較特殊的行政體制，是當時國民黨政府主管官員以及在大陸的台籍人士在籌備接收過程中的一致選擇。

　　1941 年 12 月 9 日，國民黨政府在太平洋戰爭爆發之後正式對日宣戰，宣佈一切與日本有關的條約、協定、合同等一律廢止，戰後將收復臺灣、澎湖及東北四省。1943 年 11 月，中、美、英三國首腦在開羅召開會議，中國收復失地的要求得到了美、英兩國首腦的贊同。12 月 1 日，三國簽署的《開羅宣言》決定，戰後將把日本所竊取的滿洲、臺灣、澎湖群島等歸還給中國。開羅會議之後，國民黨政府未雨綢繆，開始了籌備接收臺灣的工作。

　　1944 年 3 月，蔣介石下令在中央設計局之下成立「臺灣調查委員會」。4 月 17 日，該機構正式成立，陳儀爲主任委員，沈仲九、王芃生、錢宗起、周一鶚、夏濤聲爲委員。之後，蔣介石又指示，臺灣調查委員會「如稍加充實，多多羅致臺灣有關人士，並派有關黨政機關負責人員參加，即足以擔負調查與籌備之責」[1]。因此，不久又增補在大陸的台籍人士黃朝琴、遊彌堅、丘念台、謝南光、李友邦等爲委員。並且還先後聘請了台籍人士宋斐如、林忠、連震東、李萬居、劉啓光、謝掙強等

---

[1] 陳鳴鐘、陳興唐：《臺灣光復和光復後五年省情》（上），南京出版社，1989 年版，第 3 頁。

爲專門委員或專員。在陳儀的主持下,有關臺灣情況的調查研究和光復後各項工作的設計緊鑼密鼓地全面展開。

在關於光復後臺灣應實行何種行政體制的問題上,臺灣調查委員會主任委員陳儀和中央設計局(中央設計局以規劃收復失地的工作爲其中心任務)局長熊式輝「兩人都主張應有特殊的組織,以便應付特殊的環境。……陳儀是策劃臺灣應設置異於各省的行政長官制度最有力的人物」[2]。陳儀素以瞭解臺灣的情況著稱。他早年留學日本,1934 年至 1941 年間在與臺灣一水相隔的福建任省政府主席,此間,曾組織考察團到臺灣進行過實業考察,他本人也在 1935 年 10 月間到臺灣進行過訪問。無論是考察團的考察,還是他本人的訪問,日本臺灣總督府的組織形式和行政效率,都給陳儀留下了深刻的印象。在由陳儀題寫書名並撰寫序言的《臺灣考察報告》中,對臺灣總督府有這樣一段評價:「以言政府組織,臺灣總督府除軍權外,有統治全島之權,一切法令雖經內地政府敕令公佈,但均系因地制宜,由總督府擬定者。高等法院亦隸于總督之下,故立法、司法、行政三權並不分立。政治上之運用如手之使臂,臂之使指(注:此處請與吾國各省之情形互相比較)。……此種制度,雖難盡適用於吾國各省,而在一島內事權之統一,職責之分明,則非吾國各省所能望其項背也」[3]。這段議論,雖非直接出自陳儀,但他心同此感則是可以肯定的。因爲,後來臺灣省行政長官公署秘書長葛敬恩在省參議會解釋爲什麼採用行政長官公署制度時說,「臺灣調查委員會根據陳儀長官游台視察的心得,經過詳細的研究,才向中央建議了現在的辦法」[4]。

不僅政府主管官員力主採用特殊的行政體制,而且,臺灣調查委員會以及當時在重慶的台籍人士也極力主張採用不同於各省、而類似於日

---

[2] 楊鵬:《臺灣受降與二‧二八事件》,載《陳儀生平及被害內幕》,中國文史出版社,1987 年版,第 7 頁。

[3] 福建省考察臺灣實業團:《臺灣考察報告》,第 24─25 頁。

[4] 陳鳴鐘、陳興唐:《臺灣光復和光復後五年省情》(上),南京出版社,1989 年版,第 224─225 頁。

本在台總督府的行政體制。1944 年 7 月 21 日，臺灣調查委員會邀請在重慶的台籍人士舉行座談。會上，台籍人士黃朝琴（此時還不是臺灣調查委員會的委員）發言說，「臺灣是從前的一省，所以收復必須改省。臺灣離開祖國將五十年，政治、經濟、建設以及風土習慣和國內相差很遠，希臺灣收復以後五六年內，以維持現狀為目的，不以實驗的名義而以實驗的方式來治理。將來臺灣省的制度，必須以單行法制定，不必與各省強同。……行政機構有考慮的必要。日本在臺灣的制度很好，原有的總督府，只須名稱的取消，改為省政府，原來總督府的機構不予更動。內地各省政府的機關太多，於臺灣人不習慣。五十年來臺灣的系統都是一元化，如遽加變更，使台人無所適從。臺灣首長的許可權應擴大。臺灣總督之下，有總務長官，是總督府的幕僚長，代總督處理例行公事。現在國內各省秘書長的地位太小，似應提高。省長必須是強有力者，而亦有職權大的幕僚長」[5]。後來實行的臺灣省行政長官公署制與黃朝琴的這番主張十分相似，可以說相當程度地採納了他的意見。另一位與會的台籍人士、此時為兼任專門委員的謝南光則說，「黃先生所提出的臺灣特別省制一節，可以說是我們臺灣同志一致的要求，對這點不必重提」[6]。謝南光的表態確實代表了與會全體台籍人士的意見，往後的討論，未見其他台籍人士對行政體制問題提出不同的看法。

　　為什麼陳儀和一些台籍人士會主張在臺灣實行特別的行政體制呢？主要的原因是，他們都看到了當時大陸各省實行的行政體制的弊病，同時也看到了臺灣日本總督府行政的高效率。在上述所引的《臺灣考察報告》和黃朝琴的發言中，都作過這方面的對比。後來，葛敬恩在省參議會的「施政總報告」中把這一點說得更加明白：「我國各省的省制比較事權分散，牽制太多，不能充分發揮行政效能。……要以這種制度來立刻變更日本在臺灣的舊制，實在容易發生混亂脫節的現象。臺灣舊有的行政機構，雖與內地各省不同，卻是從五十年的經驗中產生的，

---

[5] 中國第二歷史檔案館：《臺灣二‧二八事件檔案史料》（上），檔案出版社，1991 年版，第 11 頁。

[6] 同上，11—12 頁。

其經濟建設的積極、學術研究的進步，未始非得力於行政機構的健全。……設想以國內權不專屬的省制來接收臺灣頭緒紛繁的政務，必至有些機構和業務，大家爭著要管，而有些大家都不管。因爲制度各異，先後交接的事權就無法明確劃分了。這樣一來，必致影響到人民的生活，而政制的突然劇烈變更，可使人民大爲不安。爲了避免這些困難和缺點」，因此他們認爲，在臺灣實行一種類似日本總督府的行政體制，或許是最好的辦法。葛敬恩甚至說：「如果我們臺灣的制度，在行政效率的表現上比內地的省制好，說不定內地的省制也會跟著我們改良的」[7]。

如果說，通常人們在考慮一種行政體制是否比較完善時，一般都要顧及民主程度和行政效率兩個方面的話，那麼，當時陳儀等人刻意追求的顯然只有行政效率一個方面。就連後來成爲臺灣「民主政治」領袖（省參議會議長）的黃朝琴和一些台籍人士也是如此。

儘管在籌備接收過程中也有人主張「全盤改變日本統治時的制度，建立省政府，推行當時通行的一切法令規章」[8]，但陳儀和一些台籍人士的意見仍然占了上風。「經過幾次討論，大家意見趨於一致」[9]。因此，臺灣調查委員會在 1945 年 3 月提交的《臺灣接管計劃綱要》「總則」部分第 2 條規定，「接管後之政治設施，……當注重強化行政機關，增強工作效率」。在「內政」部分第 12 條規定，「接管後之省政府，應由中央政府以委託行使之方式賦以較大之權力」[10]。臺灣調查委員會關於在臺灣建立特別省制的意見得到了蔣介石的贊同。8 月 29 日，國民黨政府特任陳儀爲臺灣省行政長官。30 日，又任命了行政長官公署秘書長及各處處長[11]。9 月 1 日，臺灣省行政長官公署臨時辦事處在重慶成立。

---

[7] 陳鳴鐘、陳興唐：《臺灣光復和光復後五年省情》（上），南京出版社，1989 年版，第 224－225 頁。

[8] 周一鶚：《陳儀在臺灣》，載《陳儀生平及被害內幕》，第 105 頁。

[9] 同上。

[10] 陳鳴鐘、陳興唐：《臺灣光復和光復後五年省情》（上），南京出版社，1989 年版，第 40－50 頁。

[11] 《臺灣省行政長官公署公報》，第 1 卷，第 1 期。

9月20日，《臺灣省行政長官公署組織條例》公佈施行[12]。10月25日，臺灣省行政長官公署正式在臺北成立。

二

究竟臺灣省行政長官公署制與內地各省的省政府制有哪些不同呢？首先，我們可以根據《臺灣省行政長官公署組織條例》和1944年4月28日修正公佈的《省政府組織法》[13]作一個比較。

《臺灣省行政長官公署組織條例》規定，「臺灣省行政長官公署，於其職權範圍內，得發佈署令，並得制定臺灣省單行規章」。「臺灣省行政長官公署，受中央之委任得辦理中央行政。臺灣省行政長官，對於臺灣省之中央各機關有指揮監督之權」。而《省政府組織法》中相應的條文則規定，「省設省政府綜理全省事務，並監督地方自治」。「省政府於不抵觸中央法令範圍內，得依法發佈命令」。相比較而言，臺灣省行政長官公署具有比內地各省政府更大的權力。它不但可以在本省制定單行的法規，而且還可以受委任辦理中央行政，其行政長官對在臺灣的中央機關還有指揮監督之權。換句話說，各省政府的職權一般只限於地方政務，而臺灣省行政長官公署卻可以過問那些原屬中央職權範圍的事務，如司法、監察、銀行、海關以及軍隊等。因此，它對轄地內的一切事務，具有更大的自主權。這是臺灣省行政長官公署制的特點之一。

《臺灣省行政長官公署組織條例》還規定，「臺灣省暫設行政長官公署，隸屬於行政院，置行政長官一人，依據法令綜理臺灣全省政務」。「臺灣省行政長官公署，置秘書長一人，輔佐行政長官處理政務」。而《省政府組織法》中相應的條文則規定，「省設省政府綜理全省事務」。「省政府置委員七人至十一人，簡任，由行政院會議議決提請國民政府任命，組織省政府委員會，行使職權」。同時規定，屬於省政範圍內的

12　《臺灣省行政長官公署公報》，第1卷，第1期。

13　葉潛昭編：《最新實用中央法規彙編》（一），彥明出版有限公司印行，第257—259頁，

十二個方面的事項,「應經省政府委員會之議決」。而省政府主席的職權只是:「一、召集省政府委員會,于會議時為主席。二、執行省政府委員會議決案。三、監督所屬行政機關職務之執行。四、處理省政府日常及緊急事務」。由此可見,內地各省政府實行的是委員制,所有的委員都是簡任官,比較重要的政務都要經過委員會議的決定。省政府主席也是委員之一,他沒有凌駕於其他委員的特殊權力。而在臺灣實行的是行政長官制,由他一人「依據法令綜理臺灣政全省務」。行政長官公署秘書長也有較大的權力,是主要的輔佐人員。權力高度集中於行政長官一人之手,這是臺灣省行政長官公署制的特點之二。

《臺灣省行政長官公署組織條例》規定行政長官公署下設九個處,分別是:秘書處、民政處、教育處、財政處、農林處、工礦處、交通處、警務處和會計處。並且還規定,「必要時得設置專管機關或委員會」。而《省政府組織法》則規定,各省政府只能設置六個廳處,分別是:民政廳、財政廳、教育廳、建設廳、秘書處、會計處。必要時,可「設置專管機關隸屬於主管廳」。兩相比較,臺灣省行政長官公署比內地各省政府多設了 3 個處,而且還可以設置一些不低於各處的專管機關或專門委員會,而內地各省政府於「必要時」設置的專管機關,則毫無例外地隸屬於主管廳之下。因此,臺灣省行政長官公署的機構比內地各省都更為龐大。據 1946 年 12 月的統計,臺灣省行政長官公署各處、會、室、局、所及其附屬的單位共有 183 個,擁有公務人員 18,736 人,其中特任 1人、特任待遇 2 人、簡任 190 人、簡任待遇 64 人、薦任 1393 人、薦任待遇 166 人、委任 8011 人、雇用 8528 人、徵用 306 人,另有 75 人未詳[14]。因此,光復後曾任臺灣高等法院院長的楊鵬說,「臺灣省行政長官公署從它的直屬機關數目和組織規模來看,幾乎與抗戰時期的重慶政府相伯仲,其它各省自難和它比肩」[15]。機構龐大,這是臺灣省行政長官公署制的特點之三。

---

[14] 陳鳴鐘、陳興唐:《臺灣光復和光復後五年省情》(上),南京出版社,1989 年版,第 265 頁。

[15] 《陳儀生平及被害內幕》,中國文史出版社,1987 年版,第 95 頁。

　　除此之外，沒有列入《臺灣省行政長官公署組織條例》的規定，但實際上與內地各省顯然不同的還有：1945 年 9 月 7 日，在剛剛特任陳儀爲臺灣省行政長官的第九天，國民黨政府又「特派陳儀兼臺灣省警備總司令」[16]，可以指揮在臺灣的陸海空三軍。當時，內地各省的省政府主席，一般只兼任當地保安部隊的司令，很少擔任正規軍的軍事長官。即如後來新疆省政府主席張治中兼任西北行營主任，四川省政府主席張群兼任重慶行營主任，行政權和軍事指揮權也不是完全重疊於一個省區之上的。由一人包攬軍政大權的例子，在抗戰勝利後初期的中國，是比較特殊的。這是臺灣省行政長官公署制的特點之四。

　　具有以上特點的臺灣省行政長官公署制，在當時的中國政壇獨樹一幟。它的設計者們認爲，因應臺灣特殊的社會環境，只能採取這種特殊的行政體制。那麼，臺灣省行政長官公署制在實際運行過程中，又究竟如何呢？

三

　　從 1945 年 10 月 25 日陳儀正式到署上任，到 1947 年 4 月 22 日行政院第 784 次例會決定將臺灣省行政長官公署撤銷，依照《省政府組織法》改制，並任命魏道明爲臺灣省政府主席（臺灣省政府 5 月 16 日成立），臺灣省行政長官公署實際運行了大約一年半的時間。這一年半的施政，總的來說是失敗的，因爲它導致了「二二八事件」的發生，也導致了行政長官公署制的提前結束（《臺灣省行政長官公署組織條例》中規定，行政長官公署爲「暫設」，雖然沒有明確規定「暫設」的具體年限，但據旅滬閩台各團體披露，本「欲施行三年至五年的之久」[17]）。然而，深入地考察這一年半的施政，它的失敗，有當時全國普遍存在的政治腐敗、經濟凋敝等客觀大環境的因素，也有臺灣省行政長官公署自身

---

[16] 《臺灣省行政長官公署公報》第 1 卷第 1 期。

[17] 中國第二歷史檔案館：《臺灣二‧二八事件檔案史料》（上），檔案出版社，1991 年版，第 63 頁。

所造成的因素。排除別的因素，探討這一制度本身在施政過程中的得失，或許可以使我們對這一段歷史能有一些新的認識。

由於施政的失敗，對臺灣省行政長官公署的評價自然是貶多於褒。而對它進行某種程度的肯定則是需要有很大勇氣的。曾擔任臺灣省參議員的黃純青先生認為，「臺灣省公署施行政治有善者、有未盡善者。舉其善者：如法幣不許在本省流通。如數十萬人日俘、日僑，數十日間，迅速遣歸順利。如各級民意機關，於八十日間成立者是也。其他地方自治、交通、教育、工礦、農林施設日進一日，誠可善也」[18]。「二二八事件」之後出版的《陳公治與臺灣》一書，對陳儀主持下的臺灣省行政長官公署的施政進行了種種的辯解。在提到台幣特殊化時說，「公洽先生非但維持台幣的通用，保留了被榨取到奄奄一息臺胞的元氣，同時他管制台幣與國內不能自由通匯，使內地金潮不能打進島內。為著徹底的做到這一點，他拒絕了中、中、交、農來台設行，他為著臺胞的生活安定，冒了天下的大不韙，這一點在臺灣的行政史上是永遠值得紀念的」[19]。近年，更有李敖先生為陳儀大鳴不平。他說：「說陳儀不該有日本總督式的權力嗎？殊不知正因為陳儀有這種權力，他才得以保護臺灣，儘量少受大陸腐敗的影響。陳儀一到臺灣，就不肯讓大陸的法幣登陸，而要另發行台幣，這種『一國兩幣』，使大陸的通貨膨脹難以傳染到臺灣，使臺灣人免於重蹈大陸收復區的覆轍與犧牲。這種功勞與德政，四十年來拜其賜，其人雖亡，其政不息，豈不正是陳儀的遺愛嗎？為了抵制大陸孔宋豪門資本伸足到臺灣，陳儀把跑來接收的金融人員原機遣返，不怕為政『得罪巨室』，這種氣魄，不是陳儀，國民黨其他大員幹得出來嗎？」[20]綜合這些評價，可以得到一點啟發：臺灣省行政長官公署在抵制大陸官僚資本對臺灣的掠奪、保障臺灣人民的利益方面，起了一定的作用。

前已提及，臺灣省行政長官公署制的特點之一就是對轄區內的一切

---

[18] 臺灣省文獻會編印：《二二八事件文獻輯錄》，1991 年版，第 22 頁。

[19] 轉引自李敖《二二八研究三集》，李敖出版社，1989 年版，第 208 頁。

[20] 同上，「前言」第 2 頁。

事務具有更大的自主權，它可以受中央委任辦理中央行政，行政長官對在臺灣的中央機關還有指揮監督之權。正是由於具有這樣特殊的權力，臺灣省行政長官公署才有可能對大陸官僚資本伸向臺灣的黑手進行一定程度的抵制，使臺灣免受行將崩潰的大陸經濟的影響。光復初期，臺灣省行政長官公署一再堅持臺灣金融、貨幣體制的特殊化，是善用這種權力的最好的例子。

在臺灣接收工作剛剛開始的時候，國民黨政府財政部就企圖對臺灣的金融進行徹底的控制。他們派出接收人員前往臺灣（被陳儀「原機遣返」），並且決定在臺灣發行「中央銀行臺灣流通券」（即臺灣境內流通的法幣），於 1945 年 10 月 25 日公佈了《中央銀行臺灣流通券發行辦法》和《臺灣省匯兌管理辦法》。中央銀行同時準備在臺灣設立分行。然而，作為臺灣省行政長官的陳儀卻另有打算。赴台上任之前，陳儀分別在重慶和上海與行政院長宋子文、副院長翁文灝等商議，主張臺灣貨幣金融暫維現狀，中央銀行暫時不到臺灣設立分行，臺灣貨幣應由臺灣銀行繼續發行[21]。由於陳儀具有《臺灣省行政長官公署組織條例》賦予的特殊權力，他的主張，宋子文等人不表反對。但這些意見轉達到財政部之後，財政部卻不願就此善罷干休。11 月 8 日，財政部長俞鴻鈞呈文行政院，認為陳儀的主張「與中央統一發行政策抵觸。此例一開，竊恐效尤者接踵而至，實於整個幣制阻礙殊多。現在臺灣已開始接收，中央銀行前往臺灣設行辦理發行及管理匯兌不宜再緩。……懇祈轉由陳長官將現在建議取消，對發行臺灣流通券及中央銀行赴台設行二事，予以協助，以維幣政」[22]。陳儀對財政部的意見大為惱火。11 月 15 日，陳儀致電行政院秘書長蔣夢麟，其中說，「弟到台後體察實際情形，深覺發行必須由臺灣銀行辦理，方能適應機宜，控制物價，安定人心。至由中央銀行委託臺灣銀行發行，或由臺灣銀行自行發行，兩均無不可。……中央銀行此刻決不宜來台設行發行，致與臺灣銀行發生競爭，使弟無法控制，以

---

[21] 陳鳴鐘、陳興唐：《臺灣光復和光復後五年省情》（下），南京出版社，1989 年版，第 424—426 頁。

[22] 同上，425 頁。

致通貨膨脹，幣制混亂，物價高漲，人心動搖，皆屬必然。近日上海物價激漲可爲殷鑒。……因財部司事者不明此間情形，偏執成見，使弟無法疏通，必須院長作主，弟方能在此待罪也」[23]。這場鬥爭的結果，是陳儀爭得了臺灣銀行、貨幣自成系統，阻止了國民黨政府主要金融機構在臺灣設立分行和法幣在臺灣的流通。

這件事的意義，用曾經被擋駕於臺灣島之外的中央銀行的評價最能說明問題。1948 年 8 月，中央銀行駐臺灣代表辦公處就全國幣制改革對臺灣的影響作出評估。其中說，「臺灣自光復以來，因事實之需要，維持台幣制度。臺灣經濟能有今日之小康局面，一方面固由於其生產力之逐漸恢復，而台幣的生產資金之供給，對臺灣產業之復興，實有相當之貢獻。同時，台幣價值較爲穩定，故臺灣的物價，上漲速度亦較緩慢，這對隔絕大陸經濟波動，安定臺灣經濟，頗有良好的影響。此即一般所謂台幣防波堤的作用」[24]。對台幣特殊化政策的肯定，實際上也就是對行政長官公署制某種程度的肯定，因爲，如果沒有行政長官公署制，就不可能有台幣特殊化政策的實行。

當然，對臺灣省行政長官公署制的批評，要比對它的讚揚多得多。有代表性的批評意見主要有以下幾個方面：

一、行政長官公署制是日本時代總督制的復活，是對臺灣人民的一種不平等的待遇。光復初期一直在臺灣從事記者生涯的唐賢龍，在談到臺灣省行政長官公署的弊害時說，「自公佈臺灣省行政長官公署這種特殊的制度以後，很多敏感的臺灣同胞，都認爲這是一種變相的臺灣總督制。……是一種與其他各省同胞有殊的不平等的待遇」[25]。國民黨當局監察院閩台監察使楊亮功和監察委員何漢文，在關於「二二八事件」的調查報告中也說，「台人對長官公署呼之爲新總督府。與國內各省不同，此形式上使臺胞不愉快者也。按其實際，長官公署之權力、法令亦幾與

---

[23] 同上，427—428 頁。

[24] 同上，448 頁。

[25] 唐賢龍：《臺灣事變內幕記》，轉引自鄧孔昭《二二八事件資料集》，稻鄉出版社，1991 年版，第 18 頁。

日人之臺灣總督府相若，此又事實上使台人不愉快者也」[26]。

　　二、長官公署所實行的經濟統制政策限制了臺灣工商業的發展，給臺灣人民的生活帶來了苦難。楊亮功曾先後向監察院報告說，臺灣「各界人士對省政多不諒解。其原因為、經濟強制，私人企業難發展，工廠多未恢復，失業加多，糧價高漲，地方秩序失佳。其外如台幣估價過高，對外貿易及匯兌隔絕，亦為各方所指責」[27]。「一年以來，在經濟上之種種措施，以工商企業之統制，使臺灣擁有鉅資之工商企業家不能獲取發展餘地；因貿易局之統制，使臺灣一般商人均受極端之約束；因專賣局之統制，且使一般小本商人無法生存。而中央方面對此新收復之國土，不惟不能多予以資本與原料之補給，以助長其產業恢復發展，乃以種種徵取造成其經濟之貧血與產業之凋敝，此又在經濟統制上使臺胞深感不愉快之事實也」[28]。

　　三、行政長官公署部分工作人員貪贓枉法、營私舞弊，與日據時代官吏的操守形成了鮮明的對照。曾擔任行政長官公署宣傳委員會委員的胡允恭（筆名張琴），在《臺灣真相》一文中，例舉了大量政府工作人員貪污舞弊的事實，並且指出，臺灣人民所以怨恨臺灣省政府，「是由於貪污政治所激成」[29]。楊亮功的報告指出，「日人統治臺灣時，其公務人員之操守能力及軍隊之紀律，均為台人所稱道」。而光復後國民黨政府的工作人員，「不幸有少數害群之馬，或行為不檢、能力薄弱，或貪污瀆職，尤以經建及公營事業更不乏藉權漁利之不良現象，予臺胞以深切之反感」[30]。

　　四、行政長官公署把許多受過良好教育的臺灣人排斥在中高級職務

---

[26] 陳鳴鐘、陳興唐：《臺灣光復和光復後五年省情》（下），南京出版社，1989年版，第639頁。

[27] 國民黨政府監察院檔案，1946年2月6日楊亮功給于右任的電報，藏中國第二歷史檔案館。

[28] 陳鳴鐘、陳興唐：《臺灣光復和光復後五年省情》（下），南京出版社，1989年版，第639頁。

[29] 中國第二歷史檔案館：《臺灣二·二八事件檔案史料》（上），檔案出版社，1991年版，第143頁。

[30] 陳鳴鐘、陳興唐：《臺灣光復和光復後五年省情》（下），南京出版社，1989年版，第639—640頁。

之外，而在同樣職務中又實行差別待遇，引起臺灣人民的反感。據國民黨政府監察院「臺灣省現任公務人員概況」[31]中的統計，至 1946 年 12 月底，臺灣省薦任和薦任級以上官員的省籍情況如下表：

	特任		特任待遇		簡任		簡任　待遇		薦任		薦任　待遇	
	人數	百分比	人數	百分比	人數	百分比	人數	百分比	人數	百分比	人數	百分比
外省人	1	100	2	100	202	94.39	204	89.47	1385	81.28	951	66.13
本省人					12	5.61	24	10.53	319	18.72	487	33.87
合計	1	100	2	100	214	100	228	100	1704	100	1438	100

可見，在特任和特任待遇級的官員中，臺灣人沒有染指的機會；在簡任和簡任待遇級的官員中，臺灣人極少；即使在薦任和薦任待遇級的官員中，臺灣人也只占很小的比例。另據胡允恭指出：「最爲臺灣同胞所憎恨的，是在同一機關中擔任同級工作，待遇相差過巨。例如郵電局國內同胞在原薪外每月有六千元台幣的津貼，臺灣同胞則一文津貼沒有」[32]。光復初期，曾在臺灣鐵路局任職的簡文發先生回憶說：「光復時，鐵路局員工中外省人和本省人的待遇是不一樣的，當時我是侯硐站站長，我的月薪是 450 元，外省人是 650 元，這有誰會服氣」[33]。

五、行政長官公署機構龐雜、冗官充斥，行政效率低下。當時的《密勒氏評論報》曾載文說，臺灣省行政長官公署，「對於復員工作，則設立了太多的部門，用了一批投機分子，對加強行政力量一點沒有效果，

---

[31] 同上，上冊，第 268 頁。

[32] 中國第二歷史檔案館：《臺灣二‧二八事件檔案史料》（上），檔案出版社，1991 年版，第 139 頁。

[33] 臺灣中研院近代史所：《口述歷史》第 4 期，1993 年版，第 44 頁。

對於召集人民和進行其他戰後復員工作則表現出『無能』」[34]。丁果《陳儀與臺灣行政長官公署及其弊病》一文指出：「大陸各省政府固然不少冗官，臺灣行政長官公署的結構更是龐大得駭人。不僅日據時代設置的機構……依然保留（還留用部分日籍技術員），而且大量設置新的處、所。……這必然導致冗官充斥……據統計，日本人只要雇傭一萬八千人就能推動的行政工作，陳儀政府卻需要四萬三千人」。「陳儀原想利用行政長官至高無上的權力來實現政出一門、提高效率的目的，結果卻正好相反」[35]。

　　以上這些批評意見中所指出的各種弊端，有些不是臺灣省行政長官公署制本身所造成的，它們在實行省政府制的大陸各省也同樣出現，有些就完全是因為實行了行政長官公署制而產生的了。特別是與日本總督制相似這一點，可以說是臺灣省行政長官公署制的致命傷。「二二八事件」前夕，《觀察週刊》曾以「隨時可以發生暴動的臺灣局面」為題發表文章，其中尖銳地指出，「長官制本身的優劣，我們暫不討論，但給臺胞以不愉快之感的，便是中樞對於臺灣並不是用同等的眼光來衡量，一如對其他省份，最直覺的看法：這與日本在臺灣採用總督制有什麼區別？這問題，心理的因素比政治的因素大」。文章認為，行政長官公署制是「阻止臺灣政治上傾心內向的因素」之一[36]。這一觀點，對指明臺灣省行政長官公署的弊害，可謂一針見血。

　　綜上所述，臺灣省行政長官公署制在實行台幣特殊化，使臺灣經濟免受行將崩潰的大陸經濟的影響等方面曾經起過一定的作用。但是，這種行政體制，僅僅形同日本總督制就已經使臺灣人民感到厭惡了，況且，它在行政效率和官吏的操守等方面又無法和日本總督府等量齊觀，反而形成了鮮明的對照。因此，它遭到臺灣人民的痛恨和唾棄是必然的。

---

[34] 中國第二歷史檔案館：《臺灣二·二八事件檔案史料》（上），檔案出版社，1991 年版，第 92－93 頁。

[35] 臺灣省文獻會編印：《二二八事件文獻輯錄》，1991 年版，第 18－19 頁。

[36] 鄧孔昭：《二二八事件資料集》，稻鄉出版社，1991 年版，第 52 頁。

四

　　行政長官公署制，為什麼會出現和它的設計者們主觀願望相反的客觀效果呢？這是一個更值得探討的問題。

　　應當承認，陳儀和部分台籍人士在籌劃臺灣省行政長官公署制的時候，在主觀上並沒有歧視臺灣，而是希望通過設立一種有利於臺灣的行政體制，把臺灣的事情搞得比內地各省更好。當時，國民黨政府所以會同意在臺灣實行行政長官公署制，也是出於對臺灣的特別重視。蔣介石在臺灣光復一周年紀念會上說，「中央政府之視臺灣，一如離別家庭五十年的弟兄一旦歸家，骨肉團圓相聚的情緒，這一番憐惜痛愛的心情，惟有身歷其境的人，才能徹底領會。……中央的愛護臺灣，遠勝於全國其他任何一省。中央對於臺灣建設的重視，也勝於其他的省份」[37]。這一番講話，不應當視為惺惺作態，而是當時國民黨政府重視臺灣的真實反映。

　　既然是真正重視而非歧視臺灣，那麼，為什麼又會把一種被臺灣人民視為不平等的行政體制加諸臺灣人民的頭上呢？這只能說明，行政長官公署制的設計者們對臺灣的客觀情況、特別是對臺灣人民的心態沒有真正的瞭解。從表面上看，陳儀一貫注重瞭解臺灣，他主持下的「臺灣調查委員會」更是做了大量的有關臺灣的調查研究工作，掌握了許多的資料。可是，他們只注重了各種書面資料的研究，而忽視了對臺灣民眾心理的瞭解。即使是「臺灣調查委員會」中的台籍人士，由於他們離開臺灣的時間較久（黃朝琴 28 年、李友邦 21 年、遊彌堅 21 年、丘念台 50 年、李萬居 21 年……），對於臺灣的實際情況，尤其是本省同胞的心理，也有某種程度的隔膜。他們只知道，和國內各省政府相比，日本在臺灣的總督府行政效率很高。但是，他們沒有充分認識到，臺灣殖民地的歷史造成了臺灣民眾特殊的心理。這種心理，對於任何與大陸各省

---

[37] 陳鳴鐘、陳興唐：《臺灣光復和光復後五年省情》（上），南京出版社，1989 年版，第 302－303 頁。

的不同，都是十分敏感的，都可能被視爲不平等的待遇。尤其是不瞭解臺灣民衆對日本統治的象徵——臺灣總督府是多麼厭惡，從而作出了錯誤的選擇。不瞭解臺灣民衆的心態，是陳儀等人造成事與願違的最主要的原因。

此外，當時國民黨政治上的腐敗也導致了陳儀等人的事與願違。陳儀等人原以爲，有了行政長官公署制，就可以達到事權統一，提高行政效率。但是，他們沒有意識到，行政體制的變更，並無法改變政治腐敗的大環境，也無法達到真正的事權統一。曾擔任臺灣省行政長官公署民政處長的周一鶚回憶說：「表面上陳儀集軍政大權於一身（行政長官兼警備司令）應該可以爲所欲爲。事實上他手上沒有一兵一卒，又加上派系分立，各奉其原來主子之命，進行活動，對陳儀則陽奉陰違。而長官公署所屬也人事複雜，良莠不齊，所以，他的號令就難以貫徹到底」[38]。因此，陳儀是落得有「獨裁」之名，而無「事權統一」之實。他只好吞食他的理想之樹上所結出的這顆惡果了。

---

[38] 《陳儀生平及被害內幕》，中國文史出版社，1987年版，第108頁。

光復初期（1945－1949 年）的臺灣社會與文學

　　光復初期（1945－1949 年），臺灣社會經歷了劇烈的變化與動盪。50 年殖民統治的結束、二・二八事件、國共內戰的波及和影響，在短短的 4 年當中，臺灣民眾經歷了大喜、大悲和大驚恐。在這樣的社會人文環境裡，臺灣的文學發展也經歷了一個特殊的階段。光復後，一些負有盛名的大陸作家和日據期間寓居大陸的台籍作家相繼赴台，爲臺灣文壇增添了一批新的有生力量。原來生活在日本殖民統治之下的臺灣作家，面對改變了的社會環境也進行了新的思考和適應。他們在想些什麼？有哪些不同的主張？他們創作了哪些有影響的作品？怎樣評價這一時期臺灣文學的發展？本文從一個歷史研究者觀察問題的角度對這些問題進行初淺的探討，希望得到文學界各位朋友的批評與指教。

一

　　爲了說明當時臺灣文學發展的社會人文環境，首先有必要對 1945—1949 年間臺灣社會歷史的發展和變化作一個簡要的描述。

　　1945—1949 年間，臺灣社會歷史的發展和變化有兩個顯著的特點：

　　第一個特點，在短短的 4 年多一點的時間裡，臺灣社會經歷了劇烈的變化與動盪。臺灣光復、二・二八事件、國共內戰的波及和影響，每一個事件都對臺灣社會造成了激烈的衝擊和震撼。

　　首先是臺灣光復。日本 50 年的殖民統治結束之後，作爲統治者的日本人回到了他們自己的國家，臺灣人民擺脫了「二等公民」的命運，回到了祖國的懷抱，迎來了祖國的軍隊和官員。這樣的變化，不同於一般的改朝換代，它對臺灣社會的深刻影響，主要表現在以下幾個方面：

　　1、臺灣從日本的殖民地重新成爲中國的一部分，臺灣人從日本的「二等公民」重新成爲中國人。1945 年 10 月 25 日，臺灣省行政長官兼警備總司令陳儀在臺北市公會堂舉行的受降典禮上，將署字第一號命

令交給了日本臺灣總督兼第十方面軍司令官安藤利吉將軍，宣佈「接收臺灣澎湖列島地區日本陸海空軍及其輔助部隊之投降，並全權統一接收臺灣、澎湖列島之領土、人民、治權、軍政設施及資產」[1]。受降儀式結束後，陳儀隨即向全世界宣告：「從今天起，臺灣及澎湖列島已正式重入中國版圖，所有一切土地、人民、政事，皆已置於中華民國國民政府主權之下」[2]。陳儀還就臺灣人民恢復國籍一事，向行政院申請明令公佈，1946 年 1 月 20 日得到電覆，「原有我國國籍之臺灣人民，應自去年十月二十五日臺灣光復之日起，恢復我國國籍」[3]。臺灣的國際地位和臺灣人民的身份得到了重新的確認。儘管 50 年殖民統治的影響一時還無法消除，但臺灣社會的發展和臺灣人民的生活從此將步入一條全新的軌道。

　　2、臺灣社會的行為準則──法律體系有了根本的變化。1945 年 11月 3 日，臺灣省行政長官公署發佈公告，自接收之日起，「民國一切法令，均適用於臺灣，必要時得制頒暫行法規」。日本佔領時代之法令，有壓榨箝制台民、抵觸三民主義及民國法令者，「均於即日廢止」。「凡未經明令廢止之法令，其作用在保護社會一般安寧秩序，確保民眾權益，及純屬事務性質者，暫仍有效」，逐漸整理修訂[4]。日本在臺灣實行殖民統治的法律體系和中華民國的法律體系是完全不同的。從根本上說，日據時期的法律體系，是確保日本人在臺灣實行殖民統治的法律體系，是把臺灣人民視為「二等公民」的法律體系。在殖民當局的強力實行和員警制度的配合下，它又是一個行之有效的法律體系，能有效地維護臺灣的社會秩序和治安。而當時中華民國的法律體系還很不健全，臺灣光復之後，臺灣是祖國大家庭中平等的一員，臺灣民眾和大陸各省的民眾一樣，都要生活在一個政治上不民主、法制不健全的社會環境中。

[1] 陳鳴鐘、陳興唐主編：《臺灣光復和光復後五年省情》（上），南京出版社，1989 年版，第151－152 頁。

[2] 同上，第 162 頁。

[3] 《中央日報》（福建），1946 年 1 月 23 日。

[4] 何鳳嬌編：《政府接收臺灣史料彙編》（上冊），國史館，1993 年版，第 1－2 頁。

法律是規範人們社會行為的準則，法律體系的這種變更，對臺灣民眾社會行為和心理感受的影響無疑是巨大的。

3、臺灣社會的文化尤其是臺灣民眾使用的語言和文字也有了根本的改變。日據時期，特別是在 1937 年推行「皇民化運動」之後，日本殖民當局在臺灣禁止使用漢文，強制推行日語，「下令撤廢全台學校的漢文科，一律以日語為必修課，各報刊廢止漢文欄，發佈種種禁令和懲罰措施，強迫臺灣人民使用日語」，到 1944 年，全台的日語普及程度已達 71%[5]。也就是說，在推行「皇民化運動」之後，在臺灣只能使用日文，而大多數臺灣民眾在殖民當局的強制下，也已接受了日語。相反，許多民眾對祖國的語言（閩南方言和客家方言除外）和文字反而感到生疏。臺灣光復之後，為了儘快消除殖民文化的影響，臺灣省行政當局致力於將文化教育「從日本人時代之所謂皇民化而轉變到祖國化」[6]。「接管後公文書、教科書及報紙禁用日文」[7]。但考慮到「大部分臺胞均未諳本國文字，故暫准新聞紙、雜誌附刊日文版」。光復一週年後，臺灣行政長官公署公告自 1946 年 10 月 25 日起「撤除本省境內所有新聞紙、雜誌附刊之日文版，並令各縣市政府遵照。嗣據各縣市政府報告，謂本省境內之新聞紙、雜誌已均無附刊日文版矣」[8]。語言和文字是人們思想和情感交流的基本工具，語言和文字的變更，對臺灣民眾文化生活和日常生活的影響都是十分巨大的，尤其對於在文字中討生活的文學工作者來說更是這樣。

臺灣光復，臺灣民眾結束了「二等公民」的命運，重新成為祖國大家庭中平等的一員，同時也不可避免地受到了臺灣社會經過深刻的否定之否定以後帶來的衝擊。

其次是「二‧二八事件」。臺灣光復後僅僅經過一年四個月，就爆發了震驚中外的「二‧二八事件」。「二‧二八事件」究其性質而言，只

[5] 陳小沖：《1937－1945 年臺灣皇民化運動述論》，《臺灣研究集刊》，1987 年第 4 期。
[6] 陳鳴鐘、陳興唐主編：《臺灣光復和光復後五年省情》（上），第 391 頁。
[7] 同上，第 50 頁。
[8] 同上，第 235 頁。

是「一場多層次的人民民主自治運動，民主和地方自治是參加事件的臺灣各階層人民的普遍要求」[9]。然而，就是這樣一場民主自治運動卻演變成了死傷慘重的大悲劇，這不能不給臺灣社會和民眾造成巨大的打擊和傷害。「二·二八事件」對臺灣社會的衝擊，主要表現在以下幾個方面：

1、激化了臺灣民眾與行政當局之間的矛盾。臺灣光復之時，臺灣民眾欣喜若狂，對代表祖國政府來到臺灣的官員和軍隊進行了熱烈的歡迎。可是，沒過多久，臺灣民眾就開始對行政當局的施政普遍感到失望和不滿。有別於各省的行政長官公署制猶如日本殖民時代的總督制，使臺灣民眾感到這是「一種與其他各省同胞有殊的不平等的待遇」[10]。許多知識份子和社會人士有強烈的參政願望，行政當局卻以種種藉口，將他們排斥在中高級職務之外，使他們得不到適當的發展機會。全面的經濟統制政策，「使臺灣擁有鉅資之工商企業家不能獲取發展餘地；……一般商人均受極端之約束；……小本商人無法生存。而中央方面對此新收復之國土，不惟不能多予以資本與原料之補給，以助長其產業恢復發展，乃以種種徵取造成其經濟之貧血與產業之凋敝」[11]。一些政府官員到了臺灣之後，只接收財物，不接收人心，貪污腐敗，操守和能力均為臺灣民眾所詬病。加上軍警風紀欠佳，欺擾百姓之事時有發生，換來民眾的側目。凡此種種，以致臺灣人民很快就從光復時的「歡天喜地」變成了對政府極端失望的「呼天喚地」[12]。在這種背景下，一個偶發的緝煙事件很快就演變成了一場聲勢浩大的民主自治運動。面對著這樣一場主要是要求「民主」和「地方自治」的事件，行政當局卻錯誤地判定了事件的性質，把它當作「奸黨叛徒……妄圖實現其顛覆政府、奪取政權、

[9] 鄧孔昭：《試論臺灣二·二八事件中的民主與地方自治要求》，《臺灣研究集刊》1987 年 2 期。

[10] 唐賢龍：《臺灣事變內幕記》，轉引自鄧孔昭編《二·二八事件資料集》，稻鄉出版社，1991 年版，第 18 頁。

[11] 陳鳴鐘、陳興唐主編：《臺灣光復和光復後五年省情》（下），第 639 頁。

[12] 二二八事件研究小組：《二二八事件研究報告》，時報文化出版公司，1994 年版，第 20 頁。

背叛國家之目的」[13]的暴亂。使一次原本可以用政治途徑解決的事件，可悲地以軍事鎮壓收場。當局從大陸調來軍隊，而這些軍隊在臺灣登陸以後，進行了大規模的捕殺。不但許多祇要求政治改革的社會民主人士死於非命，而且還殺害了大量無辜的民眾，使當局和民眾之間的矛盾更加尖銳化了。事件平息之後，儘管矛盾得到了暫時的緩和，但由於事件而產生的民怨卻深埋在臺灣民眾的心裡。

　　2、激化了省籍矛盾。光復後，到臺灣接收的官員，除極少數是在大陸生活已久的台籍人士（俗稱「半山」）外，絕大多數來自大陸各省。開始時，他們是受到歡迎的，臺灣人民喜歡把他們稱為「阿山」（臺灣民眾稱大陸為「唐山」）。本來，「阿山」是個親昵的稱呼。可是，隨著這些官員中一些害群之馬惡行的逐漸顯現，「阿山」的含義逐漸變味，「而是可以體會出更多方面的意義的。首先，『阿山』是含有『非本地人』的寓意，蓋即指外省人也，以示與臺灣人有別。……而另一方面，『阿山』又是指『特殊階級』而言，在這種簡單的字裡行間，他們已經含有一種『仇視』意味，表示出一種消極的抗議。此外，『阿山』複含有『蔑視』的成分，……它代表著落伍、自私、貪污、土頭土腦、不開化、不衛生、不守秩序、以及其他若干不可理喻的寓意。……最後，『阿山』還帶有『洋盤』、『冤大頭』的意思。總之，『阿山』是一切壞名詞的總稱，是一種不友善態度的表示」[14]。緝煙事件發生後，一部分臺灣民眾到行政長官公署請願，在沒有得到任何善意的答覆，反而造成新的流血事件的情況下，民眾心中的怒火無處宣洩，事件出現了以暴易暴的現象。開始，群眾的暴力首先施向那些平日貪污舞弊、作威作福的政府官員身上，爾後，很快又擴大到和政府官員一起來到臺灣的外省籍公務人員及其親屬的身上。一時間，「打阿山」的呼聲充斥著臺北的街頭巷尾和全省各地的城鎮。許多不會講閩南話和日語的毫無保障的外省籍小公務人員便成了洩憤的對象。當然，「打阿山」只是一部分民眾在事件中

---

[13] 臺灣省行政長官公署：《臺灣省二二八暴動事件報告》，轉引自鄧孔昭《二‧二八事件資料集》第 393 頁。

[14] 唐賢龍：《臺灣事變內幕記》，轉引自鄧孔昭《二‧二八事件資料集》，第 30 頁。

的過激的行為，「至於大多數臺灣的老百姓，依然是很善良的。並且在重重嚴密的監視當中，還想盡方法來保護外省人」[15]。可是，當行政當局從大陸調來軍隊鎮壓的時候，犧牲的對象則毫無例外的都是臺灣人。因此，這場實質是政府和民眾矛盾的事件，就明顯地帶有省籍矛盾的表像。在一般臺灣民眾的心裡，省籍的矛盾被無形中擴大了。

　　3、造成了臺灣民眾的歷史悲情。臺灣光復，臺灣民眾以為盼來了「出頭天」。可是，他們參政當家作主的願望很快就落空了。「二·二八事件」中，他們繼續為「民主」和「地方自治」抗爭，卻遭到了血腥的鎮壓。無情的事實，讓臺灣民眾產生了一種悲情：事件中的死難者，他們「不死於日據時期帝國主義者之摧殘，卻死於他們日夜盼望回歸的祖國軍警之鎮壓」[16]。臺灣人何時才有真正的「出頭天」？

　　其三是國共內戰的波及和影響。1945 年抗日戰爭勝利後，中國大陸經過了短暫的和平，很快就陷入了國共內戰的漩渦。1946 年 7 月，全國規模的內戰爆發。戰火雖然沒有直接燒到臺灣，但內戰的波及和影響卻嚴重地衝擊著臺灣社會。

　　1、經濟方面的衝擊。內戰的全面爆發，使經過多年抗戰，早已百孔千瘡的中國大陸的經濟很快就陷入了全面崩潰的境地。臺灣經濟幸虧有台幣特殊化政策所起的防波堤的作用，避免了一同崩潰，但也受到了很大的影響。台幣（舊台幣）與大陸貨幣的匯率，從 1946 年 8 月，1台幣兌換 40 法幣；到 1948 年 8 月，1 台幣兌換 1635 法幣，改用金元券後，1835 台幣兌換 1 金元券；到 1949 年 5 月 27 日，1 台幣兌換 2000金元券[17]。短短 2 年 9 個月間，相對於台幣，大陸貨幣暴貶了 1 億 5 千多萬倍。雖然台幣相對比較穩定，但臺灣的物價卻由於大陸的形勢受到很大的影響。以臺北市的物價為例，如果以 1946 年 12 月的物價指數為100 的話，那麼，1947 年 12 月的物價指數就是 776，1948 年 12 月的物

---

[15] 同上，第 67 頁。
[16] 二二八研究小組：《二二那事件研究報告》，第 408 頁。
[17] 潘志奇：《光復初期臺灣通貨膨脹的分析》，轉引自李非《戰後臺灣經濟發展史》，鷺江出版社，1992 年版，第 77 頁。

價指數就是 8852，1949 年 6 月的物價指數就是 105256[18]。2 年 6 個月間，物價就上漲了 1 千多倍。飛漲的物價，使臺灣民眾的生活陷入了困苦的境地。

2、造成了大量外省籍人口的遷台。內戰期間，大量外省籍人口遷台，尤其是 1949 年，更有大量外省籍人口湧入臺灣。據統計，大陸遷台人口，1947 年是 34339 人，1948 年是 98580 人，1949 年是 303707 人[19]。另外，還有大約 50 萬沒有納入居民戶籍的軍事人員撤到臺灣[20]。這大約 100 萬的人口突然來到臺灣，使臺灣社會的人口組成、族群關係、政治生態都產生了很人的變化。

3、當局加強了島內的控制，白色恐怖開始抬頭。由於大陸戰局吃緊和臺灣民眾反對內戰的呼聲高漲，為了穩定局勢，當局加強了島內的控制。1949 年 4 月 6 日，臺灣師範學院、臺灣大學發生反蔣學潮，陳誠下令學校停課整頓，並逮捕有關學生。著名作家楊逵也因發表「和平宣言」，主張和平解決國共內戰，而被逮捕入獄。5 月 20 日，臺灣全省開始實行戒嚴。從此，臺灣進入了長達 38 年之久的「戒嚴時期」。10 月，當局逮捕了「中共臺灣省工委會」在成功中學、臺灣大學法學院、基隆中學中的一些成員，由此，在「肅清奸黨」的名義下，臺灣進入了「白色恐怖」時期。

4、使臺灣從一個邊疆省份成為共產黨領導的大陸地區之外的另一個政治中心。國共內戰經「三大戰役」之後，國民黨在大陸徹底失敗的命運已不可避免。早在與中共進行最後決戰的前夕，國民黨政府就在謀求退路。以歷史地理學者張其昀為首的一些幕僚，經過充分論證之後，提出了一個東撤臺灣的方案。「其要點是：挑選強人主管臺灣，強運各種戰略物資，充實臺灣防衛力量，嚴格控制去台人員。這個方案經過蔣

---

[18] 同上，第 73 頁。

[19] 臺灣省文獻委員會：《臺灣省通志》，卷二人民志，人口篇，第 211 頁。

[20] 陳永山、陳碧笙主編：《中國人口》（臺灣分冊），中國財政經濟出版社，1990 年版，第 163 頁、165 頁。

介石同意後，於 1948 年底開始實施」[21]。1949 年 10 月 1 日，共產黨領導的中華人民共和國政府成立。12 月 7 日，國民黨領導的「中央政府」，經南京遷往廣州，又遷到重慶之後，最終撤到臺北。這樣的結果，就使臺灣從一個光復才 4 年的邊疆省份，變成了中國政治格局中與共產黨領導下的大陸地區有別的另一個政治中心。這一變化，對此後臺灣社會乃至文學的發展都有著重大的影響。

第二個特點，在短短的四年多的時間裡，臺灣社會迅速地和整個中國社會整合。這種整合，包括了政治、經濟、文化教育等各個領域，是全方位的。臺灣作為新光復的一個省迅速地融合到祖國大家庭之中，成為平等而又受到特別呵護的一員。

從政治方面來說，光復之初，為了實現平穩過渡，曾在臺灣實行了一些特殊的制度和政策，例如：臺灣省行政長官公署制。但這些特殊的制度和政策很快就結束了它們的使命，臺灣和大陸各省在這些原本有差別的地方很快就一致了起來。

在準備接收臺灣的過程中，考慮到臺灣的歷史背景和現實狀況，當時政府的主管官員以及一些在大陸的台籍人士，都主張在臺灣實行特殊的行政長官公署制。認為如果以內地的省府制「來立刻變更日本在臺灣的舊制，實在容易發生混亂脫節的現象。……而政制的突然劇烈變更，可使人民大為不安」[22]。可是，行政長官公署制在臺灣實行不久，就引起臺灣民眾的不滿，被認為「是一種與其他各省同胞有殊的不平等的待遇」[23]，甚至成了引起「二二八事件」的主要原因之一。這說明，行政長官公署制的設計者們低估了臺灣民眾回歸祖國的熱情，臺灣民眾不喜歡這種與其他各省不同的「暫設」的行政體制。「二二八事件」之後，1947 年 4 月 22 日，行政院第 784 次例會決定將臺灣省行政長官公署撤銷，依照《省政府組織法》改制，並任命魏道明為臺灣省政府主席（臺

---

[21] 陳孔立主編：《臺灣歷史綱要》，九洲圖書出版社，1996 年版，第 435－436 頁。

[22] 臺灣省行政長官公署：《臺灣省施政總報告》，載陳鳴鐘、陳興唐主編《臺灣光復和光復後五年省情》（上），第 224 頁。

[23] 唐賢龍：《臺灣事變內幕記》，轉引自鄧孔昭《二二八事件資料集》，第 18 頁。

灣省政府 5 月 16 日成立）。臺灣省行政長官公署制實際運行了大約一年半的時間，這比原本「欲施行三年至五年之久」[24]的設計，縮短了一半以上。這個例子充分說明，當時臺灣在行政體制上和全國整合的速度，是超過許多當政者的預想的。

在經濟方面，臺灣迅速地整合到中國的經濟圈之中，誠如日本學者劉進慶所說，「1945 年 8 月日本戰敗投降，從而結束了日本帝國主義對臺灣的統治，臺灣在被分割了半個世紀之後又回歸給中國；與此同時，臺灣經濟也脫離了日本資本主義的經濟圈，納入到中國的經濟圈之內」[25]。以臺灣對外貿易爲例，日據期間，臺灣對日貿易在貿易總額中所占的比重，1925 年是 76。8％，1932 年是 87。9％，1937 年是 90。3％，1940 年是 84。5％，1944 年是 70。8％[26]。臺灣光復以後，「中國大陸又成爲臺灣對外貿易的主要對象。在此四年期間，大陸占臺灣進出口值的比例爲：一九四五年：二六％，一九四六年：九四％，一九四七年：九一％，一九四八年：八六％」[27]。

在臺灣經濟和全國整合的過程中，台幣特殊化政策似乎是和這種整合背道而馳的，其實不然。正像行政長官公署在臺灣省參議會第一屆第一次大會上所作的《施政總報告》中說的，「我們國內的抗戰太久了，因爲不可避免的通貨膨脹和全國性物資缺乏的結果，已使法幣的力量一時遏不住物價的高爬。如果法幣流入臺灣來，同時開設許多銀行來玩弄他，一定也會跟著造成通貨膨脹，而引起生活上極大的不安。臺灣同胞已受日本五十多年欺凌壓榨的痛苦，我們還忍心叫他們再受通貨膨脹的痛苦嗎？……這半年來，看國內物價急速升騰的慘象，和我們臺灣因缺乏物資而物價緩漲的情形，相互比較，就可以知道我們政策的正確性，

---

[24] 中國第二歷史檔案館：《臺灣二二八事件檔案史料》（上），檔案出版社，1991 年版，第 63 頁。

[25] （日）劉進慶著、雷慧英譯：《戰後臺灣經濟分析》，廈門大學出版社，1990 年版，第 25 頁。

[26] 同上，第 21 頁。

[27] 林滿紅：《四百年來的兩岸分合——一個經貿史的回顧》，自立晚報社文化出版部，1994 年版，第 41 頁。

和我們臺胞所得的實惠了」[28]。台幣特殊化政策就像一道防波堤一樣，有效的維護了剛剛重新納入中國經濟圈的臺灣經濟，免受殘破的大陸經濟的牽連。它的作用，實際上對臺灣經濟和整個中國經濟的整合是有利的。

在文化教育方面，光復後，臺灣省行政長官公署按照《臺灣接管計劃綱要》中「增強民族意識，廓清奴化思想，普及教育機會，提高文化水準」。「教科書用國定本或審定本」。「公文書、教科書及報紙禁用日文」，「確定國語普及計劃，限期逐步實施。中小學校以國語爲必修課，公教人員應首先遵用國語。各地方原設之日語講習所應即改爲國語講習所，並先訓練國語師資」[29]等一系列要求，大力推展文化教育「從日本人時代之所謂皇民化而轉變到祖國化」的工作，取得了較快的進展。以當年省立臺北小學爲例，該校 1946 年 8 月改爲「本省國語推行委員會附設實驗小學」後，要求「在一學期內養成兒童聽說基本國語及有運用注音符號之能力，並在二年內學習三千五百十六個常用國字」[30]。臺灣民眾學習國語的熱情也十分高漲，楊逵爲了儘快掌握祖國的語言文字、學習中文寫作，不恥下問，以自己七歲的次女素娟爲「小先生」，學習國語[31]。

光復後，臺灣和整個中國社會的整合雖然只有短短的 4 年，但這 4 年在臺灣近、現代的歷史和兩岸關係史上都具有十分重要的意義。儘管此後因爲國共內戰造成的結果，臺灣和中國大陸之間又處於隔絕的狀態，但由於有了這 4 年，臺灣歷史和海峽兩岸關係史發展的鏈條就呈現出了完全不同的景象。

光復初期，臺灣社會劇烈的變化與動盪以及和中國大陸的迅速的整合，爲當時臺灣文學的發展提供了一種十分特殊的社會人文環境。在這

[28] 陳鳴鐘、陳興唐：《臺灣光復和光復後五年省情》（上），第 225－226 頁。

[29] 同上，第 49－54 頁。

[30] 同上，第 430 頁。

[31] 劉登翰、莊明萱、黃重添、林承璜主編：《臺灣文學史》（下卷），海峽文藝出版社，1993 年版，第 8 頁。

種環境中，臺灣文學走過了一段特殊的歷程。

二

要比較全面地瞭解光復初期臺灣文學發展的狀況，以下幾個方面的探討是十分必要的。

（一）文學創作隊伍的構成。

光復初期，臺灣文學創作的隊伍，主要由以下幾種人構成：

1、經歷了日本殖民統治的台籍作家。在這些作家中，許多人在日據時期的臺灣文壇就負有盛名，如：楊逵、吳濁流、龍瑛宗、呂赫若、吳瀛濤、王白淵、張文環、陳紹馨、黃得時、吳新榮、廖漢臣、楊守愚、葉榮鐘、楊雲萍、朱點人等。還有一些文學新人，如：葉石濤、黃昆彬、邱媽寅等。這類作家人數雖多，但他們在創作上也有不少的困難，首先是他們需要對新的社會環境進行適應，其次還有語言文字方面的障礙需要克服。在適應環境的過程中，有人因爲觸犯了時禁而身陷牢籠，如楊逵、王白淵；有人甚至喪失了自己的生命，如朱點人。在克服文字障礙的過程中，有些作家在積極學習中文的同時，先是用日文寫作，發表在光復週年前還允許存在的一些刊物的日文版上，隨後則請人將日文稿翻譯成中文發表，最後再逐步地開始學習用中文寫作。對於這些作家來說，這一時期的創作是十分艱辛的。在這種情況下，楊逵、吳濁流、龍瑛宗等人仍顯得十分活躍。

2、曾經寓居大陸，光復後回到故鄉的台籍作家。如：張我軍、洪炎秋、王詩琅、鐘理和、藍明谷等。和前一類作家比較，這些作家沒有需要適應社會環境和克服語言文字障礙方面的問題，可是，他們中多數人都擔任了社會公職，如：張我軍先後任臺灣省教育會編纂組主任、臺灣茶葉同業公會秘書、臺灣省合作金庫業務部專員等職[32]；洪炎秋任台中師範學校校長；王詩琅先後任《民報》編輯、中國國民黨省黨部幹事、

32 張光正編：《張我軍全集》，台海出版社，2000 年版，第 528－529 頁。

臺灣通訊社編輯主任、臺北市文獻會編纂等職[33]。也許是公務繁忙的緣故，或許是創作環境的問題，這些作家在這一時期的作品並不多。

3、移居臺灣的大陸作家。這些作家又可以分爲兩種類型，一種是光復後很快就來到臺灣的，如：許壽裳、台靜農、黎烈文、李何林、李霽野、雷石榆、何欣、歌雷（史習枚）、揚風、駱駝英、歐坦生（丁樹南）等。他們負有協助重建臺灣文化和文學的使命，實際上也爲光復初期臺灣文化和文學的建設做了大量的工作。然而，在當時的社會環境下，許壽裳被人殘暴地用斧頭砍死，歌雷等身陷牢籠，李何林、李霽野、雷石榆、駱駝英等人則只好被迫離開臺灣返回大陸[34]。另一種則是 1949年迫於內戰的形勢才來到臺灣的，如：梁實秋、杜衡、謝冰瑩、胡秋原、陳紀瀅、鐘鼎文等。他們到臺灣後驚魂未定，短時間內，不可能有多少作品問世。

（二）文學作品發表的園地。

光復初期，可供臺灣文學作品發表的園地主要有：

1、文化、文學類雜誌：

這時期，出現的一些文化和文學方面的雜誌似乎也在適應著當時複雜而又多變的社會，它們匆匆地出現，但又很快地消失。能在臺灣文學史上留下記載的主要有以下幾種：

《臺灣文化》月刊：《臺灣文化》是「臺灣文化協進會」於 1946 年9 月創辦的刊物，「以消除日本文化影響，加強台省與祖國文化之溝通爲宗旨」，共發行了 6 卷 27 期[35]。它雖是一個文化刊物，但其中登載的文學方面的文章較多，許多省籍作家和大陸來台的作家，如：楊雲萍、洪炎秋、吳新榮、楊守愚、呂訴上、呂赫若、廖漢臣、黃得時，以及許壽裳、台靜農、李何林、李霽野、黎烈文、袁珂、雷石榆等都在這個刊

---

[33] 張恒豪編：《王詩琅生平寫作年表》，載《臺灣作家全集·王詩琅朱點人合集》，前衛出版社，1990 年版，第 140 頁。

[34] 劉登翰等主編：《臺灣文學史》（下卷），第 9 頁；曾健民：《在風雨飄搖中綻開的文學花苞——「臺灣新文學論議」的思想和時代》，《新文學史料》2001 年第 1 期。

[35] 臺灣省文獻委員會編印：《重修臺灣省通志》卷 10，藝文志，文學篇，第 2 冊，第 880 頁。

物上發表過作品。

《新新》：《新新》是一本由民間人士創辦的綜合性文化刊物。它創刊於 1945 年 11 月，1947 年 1 月發行了第 2 卷第 1 期（新年號）後停刊，共刊行了 8 期，其中 4、5 兩期是合刊。從第 1 期到第 7 期都是中、日文合刊，第 2 卷第 1 期，因在光復一週年禁止日文版之後，所以改成了全中文刊物[36]。葉石濤先生的《臺灣文學史綱》和劉登翰等先生主編的《臺灣文學史》，都說《新新》「至一九四六年十一月停刊」[37]並不準確。龍瑛宗、江肖梅、吳瀛濤、王白淵、吳濁流、呂赫若等作家都曾在《新新》上發表過文章。

此外，臺灣省行政長官公署宣傳委員會主辦、1946 年 10 月創刊的《臺灣月刊》，每期都設有「文藝」專欄，登載 3 篇文學或藝術方面的文章。據《臺灣文學史》記載，這時期臺灣文化和文學方面的刊物，還有朱點人等創辦的《文學小志》、林紫貴等創辦的《臺灣文藝》、楊逵等創辦的《文化交流》、銀鈴會創辦的《潮流》，以及 1949 年 9 月創刊的《寶島文藝》等[38]。另據其他人的記載，這時期的文學雜誌，還有楊逵刊行的《一陽週報》[39]、銀鈴會刊行的油印刊物《創作》[40]，以及《新知識》[41]等。

值得一提的還有一些臺灣島外的雜誌，如上海的《文藝春秋》和《新文學》等。《文藝春秋》這期間不僅先後登載了歐坦生的《泥坑》、《訓導主任》、《婚事》、《沉醉》、《十八響》、《鵝仔》等 6 篇小說，而且還登載了從楊雲萍日文詩集《山河》中譯出的詩作 20 首[42]。《新文學》則登

---

[36] 傳文文化事業有限公司：《新新》（覆刻版）。

[37] 葉石濤：《臺灣文學史綱》，文學界雜誌社，1991 年版，第 80 頁；劉登翰等主編：《臺灣文學史》（下卷），第 15 頁。

[38] 劉登翰等主編：《臺灣文學史》（下卷），第 14－16 頁。

[39] 葉石濤：《臺灣文學史綱》，第 73 頁。

[40] 曾健民：《在風雨飄搖中綻開的文學花苞——「臺灣新文學論議」的思想和時代》，《新文學史料》，2001 年第 1 期。

[41] 雙文：《略論光復初期台中〈和平日報〉副刊——兼及〈新知識〉月刊和〈文化交流〉輯刊》，《新文學史料》2001 年第 1 期。

[42] 朱雙一：《歐坦生、〈文藝春秋〉和光復後臺灣文學的若干問題》，《新文學史料》，2001

載了范泉的《論臺灣文學》和賴明弘的《重見祖國之日——臺灣文學今後的前進目標》等文章[43]。

　　2、報紙副刊：

　　光復初期，發表了更多文學作品的園地還是報紙的副刊。當時主要的報紙副刊有以下幾種：

　　《新生報》副刊：《新生報》是臺灣省行政長官公署的機關報，以後是臺灣省政府的機關報。從 1947 年 5 月 4 日起，《新生報》開闢「文藝」副刊，由何欣主編。1947 年 7 月 30 日「文藝」出版了 13 期之後停刊。從 8 月 1 日起副刊「橋」出版，由歌雷主編。至 1949 年 4 月 11 日出版了最後一期後停刊，共出版了 223 期。《臺灣文學史》記載「橋」「至 1949 年 3 月 29 日停刊」[44]也是不準確的。總共 236 期的「文藝」和「橋」登載了大量的文學作品和文學評論，為當時的作家們提供了一個廣闊的園地。此外，《新生報》還有「新地」和「文海」等副刊，也登載了不少文學作品和評論，其中「新地」就出版了 105 期[45]。

　　《中華日報》副刊：《中華日報》是一份國民黨經營的臺灣地方性報紙，創刊於 1946 年 2 月 20 日。為了讓光復不久不諳中文的臺灣民眾瞭解政策和國內外的資訊，特設立日文版。從 1946 年 3 月 15 日開始，在日文版中開闢文藝欄，由著名作家龍瑛宗主編。日文版文藝欄在光復一週年前夕停刊，共出版了 40 期。1946 年 11 月，中文版副刊「新文藝」創刊。在日文版文藝欄中發表作品的主要是龍瑛宗、吳濁流、吳瀛濤、王育德、葉石濤、邱媽寅等本省籍作家，而在中文版「新文藝」中發表作品的則主要是大陸來台作家[46]。

　　臺灣《和平日報》副刊：臺灣《和平日報》是當時臺灣島內第二大報，創刊於 1946 年 5 月初。創刊伊始，即開設了綜合性文藝副刊「新

年第 1 期。
[43] 同上。
[44] 劉登翰等：《臺灣文學史》（下卷），第 16 頁。
[45] 《新生報》，1947 年 7 月 29 日，第 5 版，「新地副刊」「編後記」。
[46] 葉石濤：《臺灣文學史綱》，第 75 頁；臺灣省文獻會：《重修臺灣省通志》卷 10，文學篇，第 2 冊，第 880－881 頁。

世紀」、純文學專刊「新文學」等副刊欄目。此外，還開設了「新青年」、「新婦女」、「週末版」、「新時代」等副刊欄目。臺灣《和平日報》副刊的特點之一，「就在同時容納了外省和本省籍的作者，成爲他們共同的園地」[47]。

　　除了上述 3 種報紙的副刊之外，1947 年 10 月創刊的《自立晚報》、《公論報》和 1948 年 12 月創刊的《國語日報》，也是當時文學作品發表的重要園地。《自立晚報》「開闢過多種文藝欄目，發表過數量相當可觀的文學作品」。《公論報》「辟有文藝週刊，初名『新詩』，後改名『日月潭』；此外還辟有雙週刊『臺灣風上』，　　度頗有特色」。《國語日報》「以推行國語，普及教育爲宗旨。報面文字採用注音，以中小學生爲主要讀者，亦刊登一些通俗文學作品。……對戰後臺灣文學的振興起了不可忽視的作用」[48]。此外，這一時期出版的各種報紙，如：《鯤聲報》、《民報》、《人民導報》、《臺灣民聲報》、《大明報》、《自由日報》、《更生日報》、《南方週報》、《大漢日報》、《華報》、《精忠報》、《臺灣人報》等，也或多或少地登載了一些文學作品[49]。

　　（三）文學思潮。

　　這一時期臺灣的文學思潮集中地表現在一場「如何建設臺灣新文學」的論爭之中。當時許多有影響的作家都參加了這場論爭。透過這場論爭，可以充分展示當時臺灣文學界的各種不同的主張。

　　有趣的是，最早提出「臺灣新文學建設」問題的，不是台籍的作家，也不是大陸來台的作家，而是一個「從未履足於臺灣的上海的編輯人、散文家和評論家」——范泉[50]。1946 年 1 月，范泉在大陸《新文學》雜誌創刊號上發表了《論臺灣新文學》一文。文章中提出，「臺灣文學終是中國文學的一個支流，而且臺灣與中國文學不可分。前者是屬於後者

---

[47] 雙文：《略論光復初期台中〈和平日報〉副刊——兼及〈新知識〉月刊和〈文化交流〉輯刊》，《新文學史料》2001 年第 1 期。

[48] 劉登翰等：《臺灣文學史》（下卷），第 17－18 頁。

[49] 同上。

[50] 陳映真：《范泉和「建設臺灣新文學論爭」》，《新文學史料》，2001 年第 1 期。

的一環。……現在的臺灣文學則已進入建設期的開端。臺灣文學站在中國文學的一個部位裡，盡了它最大的努力，發揮了中國文學古有的傳統，從而更建立起新時代和新社會所需要的，屬於中國文學的臺灣新文學」[51]。很快，范泉的文章就得到了臺灣作家賴明弘的回應。賴明弘在《新文學》1946 年 2 月號上發表了《重見祖國之日：臺灣文學今後前進的目標》一文，文章表示同意范泉的部分見解，同時也認爲，「我們今後將要努力創造的臺灣文學亦即是中國文學的一部分。……臺灣文學工作者也就是中國文學工作者」[52]。或許是這時臺灣光復的時間還太短，島內的大多數作家在激烈的社會變動面前還沒有適應過來，還來不及思考這些事關臺灣文學發展大方向的問題。所以，范泉和賴明弘的一唱一和，當時在島內並沒有馬上引起大家的討論，島內作家的反應顯得相對有些滯後。

　　1947 年 11 月 7 日，歐陽明在《新生報》副刊「橋」第 40 期上以《臺灣新文學的建設》爲題發表文章。1948 年 3 月 29 日，著名作家楊逵參與討論，在「橋」第 96 期發表了《如何建立臺灣新文學》一文，一場「如何建設臺灣新文學」的論爭在臺灣文學界才真正開展起來。這場論爭，以《新生報》副刊「橋」爲主要陣地，先後有幾十位作家參與了討論，發表了數十篇文章。對於這場論爭，不同的學者有不同的概括和評價。當時的作家駱駝英將論爭的內容綜合爲 8 個主要問題[53]。大陸學者趙遐秋將作家們的看法歸納爲 10 個方面[54]。臺灣學者曾健民將這些文章的內容概括爲 6 大議題[55]。由於篇幅的關係，這裡只能將其中最主要的 3 個問題予以介紹：

　　1、如何評價日據時期的臺灣文學？日據時期的臺灣文學是光復後

---

[51] 轉引自陳映真：《范泉和「建設臺灣新文學論爭」》。

[52] 同上。

[53] 駱駝英：《論「臺灣文學」諸論爭》，《新生報》1948 年 7 月 30 日，第 4 版。

[54] 趙遐秋：《從「文學大眾化」到「人民的文學」──20 世紀 40 年代末關於臺灣新文學的論爭》，《新文學史料》2001 年第 1 期。

[55] 曾健民：《在風雨飄搖中綻開的文學花苞──「臺灣新文學論議」的思想和時代》，《新文學史料》2001 年第 1 期。

臺灣新文學建設的一個基礎。這個基礎如何？是每一個準備再出發的臺灣作家都必須加以反思的。歐陽明認為，日據時期「臺灣文學運動的主流，……是龐大臺胞自己倔強的靈魂的民族文學運動」，「在日人殖民政策統治了半世紀的『皇民化』的特殊環境，……新文學遭受了日寇殘酷的彈壓，造成了許多畸形的意識和特殊的形態」[56]。楊逵認為，日據時期，「雖有些例外，但臺灣新文學的主流卻未曾脫離我們的民族觀點。……在思想上的『反帝反封建與科學民主』這一點，與國內卻無二致」[57]。葉石濤認為，日據時期的臺灣文學，「在抗日反帝的現實的鬥爭過程中，所產生的作品，樹立了中國文學發展的傳統性，但一九四一年以後，……在日本帝國主義的彈壓下，臺灣文學走了畸形的、不成熟的一條路」[58]。

2、如何看待「臺灣文學」和「中國文學」的關係以及「臺灣文學」的特殊性？楊逵認為，我們「需要『臺灣文學』這樣的一個概念，……是因為臺灣有其特殊性的緣故。……臺灣文學是中國文學的一環，當然不能對立。存在的只是一條未得填完的溝」[59]。籟亮認為，「臺灣新文學當然是和祖國文學一樣站在同一個新的歷史階段上的，不過這裡（□）著可惡的『澎湖溝』──五十年的距離──這就是臺灣新文學的立場──特殊性。臺灣新文學的『臺灣』這兩個字是多麼需要的啊！那麼，『臺灣新文學』是和『大陸文學』對立的嗎？不是的，『澎湖溝』是站在和祖國同一新歷史階段上，才可以看得出它的特殊性。……『臺灣新文學』是中國文學的一環」[60]。林曙光認為，臺灣文學「最好還是打破一切的特殊性質，作中國文學的一翼而發展。今日的『如何建立臺灣新文學』這目標須要放在『如何建立臺灣的文學使其成為中國文學』才對」[61]。

---

[56] 歐陽明：《臺灣新文學的建設》，《新生報》1947年11月7日，第2版。

[57] 《如何建立臺灣新文學──第二次作者茶會總報告》，《新生報》1948年4月7日，第4版。

[58] 葉石濤：《一九四一年以後的臺灣文學》，《新生報》1948年4月16日，第4版。

[59] 楊逵：《「臺灣文學」問答》，《新生報》1948年6月25日，第4版。

[60] 籟亮：《關於臺灣新文學的兩個問題》，《新生報》1949年1月14日，第5版。

[61] 林曙光：《臺灣文學的過去、現在與將來》，《新生報》1948年4月12日，第4版。

王澍認爲，「臺灣的特殊性是有的，但決不是跟內地冰炭難容的，切勿惡意渲染，假若，因此而破壞了自己種族間的情感，便犯下了決不可饒恕的罪惡」[62]。

3、如何建設臺灣新文學？歌雷認爲，「新文學運動要求我們對我們所生活的社會有深刻的瞭解，要生活在群眾中，因爲這樣才能產生有價值的作品。……我們對文學的態度是要求它反映現實，反映人民生活與願望」[63]。蔡瑞河認爲，「大眾化的『臺灣文學』是我們文藝工作同仁應共同努力的趨向。……依我所知道的，臺灣人是希望看有刺戟性的，和比較有社會性，以替臺灣民眾訴苦，爲臺灣人民吐露希望。總之，建立臺灣文學，就是建立大眾化的『人民文學』」[64]。史村子認爲，「把消極的暴露變成有力的控訴，把人群的呻吟變成雄大的吼聲——這是一個忠實的文學工作者在這個時代的使命。……我們要說出大眾的聲音，我們有理由要求藝術的控訴力——對無理的控訴，對強暴的控訴，對黑暗的控訴，向人類的心靈控訴」[65]。姚筠認爲，臺灣文學應該「走向大眾文學的道路，使文學能切實地反映人民的生活和痛苦。我們要求把全部人民的生活寫出來，寫得通俗，寫得真實，使文學全部爲人民而服務」[66]。

（四）有代表性的文學作品。

這一時期，哪些作品比較具有代表性？不同的學者會有不同的評價。根據兩岸一些學者的研究，以下一些作品是經常被提及的：

吳濁流的長篇小說《胡志明》（以後改名爲《亞細亞的孤兒》）、中篇小說《波茨坦科長》、短篇小說《先生媽》、《陳大人》等。《胡志明》雖寫作於日據末期，但卻在 1946 年出版，成爲光復初期與讀者見面的最重要的文學作品之一。吳濁流自己說過，《胡志明》「這本小說，……把日本統治下的臺灣，所沉澱在清水下層的污泥渣滓，一一揭露出

---

[62] 王澍：《我看「臺灣新文學」的論爭》，《新生報》1948 年 6 月 4 日，第 4 版。

[63] 歌雷：《臺灣文學的方向——師範學院文藝座談會講演》，《新生報》1949 年 1 月 24 日，第 4 版。

[64] 蔡瑞河：《論建立臺灣新文學》，《新生報》1948 年 11 月 30 日，第 8 版。

[65] 史村子：《論文學的時代使命——藝術的控訴力》，《新生報》1948 年 4 月 2 日，第 4 版。

[66] 姚筠：《我的「新臺灣文學運動」看法》，《新生報》1948 年 6 月 9 日，第 4 版。

了。……無異是一篇日本殖民統治社會的反面史話」[67]。大陸學者古繼堂認爲,「吳濁流的小說概括起來可分爲這樣三種主要類型:一是無情撻伐知識份子中的民族敗類,以《先生媽》和《陳大人》爲代表;二是表現臺灣知識份子在嚴酷而黑暗中的追尋和探索,以……《亞細亞的孤兒》爲代表;三是表現光復初期臺灣人民對當局的失望和怨懟」[68]。第三種類型則以《波茨坦科長》爲代表。吳濁流是光復初期臺灣「文學成就最高的作家」[69]。代表吳濁流小說三種主要類型的這些作品,在當時臺灣的文學作品中也具有一定的代表性。

歐坦生的短篇小說《沉醉》、《十八響》和《鵝仔》。光復初期,歐坦生先後在上海的《文藝春秋》上發表了6篇小說,其中以上3篇得到一些學者很高的評價。楊逵評價說,「去年十一月號的《文藝春秋》曾有邊疆文學特輯,其中一篇以臺灣爲背景的《沉醉》是『臺灣文學』的一篇好樣本」[70]。《沉醉》已經得到楊逵先生如此高的評價,而臺灣學者呂正惠認爲,《十八響》與《鵝仔》「在表現『典型性』上更爲成熟,兩篇小說成爲歐坦生六篇小說中的最優秀的作品。《鵝仔》是關於省籍問題的另一篇小說,就其社會意涵來講,要比《沉醉》優秀得多。……對於國民黨接收初期『統治心態』的譴責,《鵝仔》的態度是非常鮮明的」[71]。

此外,龍瑛宗的《從汕頭來的人》、呂赫若的《月光光——光復以前》、蔡德本的《苦瓜》、黃昆彬的《美子與豬》、邱媽寅的《叛徒》、葉瑞榕的《高銘戟》、王清溪的《女扒手》、謝哲智的《拾煤屑的小孩》、葉石濤的《三月的媽祖》,這些小說,都是「較突出」的作品[72]。

---

[67] 吳濁流:《回顧日據時代的臺灣文學》,轉引自古繼堂《臺灣小說發展史》,文史哲出版社,1989 年版,第 125 頁。

[68] 古繼堂:《臺灣小說發展史》,文史哲出版社,1989 年版,第 122 頁。

[69] 劉登翰等:《臺灣文學史》(下卷),第 21 頁。

[70] 楊逵:《「臺灣文學」問答》,《新生報》1948 年 6 月 25 日,第 4 版。

[71] 呂正惠:《發現歐坦生——戰後初期臺灣文學的一個側面》,《新文學史料》2001 年第 1 期。

[72] 葉石濤:《臺灣文學史綱》,第 78–80 頁。

（五）如何評價這一時期臺灣文學的發展。

對這一時期臺灣文學發展的總體評價，不同的學者也有不同的看法。

楊逵先生曾經評價說，「光復以來快要三年了，應要重振的臺灣文學界卻還消沉得可憐。這原因其一是在言語上，就是，十多年來不允使用被禁絕的中文，今日與我們生疏起來了，以中文就很難得表達我們的意思了。其二是政治的條件與政治的變動，致使作者感著不安威脅與恐懼。寫作空間受到限制」。「很多的外省作者在臺灣社會的生活還沒有生根，臺灣的作者又消沉得可憐，以致坐在書房裡榨腦汁的文章占大部分」[73]。

劉登翰等先生主編的《臺灣文學史》認為，「光復初期的頭四年，文學思想頗為活躍，但作品數量不多，品質也不高，固然有作家自身的種種原因，例如對急劇轉變時期的生活不熟悉，語言不能適應等。但更根本的原因是社會動盪不安，作家與人民一樣，在新的生活面前有無所適從之感，這便導致許多作家持觀望的態度」[74]。

葉石濤先生的《臺灣文學史綱》認為，「光復初期大約四年間的臺灣文學，奠定的基礎影響深遠。……臺灣文學是反映臺灣本土民眾現實生活的文學，它的多災多難一如它的多彩多姿，它是臺灣人精神、命運的象徵，它是整個世界人類的共有物，在這樣巨視性的觀點下，這四年的臺灣作家的苦難歲月，又算得了什麼」[75]。

筆者以為，僅僅看到這一時期臺灣作家的苦難和消沉、文學作品的數量不多和品質不高是不全面的。這一時期，臺灣文學的發展完成了一次巨大的轉變，它從日據時期「畸形的」、用異族文字寫作的文學，轉變為比較健康的、用母語寫作的文學，其間的社會意義是不言而喻的。在這一巨大的轉變面前，其他的弱點和不足，真是「又算得了什麼」？

---

[73] 《如何建立臺灣新文學——第二次作者茶會總報告》，《新生報》1948年4月7日，第4版。

[74] 劉登翰等：《臺灣文學史》（下卷），第23頁。

[75] 葉石濤：《臺灣文學史綱》，第81-82頁。

　　（本文的寫作，承蒙本院同仁朱二教授提供了許多珍貴的文學史方面的資料，謹此致謝！）

陳儀與臺灣光復初期的文化重建

　　陳儀是 1945 年光復後的臺灣省行政長官，1947 年「二二八事件」後引咎辭職。他從 1944 年在重慶主持臺灣調查委員會工作開始，就十分重視光復後的文化重建工作。在任臺灣省行政長官期間，他不僅高度重視對文化重建工作的領導，而且親自參與了文化重建的一些具體的事務。應當如何評價陳儀在臺灣光復初期的文化重建工作？人們有不同的看法。本文擬提出一些自己的觀點，以求教于方家。

一

　　1943 年《開羅宣言》發表之後，中國政府即開始了準備收復臺灣的工作。1944 年 4 月 17 日，以陳儀為主任委員的臺灣調查委員會在重慶成立。台調會成立不久，5 月 10 日，陳儀在給時任教育部長陳立夫的一封信中就指出：

> 臺灣收復之後，應做工作自然很多，但弟以為最重要的一種卻是教育。臺灣與各省不同，他被敵人佔據已四十九年。在這四十九年中，敵人用種種心計，不斷地施行奴化教育。不僅奴化思想而已，並禁用國文、國語，普遍地強迫以實施日語、日文教育，開日語講習所達七千餘所之多，受日語教育者幾占台人之半數。
> 所以，臺灣五十歲以下的人對於中國文化及三民主義差不多沒有瞭解的機會，自然是茫然。這真是十二分的危險。收復以後，頂要緊的是根絕奴化的舊心理，建設革命的心理，那就為主的要靠教育了。[1]

　　陳儀並且希望教育部及早對以下三方面的工作進行準備：「第一是師資的師資，即師範學院、師範學校的教員。第二是中等學校的行政人員（校長、教務主任、訓育主任、總務主任）。……第三是國語、國文

---

[1] 陳鳴鐘、陳興唐主編：《臺灣光復和光復後五年省情》，上冊，南京，南京出版社，1989 年，第 58 頁。

及歷史的教材（這三種在臺灣須特別注重）」[2]。陳儀前面所講的「教育」是對臺灣所有人群的「教育」，其實就是臺灣社會的「文化重建」。後面所講的才是學校的教育。可見，臺灣調查委員會成立伊始，陳儀就已經注意到了「文化重建」的問題。

5 月 15 日，陳儀在給陳立夫的信中再次提到，「弟以爲收復以前所急要預備的只限於三種人。（一）中等學校校長約計四十九人」。「（二）中等學校的教務、訓育、總務主任每校共三人，合計一百四十七人。（三）師範學院……及師範學校的公民、國語、國文、歷史、地理教師，假定每校十人（這是至少的數目），約共計五十人。以上共計約二百五十人左右，最好於收復前預備」。「以上各類人員的訓練，關於國父遺教、總裁言語、國語、歷史及抗戰以來的政治設施，應特別注重」。[3]

1945 年 3 月，臺灣調查委員會制定出了《臺灣接管計劃綱要》82 條。其中「總則」部分：

（4）接管後之文化設施，應增強民族意識，廓清奴化思想，普及教育機會，提高文化水準。

……

（7）接管後公文書、教科書及報紙禁用日文。

「教育文化」部分：

（40）接收後改組之學校，須於短期內開課。私立學校及私營文化事業如在接管期間能遵守法令，准其繼續辦理。否則，接收、改組或停辦之。

（41）學校接收後，應即實行左列各事：（甲）課程及學校行政須照法令規定。（乙）教科書用國定本或審定本。

……

（44）接管後應確定國語普及計劃，限期逐步實施。中小學校以國語為必修課，公教人員應首先遵用國語。各地方原設之日語講

---

[2] 同上，第 59 頁。

[3] 同上，第 60－61 頁。

習所應即改為國語講習所，並先訓練國語師資。

……

（49）派遣教育人員赴各省參觀，選派中等學校畢業生入各省專科以上之學校肄業，並多聘學者到台講學。

（50）設置省訓練團、縣訓練所，分別訓練公教人員、技術人員及管理人員，並在各級學校開辦成人班、婦女班，普及國民訓練，以灌輸民族意識及本黨主義。

（51）日本佔領時印行之書刊、電影片等，其有詆毀本國、本黨或曲解歷史者，概予銷毀。一面專設編譯機關，編譯教科參考及必要之書籍圖表。[4]

《臺灣接管計劃綱要》是臺灣光復和光復初期工作的行動綱領，其中這些關於「文化重建」方面的規定，大多體現了陳儀的一些想法，並在以後的工作中得到了具體的執行。

二

1945 年 10 月 25 日，陳儀就任臺灣省行政長官公署行政長官。在任期間，他在「文化重建」工作上的作為，歸納起來有以下幾個方面：

一、提倡「心理建設」和「文化建設」，重視國語、國文的推廣和普及工作，尤其注重學校的文史教育，努力消除日本殖民文化的影響。

1945 年 12 月 31 日，陳儀通過廣播向臺灣全省民眾宣佈行政長官公署下一年度的工作，其中談到「心理建設」時說：

心理建設在發揚民族精神，而語言、文字與歷史，是民族精神的要素。臺灣既然復歸中華民國，臺灣同胞必須通中華民國的語言文字，懂中華民國的歷史。明年度的心理建設工作，我以為要注重於文史教育的實行與普及。我希望於一年內，全省教員學生，大概能說國語、通國文、懂國史。學校既然是中國的學校，應該不要再說日本話、再用日文課本。現在各級學校，暫時應一律以

---

[4] 同上，第 49—56 頁。

國語、國文、三民主義、歷史四者為主要科目，增加時間，加緊
教學。俟國語語文相當通達後，再完全依照部定的課程。現有教
員將分批調受訓練。對於公務員與一般民眾，應普遍設立語文講
習所之類，使其有學習的機會。[5]

為了解決臺灣學校國語師資不足的問題，陳儀除了請教育部給以幫
助解決之外，同時還親自出面和內地的一些地方政府官員聯繫，請他們
代為招選人才。1946 年 2 月 11 日，陳儀在給廈門市黃市長的電文中寫
道：「本省接管伊始，國民學校國語教師需要迫切，茲擬在閩南招選 240
名，以師範畢業、年齡在 26 歲以上、能操國語及閩南語者為限。每人
發給旅費 3 萬元，錄用後薪津以委任 9 級開支，學驗特優者，得以薦任
待遇，請就近代為招選」。[6]

同月，陳儀在全省中學校長會議上發表講話說：「本省過去日本教
育方針，旨在推行『皇民化』運動，今後我們就要針對而實施『中國化』
運動」。[7]

3 月，由陳儀主持制定並署名的 1946 年《臺灣省行政長官公署工
作計劃》，在「總述」部分提到「心理建設」時寫道：

心理建設，在發揚中華民族精神，增強中華民族意識。此是以前
日本政府所深惡痛嫉，嚴屬防止，而現在所十分需要者。本年關
於心理建設的主要工作：第一，因為三民主義、國語、國文與中
華歷史為民族精神、民族意識的要素，所以，各級學校一律設此
四科目，加多鐘點。第二，大量培養師資，各級學校招生，以普
及臺灣同胞受教育的機會。第三，加強研究工作以提高文化。[8]

---

[5] 轉引自黃英哲：《「去日本化」「再中國化」──戰後臺灣文化重建（1945－1947）》，臺
北，麥田出版、城邦文化事業股份有限公司，2007 年，第 35 頁。

[6] 福建省檔案館、廈門市檔案館編：《閩台關係檔案資料》，廈門，鷺江出版社，1993 年，第
403 頁。

[7] 轉引自黃英哲：《「去日本化」「再中國化」──戰後臺灣文化重建（1945－1947）》，第
37 頁。

[8] 中國第二歷史檔案館、海峽兩岸交流出版中心：《館藏民國臺灣檔案彙編》，第 82 冊，北京，
九州出版社，2007 年，第 13 頁。

在「教育」部分則寫道：

（一）教育行政：……國文、公民、歷史、地理等科限於國人任教……。

（二）國民教育：各國民學校原有課程，與國情顯多不合應從速依照部令並參酌本省實際情形，擬訂適合本省之暫行課程標準……。分期調訓全省國民學校校長、教員，以灌輸三民主義精神，增加民族意識。……

（三）中等教育及職業教育：……課程與教材，加重國文、公民、歷史、地理等科教學。……

（五）社會教育：本省光復之初，社會教育尤為重要。……籌設省、縣、市立鄉鎮社會教育機關，過去日人利用社教，實施所謂皇民化政策，收效頗大。吾人亟宜充分發揮社教力量，以清除過去毒素，建立三民主義之新理想。……

（六）編審：1、編輯教材：a、編輯中學國文、公民、史地等科教材。b、編輯高初小學國語、公民、常識、史地教材。2、徵集本省教育資料予以改革，務期根除日本之奴化教育。3、編輯地方教材及中小學課外讀物，以加強學生、民眾對祖國史、地、文化之認識。4、編輯國民教育指導月刊，作為國民學校教師輔導及進修之用。[9]

4 月，臺灣省行政長官公署決定：「爲推行標準國語，改進語文教育起見，特設國語推行委員會，隸屬於教育處」。[10]聘請語言學家魏建功爲主任委員。臺灣省國語推行委員會成立之後的主要工作，「一方面對社會上私人或機關團體之傳習國語者，予以示範及協助，使其合於標準，一方面對本省語文教育問題作實驗研究以尋求有效之解決途徑，同時從各地約請國語國文教員，分發各級學校任教，並於各縣市設置國語推行所，負各地方推行國語之責」。[11]

---

[9] 同上，第 139－141 頁。

[10] 轉引自黃英哲：《「去日本化」「再中國化」──戰後臺灣文化重建（1945－1947）》，第 55 頁。

[11] 陳鳴鐘、陳興唐主編：《臺灣光復和光復後五年省情》，上冊，第 364－365 頁。

12 月 13 日，陳儀在臺灣省參議會第一屆第二次大會開幕式的講話中提到「文化建設」:「臺灣淪陷達半世紀，對於中國的文化完全隔絕了。為了使臺灣同胞瞭解中國的文化以及現代思潮的趨勢，我們鼓勵人民學習國語國文，並出版各種中文的圖書刊物」。[12]12 月 31 日，他在「除夕廣播詞」中總結 1946 年行政長官公署在「心理建設」方面的工作時說:

> 至於心理建設，注重語文歷史教育以增強民族意識，造就師資，多招學生以普及教育機會，充實專科以上學校及研究所、圖書館、博物館、編譯館等以提高文化水準等，今年的工作，明年仍繼續進行。[13]

二、重視宣傳、宣導工作，嚴格書籍、雜誌、畫報等書刊的檢查制度，重視公教人員的培訓，力圖增加臺灣民眾對祖國的認識和對中華文化的瞭解。

1945 年 10 月 28 日，陳儀任命夏濤聲為臺灣省行政長官公署宣傳委員會主任委員。[14]11 月 17 日，夏濤聲發表了《宣傳委員會之使命》的廣播講話，其中說到:

> 因為陳長官覺得宣傳工作十分重要，特于行政長官公署內設置——宣傳委員會，主管一切有關宣傳事宜。……臺灣與祖國隔別了五十年。臺灣同胞，不僅對於祖國過去的歷史，模糊不清，即對於祖國現在的政治、經濟、文化及其他一切的動態，也是茫然。因此，我們必須把中央及其他各省的動態靜態，隨時隨地的介紹給臺灣同胞，使在日本壓榨五十年之下的臺胞，逐漸的認識祖國，瞭解祖國，把過去受日人欺騙宣傳所引起對祖國的一切不正確的觀念，逐漸廓清。這是本會今後所負的第一使命。[15]

---

[12] 同上，第 317 頁。

[13] 同上，第 327 頁。

[14] 長官公署秘書處編輯室:《臺灣省行政長官公署公報》，第 1 卷第 2 期，1945 年 12 月 5 日，第 6 頁。

[15] 轉引自黃英哲:《「去日本化」「再中國化」——戰後臺灣文化重建（1945－1947）》，第 66－67 頁。

　　同日，行政長官公署發佈《臺灣省各縣市街道名稱改正辦法》，其中規定：

> 一、臺灣省行政長官公署（以下簡稱本公署）為破除日本統治觀念起見，特定訂本辦法，以為改正街道名稱之依據。
> 二、凡因左列情形而設定之街道名稱，由當地縣市政府成立後兩個月內改正：
> 甲、凡有紀念日本人物者：如明治町、大正町、兒玉町、乃木町等是。
> 乙、具有伸揚日本國威者：如大和町、朝日町等是。
> 丙、明顯為日本名稱者：如梅ヶ枝町、若松町、旭町等是。
> 三、前條應改正之街道名稱，由當地縣市政府妥為擬定實施，但新名稱應具有左列意義：
> 甲、發揚中華民族精神者：如中華路、信義路、和平路等是。
> 乙、宣揚三民主義者：如三民路、民權路、民族路、民生路等是。
> 丙、紀念國家偉大人物者：如中山路、中正路等是。
> 丁、適合當地地理、或習慣，且具有意義者。[16]

　　1946 年 2 月 21 日，陳儀署名發佈了「臺灣省行政長官公署公告」。「公告」說：

> 查本省淪陷五十一年，在文化思想上，中敵人遺毒甚深，亟應嚴予查禁，凡：
> （1）讚揚「皇軍」戰績者；（2）鼓勵人民參加「大東亞」戰爭者；（3）報導佔領我國土地情形，以炫耀日本武功者；（4）宣揚「皇民化」奉公隊之運動者；（5）詆毀總理、總裁及我國國策者；（6）曲解三民主義者；（7）損害我國權益者；（8）宣傳犯罪方法妨礙治安者；等圖書、雜誌、畫報一律禁止售購，全省各書店、書攤，應即自行檢查，如有此類圖書、雜誌、畫報者，速自封存聽候交出，集中焚毀。如有違抗，一經查獲，定予嚴懲不貸。[17]

16　長官公署秘書處編輯室：《臺灣省行政長官公署公報》，第 1 卷第 2 期，1945 年 12 月 5 日，第 4 頁。
17　長官公署秘書處編輯室：《臺灣省行政長官公署公報》，1946 年 3 月 1 日，春字第 133 頁。

　　到 1946 年年底，全省由書店、書攤自查封存、最後焚毀的「遺毒」圖書有 1541 種 475111 冊。[18]另由宣傳委員會會同警務處及憲兵團查出的「違禁圖書」，臺北市有 836 種 7300 餘冊，一部分由宣傳委員會留作參考外，「餘均焚毀。其他各縣市報告處理違禁圖書經過者，計有台中、花蓮、屏東、台南、彰化、基隆、高雄等七縣市，焚毀書籍約有一萬餘冊」。[19]

　　為了讓公教人員「理解三民主義和建國要領，學會國語、國文，具有各種專門技能」，陳儀還專門成立了「臺灣省地方行政幹部訓練團」，自己兼任訓練團主任，作為輪流培訓臺灣當地出身的各級政府公務員、中學教師、小學校長和教師的常設機構，每期 3 個月。[20]1946 年計劃培訓 12000 名公教人員，實際培訓 2941 名，其中「民政人員（內含地政、衛生）1216 名、財政人員（內含金融、專賣）190 名、教育人員（內含公費升學生）604 名、農林人員 83 名、工礦人員 54 名、交通人員 109 名、會計人員 221 名、宣傳人員 352 名、氣象人員 32 名、黨務人員 80 名。[21]1946 年 12 月 31 日，陳儀在「除夕廣播詞」中，更是公佈了他在新的一年中對公務員進行教育和對公民進行宣傳方面的設想：

> 執行治權的是公務員，其不可或缺的條件，是以國語國文為瞭解實施法令的工具。而運用政權的是公民，其不可或缺的條件是瞭解憲法的意義。對於前者，擬先就台籍公務員二萬人舉辦每日二小時，為期一年的語文教育，並逐漸增進其行政的知識與技能。對於後者，擬對二百餘萬的公民，宣傳將頒佈的中華民國憲法的知識。[22]

　　為了讓臺灣民眾能以輕鬆的、喜聞樂見的方式接受民族意識和民族

[18] 黃英哲：《「去日本化」「再中國化」──戰後臺灣文化重建（1945─1947）》，第 78 頁。
[19] 陳鳴鐘、陳興唐主編：《臺灣光復和光復後五年省情》，上冊，第 234 頁。
[20] 黃英哲：《「去日本化」「再中國化」──戰後臺灣文化重建（1945─1947）》，第 73 頁，注 14。
[21] 陳鳴鐘、陳興唐主編：《臺灣光復和光復後五年省情》，上冊，第 236 頁。
[22] 同上，第 325 頁。

精神的宣傳與教育，陳儀還親自動手寫作了《愛國歌》、《職業無貴賤》兩首歌的歌詞，由行政長官公署交響樂團團長蔡繼琨作曲，作為《臺灣省公民訓練課本音樂》（共 13 首歌，其餘 11 首由大陸傳入）的教材內容。其中，《愛國歌》的歌詞為：

> 歷史五千年，文明燦爛，世界無雙。縱橫八千里，河山錦繡，世界無雙。同胞四萬萬五千萬，聰明勤儉，世界無雙。國父孫中山，領袖蔣介石，忠孝仁愛信義和平，世界無雙。這是我們的國家，這是我們的國民，前進！前進！高興！高興！我是中國人！前進！前進！高興！高興！我是中國人！

《職業無貴賤》的歌詞為：

> 職業無貴賤，勞動最快樂，為人群服務，謀自己生活！工作是道德，懶惰是罪惡，忙碌是幸福，閒空是墮落！願同胞，戒頹廢，齊振作，建設我國家，復興我民族。[23]

　　三、重視學校教材和社會讀物的編譯工作，努力給學生和社會大眾提供更多、更好的精神食糧。

　　在《臺灣接管計劃綱要》中，陳儀就已經計劃好要「專設編譯機關，編譯教科參考及必要之書籍圖表」。[24]後來又親自力邀同鄉好友許壽裳來台主持編譯館的工作。1946 年 5 月 1 日，他給許壽裳發電報：「為促進臺胞心理建設，擬專設編譯機構，編印大量書報，盼兄來此主持」。[25]在得到許壽裳表示願意接受之後，5 月 13 日，他在給許壽裳的信中，暢談了對編譯館工作的想法：

> 臺灣經過日本五十一年的統治，文化情況與各省兩樣。多數人民

---

[23] 許雪姬：《評〈臺灣文化再構築 1945－1947 の光と影：魯迅思想受容の行方〉》，轉引自黃英哲：《「去日本化」「再中國化」──戰後臺灣文化重建（1945－1947）》，第 296－297 頁。

[24] 陳鳴鐘、陳興唐主編：《臺灣光復和光復後五年省情》，上冊，第 54 頁。

[25] 黃英哲、許雪姬、楊彥傑主編：《臺灣省編譯館檔案》，福州，海峽出版發行集團福建教育出版社，2010 年，第 3 頁。

說的是日本話，看的是日本文，國語固然不懂，國文一樣不通，對於世界與中國情形也多茫然。所以治台的重要工作，是心理改造，而目前最感困難的，是改造心理的工具——語言文字——須先改造。各省所出書籍報紙因為國文程度的關係，多不適用。臺灣的書報在二、三年內，必須另外編印專適用於臺灣人的。第一要編的是中小學文史教本（國定本、審定本全不適用）；第二要編的是中小學教師的參考讀物，如中學教師、小學教師等月刊；第三為宣達三民主義與政令，須編適於公務員及民眾閱讀的小冊；第四一般的參考書如辭典等。這是就臺灣的應急工作而言。此外弟常常感覺到中國現在好書太少了，一個大學生，或者中學教師要勤求知識，非讀外國書不可，不但費錢，而且不便。我常有「譯名著五百部」的志願，我以為中國必須如以前的翻譯佛經一樣，將西洋名著翻譯五、六百部過來，使研究任何一科的學生，有該科一、二十本名著可讀。……

為了右面的五種工作，我擬設一編譯館，……該館直隸長官。教育處舊有教科書編輯委員會可併入，編制預算，俟兄到後再定。這樣的工作，為臺灣，為全國，都有意義，望兄花五年功夫來完成他。[26]

陳儀甚至對編譯館底下一些具體工作組的工作都提出了自己的意見。如對「學校教材組」，他認為：

編譯館雖分四組，雖然四組工作都重要，但在明年（1947），尤其在上半年，希望特別注重中小學教科書一類。過去教育處所編中小學教本，據一般試用的結果，多半嫌太深，教學都覺困難，希編譯館就已編各書檢討一下，或修改，或另編，務使適合於國語國文程度尚不及各省學生的本省學生，此種新教本望於暑假前編竣，俾暑假後可以應用。[27]

對「社會讀物組」，他要求：「社會讀物組先以本省人為對象，文字

---

26 同上，第4—5頁。
27 同上，第110頁。

須淺顯，字數不要多」。[28]對「名著編譯組」，他主張：

> 至於名著編譯，最好先集中力量於一件事，譯述大學生及研究人
> 員必須研讀的專科學術名著，可先請各科專門學者選定各科必讀
> 名著若干種，然後彙編一應譯名著目錄，斟酌人力、財力，有系
> 統的逐漸譯述。但已有譯本的，可緩譯。[29]

許壽裳對陳儀的意圖心領神會，他主持下的編譯館工作，「基本上
還是遵循陳儀的構想，按照其描繪的藍圖執行」。[30]他曾在記者會上說過：

> 講到本館設立的要旨不外兩點：第一，促進臺胞的心理建設。臺
> 灣的教育，向稱普及，一般同胞大抵至少受過六年或八年的教
> 育，這種情形在各省是少見的，可是臺胞過去所受的教育是日本
> 本位的，尤其對於國語國文和史地，少有學習的機會，所以我們
> 對於臺胞，有給以補充教育的義務和責任。本館的使命，就要供
> 應這種需要的讀物。第二，對於全國有協進文化、示範研究的責
> 任。[31]

在教材的編輯方面，我們可以透過當時初級小學教材《國語》第 8
冊的內容，瞭解到編譯館的用心。在這冊課本的《初小國語編輯大要》
中，編者明確表明：

> 本書為求配合長官公署建設三民主義新臺灣之施政方針，對於民
> 族意識之喚起，民族精神之發揚，國民道德之陶冶，特加注重。
> [32]

第一課的題目就是《我們是中國的少年》，課文內容為：

> 我們是中國的少年，民族復興的責任，放在我們的雙肩。偉大的

---

[28] 同上，第 116 頁。

[29] 同上，第 118 頁。

[30] 黃英哲：《「去日本化」「再中國化」——戰後臺灣文化重建（1945－1947）》，第 96 頁。

[31] 黃英哲、許雪姬、楊彥傑主編：《臺灣省編譯館檔案》，第 32 頁。

[32] 轉引自黃英哲：《「去日本化」「再中國化」——戰後臺灣文化重建（1945－1947）》，第 100 頁。

時代，給我們嚴格的訓練。我們的身體，像獅子一樣的健；我們
的意志，像鋼鐵一樣的堅。只知挺進，不知苟全。沒有畏縮，只
有向前。向前！向前！向前！爭世界的正義，求民族生命的綿
延！我們是中國的少年！我們是中國的少年！[33]

其他還有《怎樣做新臺灣的少年》、《臺灣》、《鄭成功》等課文。[34]

在社會讀物的編輯方面，編譯館編輯、出版了《光復文庫》。在《〈光
復文庫〉編印的旨趣》中，許壽裳明確指出：

臺灣省編譯館是為了要普遍地供應本省同胞一種精神食糧，使他
們能夠充分地接受祖國文化的教養而成立的。所以，除了編印中
小學教科書以外，還要編選許多社會讀物來供應本省的一般民眾
（包括中小學教師、大中學學生、公務員以及家庭婦女、農工商
各界在內），使他們對於祖國的文化、主義、國策、政令等一切
必需的實用的知識，明白瞭解，這就是本館現在編印《光復文庫》
的旨趣。[35]

臺灣省編譯館 1946 年 8 月正式成立，在陳儀因「二二八事件」離
任之後，於 1947 年 5 月 16 日被撤廢。短短 9 個月中，編譯館秉承陳儀
的意旨，編輯了大量的中小學教材和社會讀物。根據臺灣書店的工作報
告，僅 1946 年 12 月至 1947 年 5 月，由他們出版的中小學教科書，「均
系前教育處或省編譯館編輯」。其中，1946 年度第二學期「小學用書共
出版十四種」，以及中學用書：《初中本國史》第一冊、第二冊、第三冊，
《初級國語文選》、《初級文選》、《高級國語文選》。他們出版的公務員
語文補習班課本，「分由省編譯館與國語推行委員會編輯」，其中由編譯
館編輯的有：《國文》課本第一冊和第二冊。另外，他們還出版了由省
編譯館編輯的《光復文庫》10 種、《名著譯叢》2 種。[36]

陳儀在「二二八事件」發生後在給蔣介石的善後工作建議中，還提

---

[33] 同上，第 100－101 頁。

[34] 同上，第 101 頁，注 19。

[35] 黃英哲、許雪姬、楊彥傑主編：《臺灣省編譯館檔案》，第 124 頁。

[36] 陳鳴鐘、陳興唐主編：《臺灣光復和光復後五年省情》，上冊，第 387－388 頁。

出，必須「加強國語、國文、公民、史地教育，改造台人思想，使其完全中國化。對於中等以上學校校長、教務、訓育主任，及語文、史地等教員，須儘量選用外省人之優良者，因本省人除曾在外省受教育者至少數人外，無此類人選。……總之，治理臺灣，因其五十一年來之歷史，已與各省不同，實非容易，此次事變爲一大教訓。以後政治當力謀適應實際，但治標的軍事與治本的教育，爲國家民族計，必須把握」。[37]

三

對於陳儀在臺灣光復初期文化重建方面的工作應當如何評價？人們有不同的看法。有人說：「對於中華文化在臺灣的傳播，陳儀無疑是一個重要人物」。「針對一些臺胞缺乏中華意識和文化傳統，陳儀加速臺灣中國化的進程，對中小學生強行灌輸中國的歷史、地理、語言、文化等方面的教育，使臺胞真正變成純粹的中國人，清除日本文化色彩，對臺灣中國化做出了重要貢獻」。[38]也有人說：「行政長官公署一年多的文化重建政策執行的結果，臺灣本地知識份子對『中國化』相當有意見，而且臺灣與中國之間不但沒有縮短距離，反而是越走越遠，背道而馳。臺灣人和中國人對立的二二八事件」，就是在這種情況下發生的。[39]「根據許多學者研究、觀察的結果，顯示造成二二八事件爆發的原因之一，其實與陳儀下令禁止日語政策有關」。「陳儀貿然而積極地企圖導入北京話，背後之目的是爲了推行『文化的再建構』。換言之，二二八事件乃是陳儀企圖對臺灣人從事心象、文化、精神層面的『中國化』，最終遭致挫敗的一個歷史現象」。[40]

---

[37] 中研院近代史所編：《二二八事件資料選輯》（二），臺北，中研院近代史所，1992 年，第171－173 頁。

[38] 褚靜濤：《陳儀的儒學觀與戰後臺灣重建》，見中國臺灣網，網址如下：
（http://www.chinataiwan.org/wh/zhxw/tyyrxlt/200801/t20080128_579371.htm）

[39] 黃英哲：《「去日本化」「再中國化」──戰後臺灣文化重建（1945－1947）》，第220頁

[40] 陳培豐：《「同化」の同床異夢──日治時期臺灣的語言政策、近代化與認同》，臺北，麥田出版、城邦文化事業股份有限公司，2006 年，第475－477 頁。

　　筆者認爲，陳儀在臺灣光復初期文化重建方面所作的努力應當給予肯定，但「文化重建」是一項複雜而又艱鉅的工作，以陳儀在台任職時間之短以及當時政治、經濟等各方面因素的影響，他的作用也不宜評價過高。當然，把陳儀推行「文化重建」政策說成是」造成「二二八事件爆發的原因之一」，也令人難以苟同。理由如下：

　　一、作爲臺灣光復後祖國政府委派的第一任行政首長，「文化重建」是陳儀理所當然應該要做的一項工作。

　　1945 年 10 月 25 日，陳儀在臺北市公會堂舉行的受降典禮上，將署字第一號命令交給日本臺灣總督兼第十方面軍司令官安藤利吉將軍，並且宣佈「接收臺灣澎湖列島地區日本陸海空軍及其輔助部隊之投降，並全權統一接收臺灣、澎湖列島之領土、人民、治權、軍政設施及資產」。[41]之後，又向全世界宣告：「從今天起，臺灣及澎湖列島已正式重入中國版圖，所有一切土地、人民、政事，皆已置於中華民國國民政府主權之下」。[42]中國政府在臺灣恢復行使主權在這一天內就完成了，但在文化方面要具體落實卻任重而道遠。當時的臺灣，人們除了能說臺灣方言（「閩南話」）之外，中年及中年以下的人們中大多習慣使用他國即日本的語言，很少人能說中國的國語（「北京話」）；人們認識的文字也是他國的文字（日文），卻很少人能認識中國的國文；而社會上已有的各種出版物也都是日本的文字；街道也是日本式的名稱；同時，在人們的頭腦中，對祖國的情況瞭解很少，僅有的只是日本軍國主義者對中國的歪曲宣傳。面對這種狀況，如何儘快地消除日本殖民文化的影響，讓重新回到祖國懷抱的臺灣同胞儘快地掌握國語、國文，讓國家主權在臺灣民眾的文化生活方面也真正得到體現和落實，這不僅是陳儀個人，同時也是當時的南京國民政府以及跟隨陳儀到臺灣接收的所有軍公教人員都有的共同的想法，並且，一些臺灣的知識份子開始時也同樣擁有這樣的想法。楊雲萍先生當時就曾經發文呼籲：奪回我們的語言與歷史。

---

[41] 陳鳴鐘、陳興唐主編：《臺灣光復和光復後五年省情》，上冊，第 151－152 頁。
[42] 同上，第 162 頁。

他指出：日本殖民者「只想消滅臺灣人們的語言，隨之消滅一切歷史和文化，使其成為大日本帝國的順民、奴隸而已」。「臺灣光復後，河山雖依舊，但事物有全非，而全非的事物中，『語言問題』最為嚴重、最厲害。何況此問題，不僅是語言的問題而已，實關於『民族精神』之問題」。[43]根據曾健民先生的研究，當時「臺灣社會自然興起」了一股「對臺灣歷史、文化、語言的復原運動和祖國化的風潮」。[44]說「文化重建」也好，說「文化復原和祖國化」也好，當時臺灣的「文化重建」不僅僅只是陳儀等人自上而下推行的一項政策，而且有著廣泛的民意基礎。換句話說，這是一件換了誰都要做的事情。陳儀身膺重任，他在這方面強調多一些，著力多一些是十分自然的。如果做的不夠努力，反而是他沒有盡到責任。

　　二、由於陳儀在台任職時間較短，他的一些「文化重建」的工作尚未充分展開就中止了；並且，當時臺灣有些知識份子和民眾，確實也有對「文化重建」中的一些提法和做法有抵觸情緒；此外，行政長官公署的文化工作也確實還有許多不盡如人意的地方。

　　陳儀知道「文化重建」是一項艱鉅而持久的工作，因此他在行政長官公署中專門設立了宣傳委員會、國語推行委員會（隸屬教育處）、編譯館等機構推展「文化重建」工作。他曾希望許壽裳「花五年功夫」來做好編譯館的事情，說明他知道「文化重建」的工作沒有三年五載的功夫是難以見到成效的。可是，由於「二二八事件」的爆發，陳儀於 1947 年 3 月引咎辭職。4 月，南京政府發表任命委任魏道明接任省政府主席。陳儀在臺灣省行政長官任上總共只有 1 年 6 個月的時間。他在辭職之前，接受了臺灣民眾在「二二八事件」中提出的要求，親手撤銷了行政長官公署宣傳委員會。他離職之後，5 月 16 日，編譯館也被撤銷。[45]兩

[43] 轉引自曾健民：《臺灣一九四九‧動盪的曙光——二二八前的臺灣》，臺北，人間出版社，2007 年，第 285－286 頁。

[44] 同上，第 286 頁。

[45] 黃英哲：《「去日本化」「再中國化」——戰後臺灣文化重建（1945－1947）》，第 111 頁。

大專門機構的撤銷，雖然不能說它們所負責進行的工作全部停止（宣傳委員會的部分業務劃歸民政處、編譯館的業務劃由教育廳管轄），但此後這些方面工作的力度是不能同日而語的。這說明陳儀的一些工作計劃實際上已經夭折。

另外，當時臺灣有些知識份子和部分民眾對「文化重建」過程中的某些提法和做法有抵觸情緒。例如，有些人對所謂的臺灣人被「奴化」的說法很反感。王白淵在《所謂「奴化」問題》的文章中說：「台省現在的指導者諸公，開口就說臺胞『奴化』，……好像不說臺胞奴化，就不成台省的指導者」。他還在另一篇文章中指出：「許多外省人，開口就說臺胞受過日人奴化五十年之久，思想歪曲，似乎以爲不能當權之口吻，我們以爲這是鬼話，除去別有意圖，完全不對。……臺胞雖受五十年奴化政策，但是臺胞並不奴化，可以說一百人中間九十九人絕對沒有奴化。只以爲不能操漂亮的國語，不能寫十分流利的國文，就是奴化。那麼，其見解未免太過於淺薄，過於欺人」。[46]同時，也有一些人對長官公署要在臺灣光復一週年之際廢除報紙、雜誌的日文版表示不滿。[47]

同時，我們還可以看到，當時的臺灣民眾和南京政府的一些部門，對陳儀「文化重建」工作的成效也有一些不好的反映。1946 年 8 月，內政部部長張厲生曾發函給教育部，其內容是：「據報，臺灣最近情形，茲摘抄有關貴部主管部分，函請查照由。關於臺灣最近情形，頃據報稱：『目前國語推行工作，以臺胞自感需要，較著成效。文化工作則推行緩慢。臺地除日文書籍充斥外，當地出版事業尚在萌芽。內地運抵書刊甚少，學校史地書籍翻印舊版，至臺灣尚列於日本版圖者，疏忽殊甚！戲曲、電影都爲上海淪陷時之製品，中多毒氛，例應禁止。而任流演各地，爲臺胞所指摘。學校方面多循舊規，更感精神思想訓導之缺如』等語。查所陳各節，事關貴部主管，相應函請查照」。[48]這說明當時「文化重建」

---

[46] 轉引自黃英哲：《「去日本化」「再中國化」——戰後臺灣文化重建（1945－1947）》，第 209－210 頁。

[47] 曾健民：《臺灣一九四九·動盪的曙光——二二八前的臺灣》，第 309 頁。

[48] 中國第二歷史檔案館、海峽兩岸交流出版中心：《館藏民國臺灣檔案彙編》，第 125 冊，第

的工作也有一些並不盡如人意的地方，確有一些紕漏。

　　三、「二二八事件」是臺灣人民反對國民黨專制統治、要求地方民主自治的人民民主運動，從事件中反映了大多數民意的「臺灣省二二八事件處理委員會」提出的《二二八事件處理大綱》中就可以看出：當時臺灣民眾的不滿，或者說造成「二二八事件」爆發的原因，基本上和「文化重建」沒有太大的關聯。

　　「二二八事件」是臺灣民眾對光復後行政長官公署專制統治不滿的總爆發，也是光復後臺灣社會各種矛盾衝突的總爆發。引發「二二八事件」爆發的因素很多，但主要的還是政治和經濟方面的因素。「二二八事件」中產生了「臺灣省二二八事件處理委員會」，他們提出的《二二八事件處理大綱》集中地反映了參加事件的各界人士對改革臺灣省政的各種意見。「處理大綱」有 32 條和 42 條兩種版本，不論是 32 條版還是42 條，幾乎都是軍事、政治和經濟方面的處理意見。只有兩條勉強與「文化」有些關聯，它們是：在「根本處理」「政治方面」的「十一、言論出版罷工絕對自由，廢止新聞紙發行申請登記制度」。和「二十、撤銷宣傳委員會」。[49]其實，這兩條歸結到「文化」方面基本上就是一條，牽涉到出版是否自由，因為長官公署宣傳委員會主管批准「新聞紙發行申請」。事件中，人們要求「撤銷宣傳委員會」，是因為對陳儀任命的宣傳委員會主任委員夏濤聲不滿。據時任臺灣省行政長官公署民政處處長並參與「二二八事件處理委員會」的周一鶚說，夏濤聲是青年黨人，「夏擔任宣傳委員會主任委員後，呼朋引伴，企圖壟斷輿論，與各處亦未能協調一致，尤以配給紙張時任意限制，為本省人所痛恨，並被『二二八事件』處理委員會作為重大政治問題提出」。[50]可見，在「二二八事件」中，臺灣民眾並沒有強烈地表達對「文化重建」的不滿，說「文化重建」是造成二二八事件爆發的原因之一，顯然是言過其實。

　　9－10 頁。

[49] 鄧孔昭編：《二二八事件資料集》，稻鄉出版社，1991 年，第 275 頁。

[50] 周一鶚：《陳儀在臺灣》，載王曉波編《陳儀與二二八事件》，臺北，海峽學術出版社，2004年，第 122－123 頁。

光復初期臺灣的社會轉型與二二八事件

　　1945 年，臺灣結束了日本 50 年的殖民統治，重新回到了祖國的懷抱。從殖民地社會回到中國人自己當家作主的社會，臺灣經歷了一次激烈的社會轉型。可是，沒過多久，在光復僅一年四個月之後，臺灣就發生了震驚中外的「二二八事件」。社會轉型與這次事件的發生之間有哪些聯繫？「二二八事件」又對此後臺灣的社會發展產生了怎樣的影響？本文試圖對這些問題提出一些自己的看法。

一

　　光復之後的臺灣社會經歷了一次翻天覆地的大變化。這種變化無不深刻地體現在政治、經濟、人口結構、文化、社會生活的各個方面。

　　政治方面：臺灣從日本的殖民地重新成為中國的一部分，臺灣人從日本的「二等公民」重新成為中國人。1945 年 10 月 25 日，臺灣省行政長官兼警備總司令陳儀在臺北市公會堂舉行的受降典禮上，將署字第一號命令交給了日本臺灣總督兼第十方面軍司令官安藤利吉將軍，宣佈「接收臺灣澎湖列島地區日本陸海空軍及其輔助部隊之投降，並全權統一接收臺灣、澎湖列島之領土、人民、治權、軍政設施及資產」。[1] 受降儀式結束後，陳儀隨即向全世界宣告：「從今天起，臺灣及澎湖列島已正式重入中國版圖，所有一切土地、人民、政事，皆已置於中華民國國民政府主權之下」。[2] 陳儀還就臺灣人民恢復國籍一事，向行政院申請明令公佈，1946 年 1 月 20 日得到電覆，「原有我國國籍之臺灣人民，應自去年十月二十五日臺灣光復之日起，恢復我國國籍」。[3] 儘管日本 50 年殖民統治的影響一時還無法完全消除，但臺灣的國際地位和臺灣人民的身份已經發生了根本的改變。

---

[1] 陳鳴鐘、陳興唐主編：《臺灣光復和光復後五年省情》（上），南京出版社，1989 年，第 151－152 頁。

[2] 同上，第 162 頁。

[3] 《中央日報》（福建），1946 年 1 月 23 日。

　　行政長官公署取代了日本殖民統治的總督府。光復後，根據此前在重慶設立的「臺灣調查委員會」中國民黨主管官員以及台籍人士的意見，在臺灣實行與大陸各省政府不同的行政長官公署制。《臺灣省行政長官公署組織條例》規定，「臺灣省行政長官公署，于其職權範圍內，得發佈署令，並得制定臺灣省單行規章」。「臺灣省行政長官公署，受中央之委任得辦理中央行政。臺灣省行政長官，對於臺灣省之中央各機關有指揮監督之權」。「臺灣省暫設行政長官公署，隸屬於行政院，置行政長官一人，依據法令綜理臺灣全省政務」。[4]而 1944 年修正公佈的《省政府組織法》中相應的條文則規定，「省設省政府綜理全省事務，並監督地方自治」。「省政府於不抵觸中央法令範圍內，得依法發佈命令」。「省設省政府綜理全省事務」。「省政府置委員七人至十一人，簡任，由行政院會議議決提請國民政府任命，組織省政府委員會，行使職權」。同時規定，屬於省政範圍內的十二個方面的事項，「應經省政府委員會之議決」。而省政府主席的職權只是：「一、召集省政府委員會，於會議時為主席。二、執行省政府委員會議決案。三、監督所屬行政機關職務之執行。四、處理省政府日常及緊急事務」。[5]相比較而言，臺灣省行政長官公署具有比內地各省政府更大的權力。它不但可以在本省制定單行的法規，而且還可以受委任辦理中央行政，其行政長官對在臺灣的中央機關還有指揮監督之權。換句話說，各省政府的職權一般只限於地方政務，而臺灣省行政長官公署卻可以過問那些原屬中央職權範圍的事務，如司法、監察、銀行、海關以及軍隊等。因此，它對轄地內的一切事務，具有更大的自主權。特別是臺灣省行政長官可以「依據法令綜理臺灣全省政務」，大權獨攬，具有各省政主席所沒有的特殊的權力。

　　這種特殊的行政長官公署制是按照日本在臺灣殖民統治的總督制的形式設計的。陳儀和一些台籍人士之所以會有這樣的主張，是因為他們看到了當時大陸各省所實行的行政體制的弊病，同時也看到了臺灣日

---

[4] 《臺灣省行政長官公署公報》，第 1 卷，第 1 期。
[5] 葉潛昭編：《最新實用中央法規彙編》（一），彥明出版有限公司印行，第 257—259 頁。

本總督府行政的高效率。台籍人士黃朝琴在 1944 年 7 月 21 日「臺灣調查委員會」的座談會上曾說過：「將來臺灣省的制度，必須以單行法制定，不必與各省強同。……日本在臺灣的制度很好，原有的總督府，只須名稱的取消，改爲省政府。原來的總督府的機構不予變動，內地各省政府的機關太多，於臺灣人不習慣。五十年來臺灣的系統都是一元化，如遽加變更，使台人無所適從」。台籍人士謝南光也說：「黃先生所提臺灣特別省制一節，可以說是我們臺灣同志一致的要求」。[6]臺灣省行政長官公署秘書長葛敬恩在臺灣省參議會第一屆第一次大會上所作的「施政總報告」中則說過：「臺灣是淪陷了五十多年的國土，經過敵人長期的經營，行政制度和內地各省全不同。我國各省的省制比較事權分散，牽制太多，不能充分發揮行政效能。……要以這種制度來立刻變更日本在臺灣的舊制，實在容易發生混亂脫節的現象。……爲了避免這些困難與缺點，臺灣調查委員會根據陳儀長官十年前遊台視察的心得，經過詳細研究，才向中央建議了現在的辦法」。[7]雖然行政長官公署制與日本殖民統治的總督制在形式上相似，但行政長官公署施政的大環境與公務員的組成和素質已發生了很大的變化。

　　社會行爲準則──法律體系有了根本的變化。1945 年 11 月 3 日，臺灣省行政長官公署發佈公告，自接收之日起，「民國一切法令，均適用於臺灣，必要時得制頒暫行法規」。日本佔領時代之法令，有壓榨箝制台民、抵觸三民主義及民國法令者，「均於即日廢止」。「凡未經明令廢止之法令，其作用在保護社會一般安寧秩序，確保民眾權益，及純屬事務性質者，暫仍有效」，逐漸整理修訂。[8]日本在臺灣實行殖民統治的法律體系和中華民國的法律體系是完全不同的。從根本上說，日據時期的法律體系，是確保日本人在臺灣實行殖民統治的法律體系，是把臺灣人民視爲「二等公民」的法律體系。在殖民當局的強力實行和員警制度的配合下，它又是一個行之有效的法律體系，能有效地維護臺灣的社會

---

[6] 陳鳴鐘、陳興唐主編：《臺灣光復和光復後五年省情》（上），第 19－21 頁。

[7] 同上，第 224－225 頁。

[8] 何鳳嬌編：《政府接收臺灣史料彙編》（上冊），國史館，1993 年，第 1－2 頁。

秩序和治安。而當時中華民國的法律體系還很不健全，臺灣光復之後是祖國大家庭中平等的一員，臺灣民眾和大陸各省的民眾一樣，都要生活在一個政治上不民主、法制不健全的社會環境中。法律是規範人們社會行為的準則，法律體系的這種變更，對臺灣民眾社會行為和心理感受都有一個重新適應的問題。

島內的社會精英和民眾在經歷了 50 年「二等公民」的屈辱之後，想要當家作主的願望十分強烈，而國民黨當局對他們的瞭解和信賴有限，給予的機會也不多。光復後，「當時有些知識份子以為臺灣光復後將由台人治理臺灣，他們甚至以為謝春木（南光）可為省主席，其餘有聲望之台人如遊彌堅、宋斐如、連震東等均可領導臺灣」。[9]可是，國民黨當局名義上給了臺灣人參政、議政的權利，但實際上卻又以臺灣沒有政治人才、台人不懂國語國文、不懂如何撰寫公文等為藉口，把許多受過良好教育的臺灣人排斥在中高級職務之外。據當時國民黨政府監察院「臺灣省公務人員概況統計」，至 1946 年 12 月底，在臺灣省特任和特任待遇級的 3 名官員中，沒有一個是臺灣省籍；在簡任和簡任待遇級的 442 人中，臺灣省籍只有 36 名，占 8%；即使在薦任和薦任待遇級的 3142 人中，臺灣省籍也只有 806 名，占 25.6%。[10]儘管有少數台籍人士被安排擔任了縣市一級的職務，但這些人全部來自中國大陸，在內地生活已久，被臺灣民眾視為「半山」。大量熱衷於參政的台籍精英和知識份子得不到適當的發展機會，這給他們和臺灣民眾造成了很大的心理落差。

經濟方面：經歷了二戰後期美軍的轟炸之後，臺灣的許多工業、交通設施遭到了很大的破壞。根據有關統計，戰爭結束時，臺灣殘存的發電能力只相當於戰時能力的 9.4%，「食品工業為戰時最高產值的 8.0%、紡織工業為戰時最高產值的 12.6%、製造業為戰時最高產值的 10.6%、化學工業為戰時最高產值的 8.9%、一般工業為戰時最高產值的 15.6%。

---

[9] 臺灣「行政院」研究二二八事件小組：《二二八事件研究報告》，時報文化出版企業有限公司，1994 年，第 19 頁。

[10] 陳鳴鐘、陳興唐主編：《臺灣光復和光復後五年省情》（上），第 268 頁。

[11]1945 年，臺灣的稻米（糙米）產量只有 638828 噸，只相當於 1941 年產量 1199005 噸的 53.3%。1946 年，臺灣的稻米（糙米）產量為 894021 噸，也只有 1941 年產量的 74.6%。[12]也就是說，光復之初，臺灣的經濟狀況非常惡劣，恢復重建的任務十分繁重。

　　另外，臺灣經濟從原來從屬於日本的經濟圈成為中國經濟圈的一部分。日本學者劉進慶指出：「1945 年 8 月日本戰敗投降，從而結束了日本帝國主義對臺灣的統治，臺灣在被分割了半個世紀之後又回歸給中國；與此同時，臺灣經濟也脫離了日本資本主義的經濟圈，納入到中國的經濟圈之內」。[13]以臺灣對外貿易為例，日據期間，臺灣對日貿易在貿易總額中所占的比重，1925 年是 76。8%，1932 年是 87。9%，1937 年是 90。3%1940 年是 84。5%，1944 年是 70。8%。[14]臺灣光復以後，「中國大陸又成為臺灣對外貿易的主要對象。在此四年期間，大陸占臺灣進出口值的比例為：一九四五年：二六％，一九四六年：九四％，一九四七年：九一％，一九四八年：八六％」。[15]但當時中國的經濟比較落後，經過八年抗戰之後更是滿目瘡痍、百廢待舉，而國民黨當局在戰後對恢復經濟沒有太大的興趣，而是在消滅政治異己方面傾注了更多的心力，因此，祖國大家庭在經濟上對臺灣不可能有多少幫助。

　　人口結構方面，四十餘萬日軍戰俘及其眷屬和日本僑民先後離開了臺灣。到 1946 年 2 月底止，共有 146189 名日軍戰俘被集中基隆、高雄後運送回國。[16]到當年 4 月下旬止，共有 278455 名日本僑民離開了臺灣。[17]曾被行政長官公署批准留用 27227 名日本技術人員及其家屬，[18]在「二二八事件」之後，也全部被遣送回國。陳儀在 1947 年 4 月 7 日給蔣介

---

[11] 戚嘉林著：《臺灣二二八大揭秘》，海峽學術出版社，2007 年，第 15 頁。

[12] 同上，第 29 頁。

[13] 劉進慶著、雷慧英譯：《戰後臺灣經濟分析》，廈門大學出版社，1990 年，第 25 頁。

[14] 同上，第 21 頁。

[15] 林滿紅：《四百年來的兩岸分合——一個經貿史的回顧》，自立晚報社文化出版部，1994 年，第 41 頁。

[16] 陳鳴鐘、陳興唐主編：《臺灣光復和光復後五年省情》（上），第 208-209 頁。

[17] 同上，第 255-256 頁。

[18] 同上，第 247-248 頁。

石的電報中說：「本省日僑光復後共約三十一萬人，魏得邁將軍建議兩次遣送，尚留三千六百餘人。此次事變發生，更感日僑決不宜留用。……爲清除日本遺毒，消滅叛國隱患計，所有留用日僑，擬於四月底以前全部遣返，不留一人」。[19] 這些在殖民時代作威作福的「一等公民」、即使在光復之初仍在技術上被倚重的日本人不見了蹤影。

數以萬計的大陸軍政人員和技術人員來到臺灣「接收」，到 1946 年 12 月止，從大陸到臺灣充任公務員的「外省人」就有 13972 名。[20]另據統計，大陸遷台人口，1947 年是 34339 人，1948 年是 98580 人，1949 年是 303707 人。[21]此外，還有數以萬計沒有納入居民戶籍的軍事人員來到臺灣「接收」和駐守，1949 年，更有大約 50 萬的軍事人員撤到臺灣。[22]這大約 100 萬的人口短期內突然來到臺灣，使臺灣社會的人口組成、族群關係、政治生態都產生了很大的變化，這些人帶來了大陸社會的各種意識形態，同時也帶來了大陸社會的各種習氣。

約十萬被日本人徵調前往中國大陸及海外的「台籍日本兵」、軍夫、各種人員及其家屬戰後先後被遣送回臺灣。據統計，至 1946 年 11 月中旬爲止，「旅外台民歸省人數已達 99397 人，包括自日本返回者 22571 人，由南洋群島（包括菲律賓、新加坡等地）返回者爲 25036 人，由中國大陸返回者有 38319 人，自澳洲返回者 5025 人，由關島、新幾內亞、拉鮑爾、香港、西貢及暹羅等處返回者有 8446 人」。[23]而這時的臺灣社會又不可能給他們提供充分的就業機會，這些人成了臺灣社會最躁動不安的失業人群。

文化方面：經歷了日本 50 年的殖民統治，特別是經過 1937 年推行

[19] 中央研究院近代史所編：《二二八事件資料選輯（二）》，中央研究院近代史所，1992 年，第 233 頁。

[20] 陳鳴鐘、陳興唐主編：《臺灣光復和光復後五年省情》（上），第 268 頁。

[21] 臺灣省文獻委員會：《臺灣省通志》，卷二人民志，人口篇，第 211 頁。

[22] 陳永山、陳碧笙主編：《中國人口》（臺灣分冊），中國財政經濟出版社，1990 年，第 163 頁、165 頁。

[23] 湯熙勇、陳怡如編著：《臺北市台籍日兵查訪專輯——日治時期參與軍務之台民口述歷史》，臺北市文獻委員會，2001 年，第 56 頁。

「皇民化運動」之後，日本殖民當局在臺灣禁止使用漢文，強制推行日語，「下令撤廢全台學校的漢文科，一律以日語爲必修課，各報刊廢止漢文欄，發佈種種禁令和懲罰措施，強迫臺灣人民使用日語」，到 1944年，全台的日語普及程度已達 71%。[24]也就是說，當時在臺灣只能使用日文，而大多數臺灣民眾也已接受了日語。相反，許多民眾對祖國的語言（閩南方言和客家方言除外）和文字反而感到生疏。臺灣光復之後，爲了儘快消除殖民文化的影響，臺灣省行政當局致力於將文化教育「從日本人時代之所謂皇民化而轉變到祖國化」。[25]「接管後公文書、教科書及報紙禁用日文」。[26]但考慮到「大部分臺胞均未諳本國文字，故暫准新聞紙、雜誌附刊日文版」。光復一週年後，臺灣行政長官公署公告自 1946年 10 月 25 日起「撤除本省境內所有新聞紙、雜誌附刊之日文版，並令各縣市政府遵照。嗣據各縣市政府報告，謂本省境內之新聞紙、雜誌已均無附刊日文版矣」。[27]語言和文字是人們思想和情感交流的基本工具，語言和文字的變更，對臺灣民眾文化和日常的生活影響十分巨大，幾乎所有的人都面臨著重新學習和重新適應的問題。

　　社會轉型有漸變和突變兩種不同的模式。漸變式的社會轉型往往由社會內部的某種力量或形態逐步發展，慢慢取得支配地位，取代舊的支配力量或形態，完成從量變到質變的過程，其轉變的方式比較溫和，變化的速度比較緩慢，人們的感受沒有那麼強烈。例如，臺灣從移民社會到定居社會的轉型。突變式的社會轉型往往由社會內部或外部的某種力量在短期內取得社會的支配地位，例如：發生革命、改朝換代、政府推行重大的社會變革、外族入侵進行殖民統治、殖民地回歸祖國或獨立等等。其轉變的方式比較激烈，變化的速度很快，人們甚至一時難以適應。光復之後，臺灣民眾結束了「二等公民」的命運，重新成爲祖國大家庭中平等的一員，同時也不可避免地受到了臺灣社會經過深刻的否定之否

[24] 陳小沖：《1937－1945 年臺灣皇民化運動述論》，《臺灣研究集刊》，1987 年第 4 期。

[25] 陳鳴鐘、陳興唐主編：《臺灣光復和光復後五年省情》（上），第 391 頁。

[26] 同上，第 50 頁。

[27] 同上，第 235 頁。

定以後帶來的衝擊。

二

　　臺灣光復這種突變式的社會轉型帶來的變化與此後發生的「二二八事件」是否有直接的關聯呢？答案是：有，而且還相當密切。

　　從政治上的變化來說，光復後，臺灣實行的行政長官公署制引起了臺灣民眾的不滿。儘管陳儀等人主張在臺灣實行行政長官公署制的初衷是希望臺灣民眾更容易適應、施政更有效率，但他們忽視了臺灣民眾對日本在臺灣施行殖民統治的總督制的反感，沒有料到臺灣民眾對與日本總督制「形似」的行政長官公署制的反感會是那麼的強烈。在臺灣民眾看來，與各省不同的行政體制是對臺灣一種不平等的待遇，行政長官權力的高度集中是獨裁的體現。「二二八事件」後，前往臺灣調查的福建臺灣監察使楊亮功、監察院監察委員何漢文在其調查報告中說，「臺灣自接收以來，以情形特殊，故於省級行政設行政長官公署，台人對長官公署呼之為新總督府。與國內各省不同，此形式上使臺胞不愉快者也。按其實際，長官公署之權力、法令亦幾與日人之臺灣總督府相若，此又事實上使台人不愉快者也」。[28]光復初期一直在臺灣從事記者生涯的唐賢龍在《臺灣事變內幕記》一書中寫到：「自公佈臺灣省行政長官公署這種特殊的制度以後，很多敏感的臺灣同胞，都認為這是一種變相的臺灣總督制，於是，街談巷議，私相傳授，他們更直覺的，確認這是一種臺灣總督制的復活，是一種與其他各省同胞有殊的不平等的待遇！其失望與沮喪的情緒，日積月累，更導成今日民變的主因」。[29]

　　公務人員操守的變化也引起了臺灣民眾強烈的對比，許多大陸到臺灣接收的軍政人員的貪腐習氣造成了臺灣民眾的怨恨。國民黨的軍政人員中，雖然不乏有志於為建設臺灣貢獻心力、嚴格律己的仁人志士，但

[28]　陳鳴鐘、陳興唐主編：《臺灣光復和光復後五年省情》（下），第639頁。
[29]　唐賢龍：《臺灣事變內幕記》，轉引自鄧孔昭編：《二二八事件資料集》，稻香出版社，1991年，第18頁。

也有一些人一本在大陸的腐敗作風和醜陋習氣，到臺灣搞「劫收」，胡作非爲，爲臺灣民眾所不齒，與日本軍政人員的操守形成強烈的反差。上述楊亮功、何漢文的報告中說，「日人統治臺灣時，其公務員之操守能力及軍隊之紀律，均爲台人所稱道。光復以後，……一年中，我各地駐軍間有少數軍紀欠佳士兵欺台百姓之不良情事發生。在政治方面之公務人員，其出入餐館等應酬娛樂，臺胞視之，已爲過去日本公務員不應有之怪事。至貪污瀆職，更爲舊日所不容之現象。而我來台工作人員，亦不幸有少數害群之馬，或行爲不檢、能力薄弱，或貪污瀆職，尤以經建及公營事業更不乏藉權漁利之不良現象，了臺胞以深切之反感。致漸以往日日人指中國官吏無一不貪污、無一不飯桶之蜚語爲正確，循至對於政府官吏有『中山袋』、『阿山』等等輕蔑稱呼」。「二二八事件」初期，「打阿山」成爲一部分臺灣民眾洩憤的主要管道與此有很大的關係。

　　從經濟上的變化來說，由於二戰後期的破壞，臺灣的工業、交通生產大量萎縮，造成了大批的失業人群，人們生活困難。特別是由於化肥生產和進口的銳減，原來大量施用化肥的田地基本上已經沒有化肥可用，1945 年，全台化肥「施用量爲 0.2 萬公噸，僅及日據時期（1938）肥料最高施用量 38.9 萬噸的 0.5%」。[30]即便到了 1947 年，臺灣肥料有限公司董監會的會議記錄指出：「本省化學肥料，需要數量，根據以往統計，約在五十萬噸以上。即使本公司現有各廠，全部修復，並照預定計劃，擴充完成後，年產磷、氮肥，共計亦僅約十五萬噸，供求相差甚巨」。[31]已經習慣了施用化肥的土地，一旦沒有化肥施用，糧食減產的效果是十分明顯的。1945 年和 1946 年臺灣糧食產量的銳減，除了別的天災人禍之外，化肥施用量的減少也是一個重要的原因。糧食大量減產，市場供應不足，再加上奸商囤積居奇，必然造成糧價飛漲。「民以食爲天」，曾經的「糧倉」如今鬧起了糧荒，無數生活在底層的臺灣民眾每天必須爲裹腹充饑而備受煎熬。一般的民眾對造成這一結果的深層原因

[30] 戚嘉林著：《臺灣二二八大揭秘》，海峽學術出版社，2007 年，第 31 頁。

[31] 中國第二歷史檔案館：《臺灣二二八事件檔案史料》（下），檔案出版社，1991 年，第 135 頁。

不可能知曉，他們對執政者的不滿是十分自然的。「二二八事件」前夕，中國大陸著名的時政雜誌《觀察》週刊，曾以《隨時可以發生暴動的臺灣局面》為題發表「特約臺灣通訊」，其中披露了這樣一條資訊：1947年2月2日，臺北街頭曾出現「臺灣民眾反對抬高米價行動團」的油印傳單。傳單不甚通順的文辭寫道，「半月來本省米價乘風狂漲，由十二三四元一斤突跳到三十元本關。民食所系，（影）響及我無產界（階級），生活頓受威脅，而起恐慌。本省為產米巨區，全省所產米糧，不僅供全台消費有餘，且可輸出外地，絕非糧荒之故，純乃各地奸商巨賈地主囤戶操縱之故。企圖以少數量資產階級，而欲吮吸全台六百萬人之生活，既可痛恨，又極該殺」。傳單還宣稱，如果奸商巨賈地主囤戶們不接受將囤糧糶出和將米價維持在二十元等「忠告」，將於三日後發起搶米運動。《觀察》週刊的記者在這篇通訊的最後說：「據我在臺灣的觀察，我直覺地感到，今日臺灣危機四伏，岌岌可危，是隨時可能發生騷亂或暴動的」。[32]上海《文匯報》在1947年3月1日曾發表一篇《春天到了，臺灣百病齊發》的文章，其中指出：「在日本人統治下，臺灣是被作為農業原料的供給地，同時也是一個米倉，五十年來，不知有多少米糧輸往日本，在臺灣即使怎樣窮吧，吃米總是不成問題，不會發生恐慌的。但，光復後，米荒卻成為一個極嚴重的問題，去年三月間一次，今年，春天來了，它也來了。一月以來，米價如斷線氣球，飄然上升，從十四五元一斤，一直飄升到二十七八元，……這樣突飛猛漲的米價，一般人民及公教人員無不叫苦連天。……市場上亂哄哄的景象，即令不懂經濟的人，也知道大難將要臨頭」。[33]可見，社會轉型過程中所產生的經濟問題是導致「二二八事件」發生的一個重要原因。

從文化上的變化來說，臺灣民眾對光復後行政長官公署推行「文化重建」、推行使用祖國的語言文字、在一定限期內限制日文的使用、努力消除日本殖民文化影響的政策是熱情接受的。光復初期曾經在臺北市

---

[32] 轉引自鄧孔昭編：《二二八事件資料集》，第53—54頁。
[33] 同上，第47—50頁。

小學教師國語示範補習班負責指導工作的廈門大學校友吳國良先生曾經回憶說：「台省光復之初，省民從日人五十年桎梏下解放出來，異常歡欣，其表現在語言方面，尤為突出，他們不但熱烈學習國語，自我禁說日語，而且討厭人家說台語。我曾經好幾次不小心誤用台語和他們對話，都被他們嚴詞指斥，⋯⋯全班八十一位學員沒有一位缺席或遲到過」。[34]曾健民先生根據自己的研究認為，當時，「臺灣社會自然興起」了一股「對臺灣歷史、文化、語言的復原運動和祖國化的風潮」。[35]但是，也有一些臺灣的知識份子和民眾對「文化重建」過程中的某些提法和做法有抵觸。例如，有些人對所謂的臺灣人被「奴化」的說法很反感。工白淵在《所謂「奴化」問題》的文章中說：「台省現在的指導者諸公，開口就說『奴化』，⋯⋯好像不說臺胞奴化，就不成台省的指導者」。他還在另一篇文章中指出，「許多外省人，開口就說臺胞受過日人奴化五十年之久，思想歪曲，似乎以為不能當權之口吻，我們以為這是鬼話，除去別有意圖，完全不對。⋯⋯臺胞雖受五十年奴化政策，但是臺胞並不奴化，可以說一百人中間九十九人絕對沒有奴化。只以為不能操漂亮的國語，不能寫十分流利的國文，就是奴化。那麼，其見解未免太過於淺薄，過於欺人」。[36]同時，也有一些人對臺灣省行政長官公署在光復一週年之際就廢除報紙、雜誌的日文版表示不滿。[37]這些反感與不滿雖不是造成「二二八事件」的重要原因，但和政治、經濟方面的因素疊加在一起，就有可能成為壓垮駱駝的最後一根稻草。

三

[34] 轉引自許長安：《光復初期臺灣的國語運動》，載楊彥傑主編《光復初期臺灣的社會與文化》，海峽出版發行集團福建教育出版社，2011年，第225頁。

[35] 曾健民：《臺灣一九四九、動盪的曙光──二二八前的臺灣》，人間出版社，2007年，第286頁。

[36] 轉引自黃英哲：《「去日本化」「再中國化」──戰後臺灣文化重建（1945─1947）》，麥田出版、城邦文化事業股份有限公司，2007年，第209─210頁。

[37] 曾健民：《臺灣一九四九、動盪的曙光──二二八前的臺灣》，第309頁。

那麼,「二二八事件」的發生又對此後臺灣的社會發展產生了怎樣的影響呢?

「二二八事件」的發生提前結束了行政長官公署制的實施。臺灣省行政長官公署從 1945 年 10 月 25 日行政長官陳儀到署上任,至 1947 年 4 月 22 日行政院第 784 次例會決定將其撤銷,依照《省政府組織法》改制,並任命魏道明為臺灣省政府主席,再到同年 5 月 16 日臺灣省政府正式成立,實際運行了大約一年半的時間。《臺灣省行政長官公署組織條例》中曾經規定了行政長官公署為「暫設」,但沒有規定「暫設」的年限,而根據旅滬閩台各團體披露:本「欲行三年至五年之久」。[38]但因為「二二八事件」中臺灣民眾反對的呼聲很高,最後連這個制度的設計者和施行者陳儀都不得不主張:「為滿足一般人之希望」,「為順應台人心理要求」,應該將行政長官公署改組為省政府。[39]臺灣省行政長官公署改組為省政府之後,臺灣與大陸各省在行政體制上就完全相同了。為了安撫台籍精英和臺灣民眾,國民黨當局同意給台籍人士更多的參政權,台籍人士在省政府高級職位上的人數大為增加,據監察院閩台監察使楊亮功報告稱:「該省政府改組以後,廳、處各首長本省人數占其半數」,[40]台籍人士有了更多的參政機會。另外,行政長官公署雖然撤銷了,但與行政長官公署制伴生的「台幣特殊化」等一些有利於臺灣社會發展的政策措施卻有效地保留了下來。

「二二八事件」之後,一些台籍精英和民眾對於時事政治噤若寒蟬,國民黨當局把臺灣民眾這種敢怒不敢言的局面當作社會的「穩定」,錯誤地總結了處理「二二八事件」的經驗,繼續實行高壓統治,從而導致民怨長期不得宣洩。蔣介石曾對在「二二八事件」中最早宣導軍事鎮壓的彭孟緝說,「二二八事件的發生和處理極具價值,你應該把這些事

---

[38] 陳鳴鐘、陳興唐主編:《臺灣光復和光復後五年省情》(上),第 63 頁。

[39] 見鄧孔昭:《從電文往來看「二二八事件」中的陳儀和蔣介石》,《臺灣研究集刊》2006 年,第 4 期。

[40] 陳鳴鐘、陳興唐主編:《臺灣光復和光復後五年省情》(上),第 352 頁。

實寫下來，留作他日的參考」。[41]彭孟緝遵照蔣介石的指示，在 1953 年寫下了《二二八事件回憶錄》，其中說，「今天臺灣治安很好，大陸整個淪陷，而臺灣竟未絲毫受到感染，不能說不與當年二二八事件有密切關係的。二二八事件給我們一個清除潛匪的大好機會，也提高了我們對共匪陰謀顛覆臺灣的警覺，又因爲二二八事件對臺灣地方上的少數壞人，給予了一個嚴重的打擊，使絕大多數的善良同胞，增加了對政府的信賴，特別可貴的，是同胞情感的增進，這些都是今日臺灣能夠擔當起復興基地的基礎條件」。[42]彭孟緝認爲：「二二八事件」嚴重打擊了共產黨和臺灣地方上的「少數壞人」，才有了臺灣社會以後的穩定。然而，現在已經很清楚，事實是「二二八事件」中並沒有太多的共產黨的因素，但國民黨以打擊共產黨爲名，在二二八事件中「嚴重打擊」了臺灣地方的社會精英和民主勢力。他們進一步以爲處理「二二八事件」的經驗是一種很好的經驗，可以維護臺灣社會的穩定和長治久安。在這種價值判斷之下，國民黨當局繼續採取高壓統治的政策，「戒嚴令」可以維持三十幾年，「二二八事件」很長時間連提都不讓提，更別說給予平反，這樣的結果，不能不深刻地影響了臺灣社會此後幾十年的發展。

　　「二二八事件」原本是一個政治事件，其主流是臺灣人民向國民黨當局要求更多的民主和地方自治的權利。但在事件發展的初期，一些臺灣民眾將他們對國民黨政權的不滿遷怒於跟隨國民黨政權來到臺灣的大陸人士身上，外省人成了替罪羊，不少城市都發生了大陸人士被拘禁、被毆打、甚至被殺害的情況，一時「打阿山」的呼聲充斥著臺北和一些城市的街頭巷尾。儘管這期間也有許多本省人保護外省人的動人事蹟，但總的來說，事件前期是外省人非常恐怖的階段。國民黨的援軍登陸臺灣之後，不少臺灣社會精英和民眾或被國民黨軍隊直接射殺、或被軍警特秘密處死、或被逮捕後公開判決，大量的台籍人士死於非命。事件的後期又成了本省人特別恐怖的階段。後期的血腥屠殺，原本是國民

[41] 彭孟緝：《二二八事件回憶錄》，臺灣《中國時報》，1992 年 2 月 20 日，第 7 版。
[42] 同上。

黨政權對事件參與者的殘酷鎮壓，但在一些臺灣民眾眼中卻成了外省人對臺灣人的「報復」。從此，省籍矛盾成為生活在臺灣這塊土地上的人們（包括本省人和外省人）心中長期隱忍的痛，而且特別容易成為一些政客和政治上別有用心的人可以隨時操弄的議題。從這方面說，「二二八事件」深刻地影響了臺灣社會此後的發展。

二·二八事件中的民主與地方自治要求

　　1947 年初，剛剛擺脫日本殖民統治才 1 年 4 個月的臺灣人民，由於不堪國民黨行政長官公署的統治，爆發了一場震驚中外的偉大鬥爭，俗稱二·二八事件，或二·二八起義。過去，人們從不同的政治觀點出發，對這場臺灣歷史上最具廣泛性和複雜性的鬥爭進行了各種各樣的評說，然而，對事件中廣泛提出的關於民主與地方自治的要求卻很少論及。本文擬就這個問題，談一些粗淺的看法。

一

　　二·二八事件是一場多層次的人民民主自治運動，民主和地方自治是參加事件的臺灣各階層人民的普遍要求，是這場鬥爭的主流。

　　以往對二·二八事件的介紹和研究，總是塗上某種單純的政治色彩。有人說它是「在中國共產黨領導下的一次起義」[1]；有人則把它稱為「臺灣人民的一次抗外鬥爭」[2]；還有人把它污蔑為「顛覆政府」、「背叛國家」的暴亂事件[3]。事實上，只要拋開各種偏見，客觀地、歷史地觀察和分析這場鬥爭，就可以發現，二·二八事件是一場臺灣人民自發的、全民性的民主自治運動。無論從參加者的階級地位，還是從所提出的政治要求來說，這場運動都包含著各種不同的層次。

　　為了說明事件的性質和臺灣人民普遍參加的程度，有必要首先簡述一下事件發生的經過。

　　1947 年 2 月 27 日晚，臺灣省專賣局職員在臺北市延平路一帶查緝私煙過程中，蠻橫地打傷了女煙販林江邁，打死了圍觀群眾陳文溪。最初，一些目睹血案發生的市民，憤憤不平，擁到警察局和憲兵團，要求嚴懲兇手。由於他們的要求得不到滿意的答覆，2 月 28 日，更多的市

---

[1]　楊克煌：《臺灣人民民族解放鬥爭小史》，湖北人民出版社，1956 年版，第 204 頁。

[2]　《台獨》編輯組：《寫在「二·二八紀念文集」之前》，載《台獨》第 24 期。

[3]　臺灣省行政長官公署：《臺灣省二·二八暴動事件報告》，轉引自廈門大學臺灣研究所《二·二八起義資料集》（下），1981 年版，第 139 頁。

民自發地聚集起來。他們把對專賣制度的不滿和眼前的血案結合在一起，搗毀了省專賣總局和臺北市分局，然後，又擁向行政長官公署請願，要求行政長官陳儀出來和大家講話，撤銷專賣局，交出殺人兇手。可是，陳儀卻躲在會議室裡和高級幕僚們商量對策，放棄了及時控制乃至平息事端的有利時機。此時，在大門外戒備森嚴的衛兵已和請願群眾發生了衝突，並用早已架在樓頂上的機槍向人群掃射，打死打傷多人。由於造成了流血事件，請願群眾雖很快散開，但心中的怒火無處宣洩，終於導致事件很快轉向以暴易暴的方向。開始，群眾的暴力首先施向那些平日貪污舞弊、作威作福的政府官員身上，爾後很快又擴大到和國民黨政權一起來到臺灣的外省籍公務人員及其親屬的身上。一時間，「打阿山」的呼聲充斥臺北的街頭巷尾。這以後，陳儀宣佈戒嚴令，調動軍警隨意射殺和逮捕群眾，而人民群眾的要求也已不再限於懲辦兇手和撤銷專賣局了。他們把一年多來對國民黨統治的不滿都發洩出來，街上出現了「打倒暴政」，「打倒獨裁」，「爭取自由，爭取民主」的標語[4]，由緝煙血案引起的事件已經變成臺北市人民普遍參加的鬥爭，工人罷工，學生罷課，商人罷市；並通過電臺傳播，迅速擴大到全島。

在這種情況下，作為國民黨政權民意機關的臺北市參議會邀請國大代表、省參議員、國民參政員等，組織「緝煙血案調查委員會」，企圖在國民黨和暴動的民眾間搭起橋樑，謀求事件的合理解決。他們推出代表前往行政長官公署，要求解除戒嚴令，釋放被捕群眾，官民共同組織「事件處理委員會」。陳儀不得不同意了這些要求。3 月 2 日，由民意代表、政府官員、群眾團體代表、各大中學校教職工和學生代表組成的「二・二八事件處理委員會」在臺北市中山堂正式成立，成為事件的領導核心。臺灣各階層人民都捲入到事件中來了。

參加事件的到底有那些人呢？當時，由國民黨監察院派往臺灣調查的閩台監察使楊亮功、委員何漢文在提交的內部報告中，把參加事件的人員分為九類：一、流氓，二、海外歸僑，三、政治野心者，四、共黨，

---

[4] 林木順：《臺灣二月革命》，第 7 頁。

五、青年學生，六、三民主義青年團，七、高山族，八、皇民奉公會會員，九、留台日人[5]。這種分法顯然不夠科學，且有污蔑的意味。從階級屬性和政治傾向看，當時參加事件的，大致有三個層次的人。

一、統治階級中的民主人士。有省縣市參議員、國大代表、國民參政員、工商知識界名流、國民黨和三青團的幹部。這些人極為活躍，不少人充當各縣市最主要的領導人物。如臺北市的王添燈（省參議員、省茶葉公會董事長）、蔣渭川（省候補參議員、臺北商會會長），基隆市的楊元丁（市參議會副議長）、張振聲（國民黨基隆市黨部書記長），屏東市的葉秋木（市參議會副議長），花蓮縣的馬有岳（省參議員）、許錫謙（三青團花蓮分團總幹事），嘉義市的陳複志（三青團嘉義分團總幹事）、潘木枝（市參議員），台南市的湯德章（省候補參議員、台南市人民保障委員會主任）、莊孟侯（三青團台南分團總幹事），高雄市的涂光明（市政府敵產清查室主任）等。據不完全統計，事件中被國民黨殺害和逮捕的著名士紳有 80 名，其中國大代表、國民參政員和省縣市參議員就達 36 名之多[6]。楊亮功、何漢文的報告說：「省縣市參議會議長、議員幾普遍參加二‧二八事件處理委員會，其中固不少能顧全大局，願使事變消彌者，然不免有若干議員推波助瀾，別具心腸，以求事態擴大者」[7]。尤需指出，國民黨原把三青團作為「領袖的耳目」，但實際上參加的三青團的幹部和團員最為普遍。「事變發生後，各縣市青年團員負責人參加者甚多。如臺灣省青年團婦女隊隊長謝雪紅率眾暴動，現尚在逃；嘉義青年團籌備主任陳複志、台南青年團幹事長張幕侯以充當暴動首要而遭槍決；其他各縣市之青年團負責人或經逮捕，或已逃逸。故全省青年團之組織已形解體，非徹底改組，予團員以嚴格訓練，難有恢復活動之餘地也」[8]。由於這些人平時有較高的社會地位，且比較受國民

---

[5] 國民黨政府監察院檔案，《楊亮功、何漢文呈報台變經過情形及善後辦法》，藏南京中國第二歷史檔案館（下同）。

[6] 林木順《臺灣二月革命》，第 41—42 頁。

[7] 國民黨政府監察院檔案，《楊亮功、何漢文呈報台變經過情形及善後辦法》。

[8] 同上。

黨的信任，因此，他們的影響也比較大。

　　二、原臺灣共產黨和一些進步團體的成員。主要代表人物有：謝雪紅、楊克煌、林日高、林樑材、王萬得、潘欽信、蘇新等。國民黨污指二・二八事件受「奸黨」指使和煽動，所說的「奸黨」，指的就是這一部分人。其實，臺灣共產黨早在 1932 年被日本殖民當局沉重打擊之後，就已停止活動。臺灣光復以後，這些人已分別參加「人民協會」和「臺灣政治建設協會」等團體，有些人還在國民黨政權的民意機關或三青團中擔任職務，如林日高為省參議員，謝雪紅為臺灣三青團婦女隊隊長。這一部分人人數不多，事件中只在台中市和臺北縣等地具有較大的影響。另據楊亮功、何漢文的報告，臺灣光復以後，中國共產黨曾派人到臺灣活動，其組織名稱有「臺灣省工作指導委員會、臺灣省工作指導團、中共東南區第七聯絡站、閩台政治組、臺灣共黨（產）主義青年團等」[9]。當時，共產黨的地下組織雖然在臺灣建立的時間不長，人數也不多，但在「看到臺灣人民起來以後，勇敢地站出來，……並且把所有力量都投入了這場鬥爭」[10]。

　　三、廣大的人民群眾。其中按社會屬性，又可以分成幾個大的群體：（一）知識份子和青年學生。他們中有教師、醫生、律師、法官、記者、編輯等，而以青年學生的人數為最多。僅臺北一市，事件中成立的「學生自治同盟」和以留日臺灣學生為主幹的「憂鄉青年團臺北支部」就有 4 千餘人。此外，擁有 4 萬多人的「臺灣省自治青年同盟」中也有數量不少的青年學生。全省參加事件的青年學生，當有數萬人。（二）歸台退伍軍人。他們大部分是第二次世界大戰中被日本人徵調至南洋、大陸和海南島服役，臺灣光復後陸續遣回的退伍軍人。事件中組成的「海南島歸台者同盟」，就約有 5 萬餘人[11]。（三）工人、商人、政府機關台籍職員和台籍員警，以及一般的市民。這部分人亦有數萬。事件中，僅臺

---

[9] 同上。

[10] 蘇新：《關於二・二八事件處理委員會》，《臺灣與世界》第 39 期。

[11] 唐賢龍：《臺灣事變內幕記》，見廈門大學臺灣研究所《二二八起義資料集》（上），第 77 頁。

北市台籍員警組成的「臺灣省警政改革同盟」，就有三千人[12]。（四）高山族同胞。事件中，台東、花蓮、屏東、台中、嘉義等地的高山族同胞紛紛下山參加鬥爭，據說也有三、四萬人[13]。（五）流氓無產者。包括一部分失業群眾和浪人。

參加事件的人們包羅了臺灣社會的各個階層，由於他們各自的階級利益不同，他們在事件中所提出的政治目標和要求也就不會完全一致。總起來說，大致也可以分為三個層次。

一、不反對國民黨的中央政府，但強烈要求在臺灣進行政治改革，要求剷除專制和腐敗現象。在事件中，「二·二八事件處理委員會」是全省的領導核心，其「組織大綱」明確規定：本會「以團結全省人民、改革政治及處理二·二八事件為宗旨」[14]。3月6日，「處委會」發表《告全國同胞書》，聲明「我們的目標是在肅清貪官污吏、爭取本省的政治改革」，最後的口號有：「中華民國萬歲」、「國民政府萬歲」等[15]。同日，又提出「二·二八事件處理大綱」32條[16]，其中關於政治改革方面的有22條。在事件中有相當影響的「臺灣省自治青年同盟」規定，「本同盟以培養自治精神，遵守國父遺囑，擁護蔣主席，實行三民主義，協助政府建設新臺灣，暫時協力保持治安為宗旨」[17]。然而，也主張「必須從根本上改革光復以來本省的苛政」[18]。被認為受共產黨影響較大的「台中區時局處理委員會」，在其「宣言」中提出的口號是：「建設新中華民國，確立民主主義，擁護中央政府，剷除貪官污吏，即刻實行縣市長民選，反對內戰，反對專制，反對違反民主的措施，反對以武力把持政權」

---

[12] 同上。

[13] 同上，第 61 頁。

[14] 《二·二八事件處理委員會組織大綱（草案）》，見《二二八起義資料集》（下），第 31 頁。

[15] 《二·二八事件處委會告全國同胞書》，見《二二八起義資料集》（下），第 34 — 35 頁。

[16] 《二·二八事件處理大綱》3月6日通過時為32條，3月7日又追加10條，一般稱32條，亦有稱42條的。

[17] 「臺灣自治青年同盟」傳單，見《二二八起義資料集》（下），第 47 頁。

[18] 《臺灣省自治青年同盟章程》，同上，第 46 頁。

等[19]。花蓮縣「處委會」還提出了「以不流血解決政治問題」,「不獨立,不共產」等[20]。這類要求最爲普遍,體現出整個事件的基本政治傾向。

二、要求推翻國民黨的專制統治,建立人民的政權。這主要在台中和嘉義等地提出,另還散見於臺北和台南等市的一些標語和傳單中。在3月2日召開的市民大會上,台中市人民曾提出「打倒國民黨的反動專政,組成包括各黨派的民主統一戰線,組織聯合政府」[21]。「嘉義報導部」曾在廣播中號召:「我們已決然而起,爲一掃光復以來之苛政,向國民黨專制政府勇敢地發起攻擊」。「我們的目標在於打倒國民黨的一黨專制政府,組織民主聯合政府」[22]。臺北市也出現了「打倒獨裁、專制、自私背信的政府」,「廢除官僚統治,建立臺灣自治民主政府」[23]的傳單。台南市則張貼出「農工趕緊起來,趕走國民黨,建設新民主政府」;「打倒國民黨一切的統治」;「新民主政府是民眾所要求」[24]等標語。

三、極少數人提出「臺灣獨立」和「國際託管」的主張。它在事件中很少見,只有花蓮縣地方浪人組織的「金獅隊」提出過「臺灣實行獨立」的口號[25],台南市青年路出現過「臺灣人要獨立自由」的標語[26],臺北市也出現過要求「聯合國託管」之類的傳單[27]。

在上述三種不同層次的要求中,除了「臺灣獨立」與「國際託管」爲極少數別有用心者的陰謀,與當時參加事件的廣大臺灣人民的意願格格不入之外,值得注意的是,前兩個不同的層次中都有一個共同的要求,那就是「民主」與「自治」。儘管各自賦予「民主」與「自治」的含意有所不同,但在二·二八特定的事件中,卻有明顯一致的一面。

當時,比較全面反映臺灣人民關於民主和地方自治要求的,首先是

---

[19] 臺灣旅平同鄉會等:《二·二八大慘案日誌》,見《二二八起義資料集》(下),第22頁。

[20] 勉之:《花蓮紛擾紀實》,見《二二八起義資料集》(下),第2、7頁。

[21] 何漢文:《臺灣二·二八起義見聞紀略》,見《二二八起義資料集》(上),第174頁。

[22] 廈門大學臺灣研究所:《二二八起義資料集》(下),第56頁。

[23] 同上,第58頁。

[24] 同上,第51—52頁。

[25] 何漢文:《臺灣二·二八起義見聞紀略》,見《二二八起義資料集》(上),第177頁。

[26] 廈門大學臺灣研究所:《二二八起義資料集》(下),第51—52頁。

[27] 同上,第160頁。

「二‧二八事件處理大綱」。在整個「大綱」32 條意見中,除了「對於目前的處理」7 條外,另外有關「根本處理」的 25 條,大體上都是有關民主與地方自治問題的。爲了說明這一點,我們不妨摘引「大綱」中的部分內容。「軍事方面」有 3 條,「一、缺乏教育和訓練之軍隊絕對不可使駐臺灣。二、中央可派員在台徵兵守台。三、在內陸之內戰未終息以前,除以守衛臺灣爲目的之外,絕對反對在臺灣徵兵,以免臺灣陷入內戰旋渦。」「政治方面」有 22 條,「一、制定省自治爲本省最高模範,以便實現國父建國大綱之思想。二、縣、市長於本年六月以前實施選舉,縣市參議會同時改選。三、省各處長人選應經省參議會(改選後爲省議會)之同意,省參議會應於本年六月以前改選,目前其人選由省處理委員會審議。四、省各處長三分之二以上須由在本省居住十年以上者擔任之(最好秘書長、民政、財政、工礦、農林、教育、員警處長應該如是)……七、除員警機關之外不得逮捕人犯。八、憲兵除軍隊之犯人外不得逮捕人犯。九、禁止帶有政治性之逮捕拘禁。十、非武裝之集合結社絕對自由。十一、言論出版罷工絕對自由,廢止新聞紙發行申請登記制度。十二、即刻廢止人民團體組織條例。十三、廢止民意機關候選人檢核辦法。十四、改正各級民意機關選舉辦法」[28]等。

另外,事件中成立的各群眾團體也紛紛提出了民主與地方自治的要求。如「臺灣省自治青年同盟」提出了「建設高度自治,完成新中國的模範省」;「發揮臺胞優良的守法精神,爲促進民主政治的先鋒」;「只有高度自治,才是臺灣進步的、唯一的、光榮的道路」[29]。「臺灣民主聯盟」提出,「在台先實行憲政,並省予自治」;「不分本省外省全體人民攜手爲政治民主奮鬥到底」[30]。台中市人民提出「立即實行臺灣人民的民主自治」等[31]。當時,臺灣全省 17 個縣市都普遍提出了「民主」與「自治」的要求,有的地方還選出了市長或市長候選人,有的地方成立了「民

[28] 《二‧二八事件處理大綱》,見《二二八起義資料集》(下),第 38—41 頁。
[29] 「臺灣省自治青年同盟」《綱領》、傳單,同上,第 46—47 頁。
[30] 「臺灣民主聯盟」《告臺灣同胞書》,同上,第 42—44 頁。
[31] 林木順:《臺灣二月革命》,第 23 頁。

主聯軍」或「自治聯軍」，有的人還主張成立「臺灣省臨時民主自治政府」[32]。甚至連當時旅居大陸的一些臺灣同胞，在得知島內人民起來鬥爭之後，也提出了在臺灣「實行地方自治，任用臺灣人治理台省」[33]。

很明顯，二‧二八事件既不是企圖「顛覆政府」，「背叛國家」的暴亂事件，也不是「中國共產黨領導下的一次起義」，更不是什麼「臺灣人民的一次抗外鬥爭」。它是一場多層次的人民民主自治運動。唯有「民主」與「自治」的口號，才反映了當時廣大臺灣人民的心聲。

二

「民主」與「自治」為什麼會成為當時臺灣各階層人民共同的、普遍的要求呢？為了說明這一問題，有必要回顧一下當時國民黨接管臺灣一年多來的專制統治，以及臺灣人民長期以來為民主與地方自治所進行的鬥爭。

臺灣光復之時，飽受了日本 50 年殖民統治的臺灣人民，對代表祖國政府來到臺灣的國民黨政權進行了熱烈的歡迎，並抱有很大的希望。他們以為，擺脫了異族的統治，臺灣人民將不再受到歧視和壓榨，而可以享受充分的民主和自由，臺灣社會也將從此走向繁榮和進步。可是，沒過多久，國民黨政權很快就暴露了它的專制、獨裁的面目。面對現實，臺灣人民從希望轉向失望，不少人進而變成仇恨。當時，引起臺灣人民極大不滿，因而使他們感到「民主」與「自治」之所以特別可貴的，主要有以下幾件事：

一、行政長官公署制度。臺灣光復之後，國民黨政府藉口「情形特殊」，在臺灣設立了與他省迥然不同的行政長官公署制度。根據 1945 年 9 月 20 日公佈的「臺灣省行政長官公署組織條例」，「臺灣省行政長官公署，於其職權範圍內，得發佈署令，並得制定臺灣省單行規章」。「臺

32　唐賢龍：《臺灣事變內幕記》，見《二二八起義資料集》（上），第 74 頁。
33　臺灣旅平同鄉會等《二‧二八大慘案日誌》，見《二二八起義資料集》（下），第 21 頁。

灣省行政長官，對於在臺灣省之中央各機關有指揮監督之權」[34]。在此之前，國民黨政府已經任命陳儀為臺灣省行政長官兼警備總司令，集軍政大權於一身。對於這種有利於專制獨裁的制度，「臺灣同胞，不論他是住在省內的或僑居海外的，……恐怕沒有一個人（陳儀的親信屬僚當然除外）不搖頭歎息，憤怒地指責，幾乎認為這是在日本統治時代總督制的復活。其權力之大，與獨裁之嚴，甚至還有過之而無不及」[35]。連國民黨官員也說：「臺胞對長官公署呼之為新總督府。與國內各省不同，此形式上使臺胞不愉快者也。按其實際，長官公署之權力法令亦幾與日人之臺灣總督府相若，此又事實上使臺胞不愉快者也」[36]。由於推行行政長官公署制度，臺灣人民受到強烈的刺激，在心理上，覺得這是「一種與他省同胞有殊的不平等的待遇」[37]。事實上，他們的民主自由權利，也由於行政長官公署制度的實行而更多地被剝奪。

二、歧視臺灣人的政策。日本殖民統治時代，臺灣人民被當作「二等公民」，沒有參政的權利，一切重要的公職全部由日本人擔任。光復以後，國民黨政權名義上給了臺灣人參政的機會，但實際上卻以「臺灣沒有政治人才」[38]為藉口，把許多受過良好教育的臺灣人排斥在中高級職務之外。據國民黨政府監察院「臺灣省現任公務人員概況」中的統計，至 1946 年 12 月底，臺灣省薦任和薦任級以上官員的省籍情況見下表[39]：

---

[34] 《臺灣省行政長官公署公報》，第一卷，第一期。

[35] 唐賢龍《臺灣事變內幕記》，見《二二八起義資料集》（上），第 15 頁。

[36] 國民黨政府監察院檔案，《楊亮功、何漢文呈報台變經過情形及善後辦法》。

[37] 唐賢龍：《臺灣事變內幕記》，見《二二八起義資料集》（上），第 19－20 頁。

[38] 《觀察週刊》特約臺灣通訊《隨時可以發生暴動的臺灣》，見《二二八起義資料集》（上），第 48 頁。

[39] 國民黨監察院檔案，《臺灣省現任公務人員概況》。

	特任		特任待遇		簡任		簡任待遇		薦任		薦任待遇	
	人數	百分比	人數	百分比	人數	百分比	人數	百分比	人數	百分比	人數	百分比
外省人	1	100	2	100	202	94.39	204	89.47	1385	81.28	951	66.13
本省人					12	5.61	24	10.53	319	18.72	487	33.87
合計	1	100	2	100	214	100	228	100	1704	100	1438	100

可見，在特任和特任待遇級的官員中，臺灣人沒有染指的機會；在簡任和簡任待遇級的官員中，臺灣人極少；即使在薦任和薦任待遇級的官員中，臺灣人也只占很小的比例。另據李筱峰《臺灣戰後初期的民意代表》一書中的統計，「當時省府行政長官、秘書長、處長、副處長、主任秘書共廿一名，其中臺灣人只占一名，其餘廿名爲外省人。省府各處秘書、專員、科長、股長、視察、主任共三百十六名，其中臺灣人只占十七名，其餘二百九十九名爲外省人」[40]。全省縣市長中，除臺北市長曾由台籍人士黃朝琴擔任過一段時間外，其餘也都由國民黨派去的外省人壟斷。行政長官陳儀甚至說，「在中國大陸一九四七年十二月二十五日生效的新憲法將不能適用於臺灣。因爲中國人民較爲先進，所以才能享有憲法的特權。臺灣人民由於受日本長期專制政治的統治，政治意識退化，不能以理智的態度來實行自治的政治，因此需要二三年之久的國民黨之『訓政』才能使他們成爲完全的公民」[41]這些言論，嚴重地刺傷了臺灣人民的自尊心。

三、貪官肆虐，軍警橫行。隨著國民黨對臺灣的「接收」，大批內地的軍政人員到了臺灣。他們當中雖不乏願意爲建設臺灣貢獻力量的仁

[40] 陳玉璽：《二‧二八事件對臺灣社會政治發展的影響》注一，載《臺灣與世界》39 期。
[41] 柯喬治：《被出賣的臺灣》，玉山學舍，1973 年版，第 206 頁。

人志士，但也有許多人一本當時大陸軍政界腐敗作風和醜陋惡習，到臺灣去「劫收」的。日本殖民者為了醜化中國的形象，曾在臺灣散佈：「中國官吏無一不貪污，無一不飯桶」[42]。可悲的是，國民黨軍政人員到了臺灣之後，不少人卻用行為證明這句話並不完全是謊言。當時，大大小小的貪官污吏在臺灣各顯「神通」，製造了「層出不窮的貪污案件」。張琴《臺灣真相》一書在「臺灣人民為什麼仇恨臺灣省政府」的標題下，以無可辯駁的事實，列舉了一些聳人聽聞的大案。國民黨「中央清查團」的人員也不得不表示，臺灣「蒼蠅太多，不管它，只打老虎」[43]。其實，在行政長官公署的庇護下，連「老虎」也沒有受到多少懲處。長官公署的警務處長在答覆省參議員們的質詢中竟然說：「官吏貪污，人民也要負責」，「人民守法不行賄賂，貪污的事可以減少些」[44]，這就使得一大批貪官污吏更加明目張膽地為所欲為。由於政府工作人員多以貪污舞弊為能事，臺灣人民輕蔑地稱他們為「中山袋」[45]。

另外，國民黨軍隊士兵和員警的風紀、操守之差，也同樣引起臺灣人民的不滿。士兵「坐車不買票，越等級坐火車，爭先搶坐，不肯排列，破壞社會秩序」[46]，還發生過多起隨意槍傷百姓的事件。國民黨官員也承認：「各地駐軍間有少數軍紀欠佳士兵欺擾百姓之不良情事發生」[47]。至於「員警人員濫用職權，和地方流氓勾結，為非作歹」[48]的事件，更是時有發生，以致引起參議員們在省參議會上對警務處長提出尖銳質詢。

四、經濟統制政策。臺灣光復之後，國民黨政權在臺灣實行了全面的經濟統制政策。這個政策主要包括：設立專賣局，以實行對煙草、火柴、酒、樟腦、度量衡器等物品的專賣；設立貿易局，以壟斷全省工

---

[42] 國民黨政府監察院檔案，《楊亮功、何漢文呈報台變經過情形及善後辦法》。

[43] 張琴：《臺灣真相》，見《二二八起義資料集》（上），第 41 頁。

[44] 《臺灣省參議會第一屆第一次大會特輯》，第 44 頁。

[45] 國民黨政府監察院檔案，《楊亮功、何漢文呈報台變經過情形及善後辦法》。

[46] 《臺灣省參議會第一屆第一次大會特輯》，第 41 頁。

[47] 國民黨政府監察院檔案，《楊亮功、何漢文呈報台變經過情形及善後辦法》。

[48] 《臺灣省參議會第一屆第一次大會特輯》，第 44 頁。

農業產品的購銷和輸出；實行台幣特殊化，以實現對全省金融市場的控
制和限制外省工商業者與臺灣的經濟往來。經濟統制政策的實行給臺灣
人民帶來了無窮的災難。一個國民黨官員曾說：「以工商企業之統制，
使臺灣擁有鉅資之工商企業家不能獲取發展餘地；因貿易局之統制，使
臺灣一般商人均受極端之約束；因專賣局之統制，且使一般小本商人無
法生存」[49]。實際上遠不止於此。經濟統制政策還造成了許多生產者破
產，物價飛漲，民不聊生。如對蔗糖生產的統制和專賣，使「蔗農和產
商，均感到不夠成本，故怨聲載道」[50]。而臺灣的物價，也在一年多的
時間裡，幾倍甚至幾十倍地飛漲。據臺灣省行政長官公署統計室編印的
《臺灣物價統計月報》，1946 年 1 月至 1947 年 2 月，臺北市幾種主要
生活日用品價格的上漲情況如下表[51]：

單位：台幣元

	米	面 粉	豬 肉	雞 蛋	花生油	鹽	白 糖	茶 葉	香 煙	陰丹布
	（斤）	（斤）	（斤）	（個）	（斤）	（斤）	（斤）	（斤）	（十）	（尺）
4 6 年 1 月	8.84	11.11	31.95	2.67	27.67	1.33	2.70	6.70	3.00	15.40
4 7 年 2 月	42.67	59.72	102.78	9.17	106.39	9.44	60.28	61.11	9.67	92.40
上漲倍數	3.83	4.37	2.21	3.44	2.85	6.09	21.33	8.12	2.22	5

　　另據國民黨政府監察院的檔案資料，同期「臺北市主要民生日用品

---

[49] 國民黨政府監察院檔案，《楊亮功、何漢文呈報台變經過情形及善後辦法》。
[50] 唐賢龍：《臺灣事變內幕記》，見《二二八起義資料集》（上），第 22—23 頁。
[51] 據臺灣省行政長官公署統計室編印的《臺灣物價統計月報》第十二、十四、十五期有關數字
　　編成。

「價格」情況則如下[52]：

單位：台幣元

	大米	面粉	豬肉	雞蛋	花生油	鹽	白糖	茶葉	香煙	陰丹布
	（斤）	（斤）	（斤）	（個）	（斤）	（斤）	（斤）	（斤）	（十支）	（尺）
46年1月	6.30	12.16	40.00	1.00	28.00	0.75	3.5	10.16	4.00	20.50
47年2月	32.33	74.50	123.33	9.00	126.00	14.00	74.00	106.00	8.00	120.00
上漲倍數	4.13	5.13	2.08	8	4.5	17.66	20.14	9.43	1	4.85

當時臺灣的物價水準，竟比大陸最高的上海還高。如「各種布匹、肥皂、火柴、襯衣、襪子、玻璃、皮鞋、牙刷、牙膏、麵包，以及其他日用物品等，平均都比上海要貴一倍到兩倍」，甚至臺灣盛產的米和鹽，也比上海貴得多[53]。

1946 年 2 月 6 日，當時在臺灣視察的閩台監察使楊亮功在發給國民黨政府監察院院長于右任的電報中說：「職此次視察經過台中、台南十一縣市，昨返抵臺北，各地人士對省政多不諒解。其原因為經濟強制，私人企業難發展，工廠多未恢復，失業加多，糧價高漲，地方秩序失佳。其外如台幣估價過高，對外貿易及匯兌隔絕，亦為多方所指摘，美人在台者亦有微摘。此種難關，正未易克服」[54]。

這種專制、獨裁、腐敗的統治，當然不可能得到臺灣人民的「諒

---

[52] 國民黨政府檢察院檔案，《臺北市主要民生日用品價格》。
[53] 唐賢龍：《臺灣事變內幕記》，見《二二八起義資料集》（上），第 22－23 頁。
[54] 國民黨政府檢察院檔案，1946 年 2 月 6 日楊亮功給于右任的電報。

解」。要知道，臺灣人民是從不逆來順受的。過去，他們「三年一小反，五年一大反」，使清朝封建統治者深感這塊地方難治。在日本殖民統治期間，他們又不斷地運用遊擊戰爭和起義活動，使日本殖民統治者吃了不少苦頭。進入 20 世紀以來，在辛亥革命、五四運動和世界民主潮流的鼓舞和影響下，在特殊的鬥爭環境中，臺灣一部分地主資產階級民主人士，又不斷地運用合法手段，進行爭取民主和「地方自治」的鬥爭，並且取得了豐富的經驗。

　　早在 1919 年，為了反對臺灣總督的專制獨裁統治，以林獻堂、蔡培火為代表的一部分臺灣地主資產階級民主人士和知識份子，就發起了「六三法」撤廢運動（所謂「六三法」，是日本政府 1896 年頒佈的法律六十三號，其中規定臺灣總督在臺灣得以任意制定法律，實行專制統治）。20 年代，林獻堂、蔣渭水、蔡惠如等人又發起了「臺灣議會設置運動」，要求設立一個由臺灣居民公選出的議員組成的臺灣議會，以限制「六三法」賦予臺灣總督的特權。1923 年，他們進一步組織了「臺灣議會期成同盟會」。儘管日本殖民當局對「臺灣議會設置運動」進行了殘酷的鎮壓，許多人被投入牢籠，但其餘的人仍堅持鬥爭，每年都向日本國會提出請願書，前後共達 12 次之多[55]。30 年代以來，臺灣地主資產階級的政黨——民眾黨，為了反對日本殖民統治者的專制獨裁和有名無實的「地方自治制度」，提出了「地方自治改革」的單一目標，進行自治促進運動[56]。1930 年 8 月，黨內以林獻堂、蔡培火、楊肇嘉為代表的改良主義分子，在台中市成立了「臺灣地方自治聯盟」，要求殖民當局即刻實行「完全之地方自治制」[57]，爭取臺灣人參政的權利。雖然「臺灣地方自治聯盟」用叩頭請願的方式，不可能在臺灣真正取得實行「地方自治」的權利，但他們這種反對殖民專制統治、爭取地方人士參政權利的鬥爭方式，卻給臺灣人民留下了深刻的印象。在長期反對日本殖民專制統治的鬥爭中，臺灣地主資產階級民主人士和知識份子，也在

[55] 陳碧笙：《臺灣地方史》，福建人民出版社，1982 年版，第 254 頁。

[56] 楊克煌：《臺灣人民民族解放鬥爭小史》，湖北人民出版社，1956 年版，第 146－147 頁。

[57] 楊肇嘉：《楊肇嘉回憶錄》（下），三民書局，1967 年版，第 250 頁。

自己的隊伍中造就了一大批善於運用合法鬥爭的手段以爭取民主和地方自治的人才。

臺灣光復以後，雖然當時臺灣已回到祖國的懷抱，但國民黨的專制統治卻一仍其舊。這樣，臺灣地主資產階級民主人士和知識份子，運用合法手段爭取民主和地方自治的鬥爭也就沒有停息。1946 年 5 月，臺灣省第一屆參議會召開第一次大會。會上，參議員林日高就民主與地方自治問題向民政處長提出了尖銳的質詢。他問道：「臺灣人民對於民主的熱烈情形，處長知道否？」「本省國大代表是由政府圈定，這算得民主嗎？」「依照國父遺教，地方自治的推行，各省可以有先後的，只要他的各種條件都夠就可以了，本省各方面都比其他各省進步，爲什麼不能首先實行」[58]？此外，參議員黃純青也提出「據本省行政長官公署組織條例第三條規定，行政長官對於在臺灣省之中央各機關有指揮監察之權，這不是專制嗎」；「監察與司法受行政監督，不是違反三民主義的精神嗎」？並且要求將行政長官公署制改爲省政府制[59]。參議員郭國基還在會上對教育處長詆毀臺灣人「有獨立思想」、「排斥來台外省人」、「台人治台主張」、「完全奴化」的論調進行強烈的駁斥[60]。這種敢於向專制挑戰，爭取民主的風氣，使行政長官公署官吏們大感難堪，甚至也使長期在大陸接受國民黨教育的台籍議長黃朝琴深感爲難。大會還沒有開完，他就提出了辭呈，理由之一，是他所受的民主教育與臺灣的民主作風不同，「如再尸位素餐，實無補於大眾」[61]。

行政長官公署對參議員們利用參議會的講壇宣揚民主與地方自治感到害怕。當年 12 月，第一屆省參議會召開第二次大會時，「陳儀部下不准參議會利用臺北市公會堂的大會堂開會。參議會只好借狹小而且距離城中區頗遠的教育會大樓召開。教育會大樓只有有限的地方可容納與會人，根本沒有可容納聽眾的空間。當臺灣代表起立發言的緊要關頭，

---

[58] 《臺灣省參議會第一屆第一次大會特輯》，第 48 頁。

[59] 同上，第 89 頁。

[60] 同上，第 59 頁。

[61] 同上，第 81－82 頁。

公開演講系統就失靈」[62]。儘管如此，參議員還是充分地利用了這個講壇，強烈地抨擊陳儀的專制統治，宣揚民主與地方自治。所以，有人說：「參議會第二次會議把危機帶近」[63]。

除利用參議會的講壇外，1946 年 7 月，閩台建設協進會上海分會、臺灣重建協會上海分會、臺灣省政治建設協會等六團體，還派出代表到南京，分別向國民黨政府、立法院、行政院、國民黨中央黨部、國防最高委員會、國民參政會請願，要求撤廢行政長官公署條例，改設與各省同樣的省政府於臺灣。他們指出：「該條例實施以來，弊害叢生，人民受專制獨裁統治的壓榨，生機幾斷，呼籲無門，怨聲載道，危機四伏」[64]。12 月，在南京召開的「國民大會」上，臺灣代表聲明說：「臺灣已準備好行使憲法，臺灣人要求及早實現地方自治，普選市長及行政長官的事實正表示臺灣人是熱切渴望有一個憲政組織，而不是表示臺灣人反對政府」[65]。

綜上所述，臺灣人民在二‧二八事件中普遍要求實行民主與地方自治，正是當時國民黨政權在臺灣實行專制統治的結果。臺灣人民富有反對專制統治的鬥爭傳統，二‧二八事件，是他們長期以來爭取民主和地方自治鬥爭的繼續和高潮。

三

怎樣評價臺灣人民在二‧二八事件中提出的民主與地方自治要求呢？這裡，我們不妨先摘引幾句中共中央 1947 年 3 月 8 日對臺灣的廣播詞[66]。（這篇廣播詞，《解放日報》3 月 20 日以《臺灣自治運動》爲題，作爲社論發表，只增加了個別字句）。其中說：「臺灣的自治運動，是完

---

[62] 柯喬治：《被出賣的臺灣》，玉山學舍，1973 年版，第 190 頁。

[63] 同上。

[64] 楊肇嘉：《楊肇嘉回憶錄》（下），三民書局，1967 年版，第 354 頁。

[65] 柯喬治：《被出賣的臺灣》，玉山學舍，1973 年版，第 202—203 頁。

[66] 韋名：《臺灣的二‧二八事件》，七十年代雜誌社，1975 年版，第 102-107 頁。

全合理的、合法的、和平的。」「臺灣人民的要求是極其平凡的，不過是要自治，要廢止專賣制度，要臺灣人能在臺灣當行政官吏等而已。」「臺灣人民提出如此合理的要求，採取和平的、合法的手段以求實現，有何理由不答應他們？」儘管當時中共中央遠在大陸的西北，對二・二八事件的情況並不十分瞭解（所以才會在二・二八事件已經基本平息的3月20日，又把它當社論發表），但是，這些對於臺灣人民民主自治要求的評價卻是十分正確的。

臺灣人民關於民主和地方自治的要求確實是「極其平凡的」、「合理的」、「合法的」，因爲它們大多屬於資產階級民主的範疇，不但符合孫中山先生《建國大綱》中的思想，符合國共兩黨「雙十協定」中的規定，符合1946年有國內各民主力量參加的「政治協商會議」的「決議案」，而且也符合1947年元旦剛剛公佈的《中華民國憲法》的精神。

孫中山先生在《建國大綱》中闡述關於民主與地方自治問題時說：「以縣爲自治單位，於一縣之內，努力於除舊佈新，以深植人民權力基本，然後擴而充之，以及於省。」「一完全自治之縣，其國民有直接選舉官員之權，有直接罷免官員之權，有直接創造法律之權，有直接複決法律之權。」「凡一省全數之縣皆達完全自治者，則爲憲政開始時期。國民代表會得選舉省長，爲本省自治之監督。」他還說，地方自治「當以實行民權、民生兩主義爲目的，故其地方之能否試辦，則全視該地人民之思想智識以爲斷。若自治之鼓吹已成熟，自治之思想已普遍，則就下列之事試辦之，俟收成效後陸續推及其它」。試辦之事的順序是：一清戶口，二立機關，三定地價，四修道路，五墾荒地，六設學校」[67]。臺灣人民在事件中提出的要求完全符合上述這些思想。他們敦促國民黨政權儘快「實現國父建國大綱之思想」也很有道理，因爲，當時在臺灣實現孫中山先生這些構想的條件已經成熟。一個國民黨地方自治問題「專家」曾說：「臺灣省的地理位置優越，國民教育相當普及，戶籍比較精確，民風淳樸，而守法的精神特優，省內交通便利，社會秩序至爲

---

[67] 孫中山：《建國大綱》，見張其昀主編《國父全書》，中華學術院，1974年。

安定，自此皆最適宜於辦理地方自治，與國父在建國大綱第八條所規定的條件亦大致相合」[68]。所以說，事件中臺灣人民提出的民主與地方自治要求「合理」，就是合孫中山先生宣導的三民主義之理。

　　抗戰勝利後，國共兩黨在和平、民主、團結、統一的基礎上，於1945年8月至10月，在重慶舉行了談判。談判後形成的《政府與中共代表會談記要》（即「雙十協定」）中規定，實行「政治民主化」，「迅速結束訓政，實施憲政」，「各地應積極推行地方自治，實行由下而上的普選」[69]。1946年1月，各民主黨派參加的「政治協商會議」所通過的《和平建國綱領》決議案中也規定了：「積極推行地方自治，實行由下而上之普選，迅速普遍成立省、縣（市）參議會，並實行縣長民選」[70]。可見，臺灣人民在事件中提出的要求，和全國人民在抗戰勝利後提出的要求是一致的，完全符合「雙十協定」和「政治協商會議」決議案的精神。

　　臺灣人民的要求，甚至還符合1946年12月25日「國民大會」通過、1947年元旦公佈的《中華民國憲法》的精神。儘管這次「國民大會」是在國民黨排斥了共產黨和其他民主力量的情況下召開的，這個「憲法」也對國民黨的一黨專政有利，但為了粉飾「民主」，這個「憲法」的一百十二條和一百十三條還是規定了：「省得召集省民代表大會，依據省縣自治通則，制定省自治法。」「省自治法應包含左列各款：一、省設省議會，省議會議員由省民選舉之；　二、省設省政府，置省長一人，省長由省民選舉之；三、省與縣之關係，屬於省之立法權，由省議會行之」[71]。根據這些規定，臺灣人民在事件中提出的民主與地方自治的要求還是「合法」的。這個「法」就是「中華民國憲法」。

　　臺灣人民在事件中爭取民主與地方自治的手段大多也是「合法」的。省「處理委員會」在「對於目前的處理」意見中規定：「各地若無

---

[68] 阮毅成：《地方自治與新縣制》自序，聯經出版事業公司，1978年。

[69] 中共重慶市委黨史工作委員會等：《重慶談判紀實》，重慶出版社，1983年版，第250—251頁。

[70] 《政治協商會議資料》，四川人民出版社，1981年版，第274頁。

[71] 《中華民國憲法》，見張其昀主編《國父全書》，中華學術院，1974年。

政府武裝部隊威脅之時，絕對不應有武裝械鬥行動，對貪官污吏不論其為本省人或外省人，亦只應檢舉轉請處理委員會協同憲警拘拿，依法嚴辦，不應加害而惹出是非」[72]。各地人民在事件中大體上也按此行事。有些地方雖然採取了武裝鬥爭的方式，但實際上只含有武裝自衛的性質。如「台中地區時局處理委員會」曾提出：「以武裝力量為背景，徹底爭取民主自治」[73]，就是因為當時國民黨軍隊開進台中進行鎮壓的風聲很緊，一些有識之士已經意識到，沒有武裝力量作背景，民主與地方自治的要求肯定無法實現，而且還將擺脫不了任人宰割的命運。

然而，當時大多數人還是過於依賴「合法」鬥爭的手段。他們對臺灣省行政長官公署背後那個「中央政府」的專制、獨裁的面目還沒有認識清楚，以為光復以後在臺灣的一切專制統治，都是臺灣省行政長官公署的倒行逆施和陳儀個人的意志，對國民黨中央政權抱有幻想。他們不知道國民黨在撕毀「雙十協定」和「政治協商會議決議案」、貿然發動內戰之後，已完全置「民主」與「地方自治」的諾言於不顧。所以，當 3 月 8 日從大陸開來鎮壓的國民黨軍隊在基隆登陸之後，不少人難免驚慌失措，省「處理委員會」中的一些人甚至還發表一個退讓的「聲明」，「認為改革省政要求，已初步達到」[74]。儘管這時已有更多的人們認識到，要爭取民主、「自由與權利，確保真正的高度的自治」，就必須組織起來，武裝起來[75]，但已經遲了，等待他們的已是國民黨軍隊的槍彈和刺刀。

臺灣人民在二‧二八事件中要求民主與地方自治的呼聲，雖然被國民黨軍隊的槍炮聲淹沒了，但是，臺灣人民對民主與地方自治的追求卻一直沒有止息。1947 年 11 月，一部分倖免於難的二‧二八志士在香港組建了「臺灣民主自治同盟」，繼續為爭取臺灣人民的民主自治權利而鬥爭。一些流居海外的二‧二八志士和二‧二八烈士的子弟，也仍在為

---

[72] 《二‧二八事件處理大綱》，見《二二八起義資料集》（下），第 38—41 頁。

[73] 林木順：《臺灣二月革命》，第 26 頁。

[74] 《二‧二八處委會三月八日聲明》，見《二二八起義資料集》（下），第 41—42 頁。

[75] 「臺灣自治爭取聯盟」傳單，同上，第 50 頁。

推動臺灣的民主運動作不懈的努力。可以說，二・二八事件和事件中臺灣人民所提出的民主與地方自治的問題，在今天仍不失爲一個很有現實意義的研究課題。

從電文往來看「二二八事件」中的
陳儀和蔣介石

在 1947 年臺灣的「二二八事件」及其善後過程中，臺灣省行政長官陳儀和南京的中華民國總統蔣介石之間有許多電文往來。這些電文，反映了陳儀和蔣介石在處理「二二八事件」及其善後問題時的態度和辦法，是研究「二二八事件」的重要資料。本文在介紹這些電文的基礎上，分析陳儀與蔣介石是如何處理「二二八事件」及其善後的，以及他們在處理一些問題時態度的異同。

一

陳儀與蔣介石在「二二八事件」中往來的電文，原收藏於臺灣的「大溪檔案」。現在我們可以見到的一個較為完整的版本，是臺灣「中央研究院近代史研究所」編的《二二八事件資料選輯（二）》中的「臺灣二二八事件（大溪檔案）」。另外，臺灣省文獻委員會編印的《二二八事件文獻續錄》中的「國民政府檔案（大溪檔案）」也將全部目錄和部分原件刊出。根據這兩種資料，「二二八事件」中陳儀與蔣介石往來電文主要有：

1、1947 年 2 月 28 日陳儀給蔣介石的電報。主要內容是：「台省防共素嚴。惟廿七日奸匪勾結流氓，乘專賣局查禁私煙機會，聚眾暴動，傷害外省籍人員。特于廿八日宣佈臨時戒嚴，必要時當遵令權宜處置」[1]。

2、3 月 5 日蔣介石給陳儀的電報。內容是：「已派步兵一團，並派憲兵一營，限本月七日由滬啟運」[2]。

3、3 月 6 日陳儀給蔣介石的信函（由國民黨臺灣省黨部主委李翼

---

[1] 中央研究院近代史所編：《二二八事件資料選輯（二）》，中央研究院近代史所，1992 年，第 64 頁。

[2] 同上，第 70 頁。

中赴南京面交）。主要內容是：詳細報告事件「經過情形」、「原因分析」、和「處置態度」。在報告「經過情形」中，陳儀認爲，「現在雖尚有人散佈謠言，希圖再發生暴動，但據職推測，臺北不致再有大問題。……新竹縣市秩序已可恢復。台中、台南等縣市，亦已派員前往處置，如無意外事故，預計短期間內可望平息」。在「原因分析」中，陳儀認爲，這次事件發生的原因相當複雜，一是從海南島和內地潛入的共黨分子的乘機破壞；二是留用日人的乘機搗亂；三是日本時代御用紳士和流氓心懷不滿；四是臺灣一般民眾缺乏國家意識；五是臺灣光復之後用人和接收工作有不能令人滿意之處。「自二月二十七日事情發生，奸黨、御用紳士等即乘機鼓動，排斥外省人，反抗政府。緝私誤傷人民，就事論事，本甚簡單，民眾如有不滿，請願可也，提出意見可也。但此次事件發生以後，即發生下列行爲：毀壞公私器物，毆打外省人（此次外省公教人員吃虧甚大），散佈謠言，奪取槍械，包圍縣市政府，可知其決非普通民眾運動可比，顯系有計劃、有組織的叛亂行爲」。在「處置態度」中，陳儀報告說，「此次事情發生後，職之處置甚感困難。就事情本身論，不止違法而已，顯系叛亂行爲。嚴加懲治，應無疑義。惟本省兵力十分單薄，各縣市同時發動暴動，不敷應付。……如果依法嚴懲，勢必引起極大反響，無法收拾。爲顧及特別環境，不得不和平解決。……此後對付臺灣之態度，對於多數民眾，應改變其封建思想，並改善政治，使其對政府發生信心，不致爲奸黨所蠱惑。對於奸黨亂徒，須以武力消滅，不能容其存在。關於前者，可依照憲法規定，予臺灣以法定之自治權，縣市長可先試行民選。爲滿足一般人之希望，不妨將長官公署改組爲省政府（因許多人均以長官制度爲詬病，雖然其優點甚多），俾容納本省之較有能力者。……爲應付目前情勢，在不妨礙國家民族利益之範圍內，對於臺胞之政治要求，只能從寬應許。……爲保持臺灣使其爲中華民國的臺灣計，必須迅派得力軍隊來台。如派大員，亦須俟軍隊到台以後，否則，亦恐難生效力」[3]。

---

[3] 同上，第 71-80 頁。

4、3月7日陳儀給蔣介石的電報。內容是：「蒙派21D師部及步兵一團及憲兵一營來台，無任感激。惟照目前形勢，奸匪到處搜繳武裝及交通工具，少數日本御用紳士利用機會煽動，並集合退伍軍人反對政府，公然發表叛亂言詞並以暴行威脅公正之參議員及地方人士，使其不敢說話。職因兵力太少，深恐一發難收。明知長此下去，暴徒勢焰日盛，再（原文如此——筆者注）不敢以強力即予制止。現著黨部李主任委員翼中，於今（七）日午前已乘空軍飛機晉京，面報經過情形。職意一團兵力不敷戡亂之用，擬請除 21D 師全部開來外，再加開一師，至少一旅，並派湯恩伯來台指揮。在最短期間，予以徹底肅清」[4]。

5、3月7日蔣介石給陳儀的電報。內容是：「廿一師師部直屬部隊與第一個團，本日正午由滬出發，約十日晨可抵基隆。據報鐵路與電力廠皆已為台民盤踞、把占，確否？果爾則部隊到基隆登陸後之行動，應先有切實之準備。近情究竟如何？應有最妥最後之方案，希立即詳報」[5]。

6、3月7日陳儀給蔣介石的電報。主要內容是：「鐵路與電力公司多數員工均係台民，一有事，即決不為我用。部隊到基隆之行動，已在準備中。目前我因限於武力，十分容忍。廿一師全部到達後，當收戡亂之效」[6]。

7、3月7日蔣介石給陳儀的電報。內容是：「據美使館接其臺灣領事來電稱，請美使即派飛機到臺灣，接其眷屬離台，以為今後臺灣形勢恐更惡化云。美使以此息告餘，一面緩派飛機，一面覆電問其領事究竟如何云。又接臺灣政治建設促進會由外國領館轉余一電，其間有請勿派兵來台，否則，情勢必更嚴重云。余置之不理，此必反動分子在外國領館製造恐怖所演成。近情如何？盼立覆」[7]。

8、3月7日陳儀給蔣介石的電報。主要內容有：「此次事件有美國

---

[4] 同上，第 90 頁。
[5] 同上，第 91－92 頁。
[6] 同上，第 91 頁。
[7] 同上，第 93－95 頁。

人參與。反動分子時與美領事館往來，美領事已發表種種無理由的反對政府言論。反動分子目前最大詭計，是使臺灣兵力愈單薄愈好。職三次廣播對暴動事件從寬處置。對政治問題，省府切實容納本省人，縣市長可民選，多數人民均甚滿意。但反動分子又造謠言，謂台人既毀擊殺傷外省人很多，政府必不會如此寬大。此種廣播隊（原文如此——筆者注）系一時欺騙。又謂政府正在調兵，將大肆屠殺，台民不以之抵抗，將無噍類。又謂須將國軍軍械放棄。反動分子想借此謠言，煽動人民，使人民由猜疑而恐懼，要求政府勿派兵。一面卻隨時搶奪軍火槍械，自二月廿八日以來，因警局、倉庫等守衛力太單，被劫槍支已不少。臺灣目前情形表面似係政治問題，實際反動分子正在利用政府武力單薄之時機，加緊準備實力，一有機會隨時暴發，造成恐怖局面。如無強大武力鎮壓制裁，事變之演成，未可逆料。仍乞照前電所請，除廿一師全部開來外，至少再加派一旅來台。至美國大使館方面，請其通知臺灣領事，為顧及國際信義，勿為臺灣反動分子所惑」[8]。

9、3月7日蔣介石給陳儀轉俞樵峰的電報。內容是：「臺灣近情究竟如何？鐵路與電力廠是否已為反動暴民把持？善後辦法如何？希詳商後速報，或請樵峰兄乘飛機回京面告亦可。今日已先派海軍一艘，由滬出發來基隆，歸陳長官指揮矣」[9]。

10、3月8日陳儀給蔣介石的電報。主要內容是：「俞樵峰魚日搭中興輪經汕返滬。此間情況，樵峰兄大致明瞭」[10]

11、3月8日蔣介石給陳儀的電報，內容是：「今日情形如何？無時不念，望每日詳報。李主委昨已晤見，現正研究處理方案。茲已派海軍兩艘來基隆，約九、十各日分期到達。廿一師第二個團定明（九）日由滬出發。劉師長與李主委明日飛台，面詳一切」[11]。

12、3月8日蔣介石給陳儀的電報。內容是：「各處倉庫所存械彈

[8] 同上，第96－97頁。
[9] 同上，第98－99頁。
[10] 同上，第99頁。
[11] 同上，第105－106頁。

約有幾何？請詳報。與其爲暴徒奪取，不如從速燒毀。此時應先作控置臺北、基隆二地之交通、通訊與固守待援之準備。台南則固守，高雄與左營勿失爲要。日內即有運輸登陸艇二艘駛台，可派其作沿海各口岸聯絡及運輸之用。基隆與臺北情況，每日朝午夕作三次報告爲要」[12]。

13、3 月 8 日陳儀給蔣介石的電報。內容是：「（一）、昨午後七時，（二二八事件處理委員會）代表十五人來見，欲提出：政府各地武裝同志應交出武器；警備司令部須撤銷；陸海空軍人員一律用本省人；由處理委員會接收長官公署等四項要求。職不與討論，即嚴詞訓斥。今日午前，該會復派代表四人（系省市參議員）到職處謝罪，不敢再提此種要求。（二）、憲四團第三營及廿一團之一營，由閩乘海平輪來，今（八日）晚可到基隆。（三）、基隆港灣昨晚職已劃歸基隆要塞司令管轄，今午前雖有暴徒十餘人衝入，已予拘捕，現在秩序甚好。今晚憲兵登陸，當無問題。（四）、今日臺北秩序尚好。處理委員會內部已起衝突，現正發生分化作用，一俟劉師長廿一師之一團開到，臺北即擬著手清除奸匪叛徒，決不容其遷延坐大」[13]。

14、3 月 8 日陳儀給蔣介石的電報。內容是：「灰日（10 日——筆者注）國軍抵台時，爲防省民惶惑，相繼而滋事端，亟需空軍數隊，於本（三）月十日起，以國防部名義印就傳單，在臺灣上空散擲，以釋群疑。傳單內容：（一）、信賴陳長官，合理改革政治。（二）、青年學生趕快回校，努力學業，培成建設新臺灣的真正人才。（三）、大家安心復業，勿輕信謠言，勿受人煽動，勿犧牲自己的良心和生命，作野心家的工具。（四）、中央政府派部隊來台，系接日軍隊伍的防務，專爲保護人民的安全，希鎮靜，勿惶恐。（五）、二二八沉痛的事件過去了，決不追究，望大家協助政府恢復秩序。（六）、人民應有守法的精神，來促成憲政的實施。除電空軍周總司令外，務請照辦」[14]。

15、3 月 9 日陳儀給蔣介石的電報。主要內容是：「軍械庫並未被

劫，惟被服糧秫及日用品倉庫被劫去半數」[15]。

16、3月9日陳儀給蔣介石的電報。主要內容是：「美駐台領館及外僑均已保護。並派員聯絡，請釋廑念。今午後二時，美大使館遞信員一人已安抵臺北」[16]。

17、3月9日陳儀給蔣介石的電報。主要內容是：「（一）、楊監察使于齊夜與憲兵兩營同到基隆。今日拂曉自基隆至臺北，途中被暴徒襲擊，幸仍安抵臺北，僅傷隨員、憲兵各一。（二）、基隆、臺北間鐵路、公路之交通，已在控制中。（三）、臺北、新竹、花蓮各縣市秩序已恢復，高雄市經要塞彭司令勘定，業已確實控制」[17]。

18、3月9日陳儀給蔣介石的電報。主要內容是：「（一）、齊（八日）夜十時後，暴徒襲擊臺北園（原文如此，「園」應為「圓」——筆者注）山丁一帶，激戰一小時擊退。（二）、本行署及總司令部亦偷襲，經還擊驅散，市內街路均有騷動。（三）、憲廿一團、四團各一營已于齊夜在基隆登陸，今日拂曉五連推駐臺北，余留基隆」[18]。

19、3月9日陳儀給蔣介石的電報。主要內容是：「劉師長已到台，手諭讀悉，此間一切措施，當本鈞座指示辦理。基隆港防務已鞏固，軍隊可安全登陸。基隆至臺北鐵路與公路，因大多數員工均係台人，目前尚難完全掌握，正在設法中。松山機場及高雄港已由我控制。張學良住地目前尚不致被襲。臺北亂黨尚在企圖暴動，並煽動民眾，俟第一個團到達後擬即戒嚴。對美領事當遵辦。公務員編隊事擬暫緩，因易刺激本省人，供亂黨煽動資料。臺灣事處理特別困難，本省人受日本影響較深，對內始終隔膜」[19]。

20、3月10日陳儀給蔣介石的電報。主要內容是：「（一）、廿一師一四六旅九團於佳夜到達基隆，現正陸續進駐臺北中。（二）、佳午暴徒

---

[15] 同上，第 109 頁。
[16] 同上，第 125 頁。
[17] 同上，第 126 頁。
[18] 同上，第 127 頁。
[19] 同上，第 128 頁。

數百圍攻臺北水道町電臺,與我駐兵一班接觸,經增援於午後四時擊退。(三)、佳晚八時戒嚴後,臺北市郊平靜。(四)、台中、嘉義尚在待援中」[20]。

21、3 月 10 日蔣介石給陳儀的電報。內容是:「聞廿一師第一個團已到臺北,未接報告,甚念。昨今二日情勢與部隊到後之處理辦法,希隨時詳報」[21]。

22、3 月 10 日陳儀給蔣介石的電報。主要內容是:「(一)、昨今情況已詳寅佳午未申及寅灰辰署機四電。(二)、廿一師第一個團已全部用火車運抵臺北。其第二個團乘一○二號登陸艇亦已開到基隆口外。(三)、二二八事件處理委員會圖謀叛逆,今已令撤銷」[22]。

23、3 月 11 日陳儀給蔣介石的電報。內容是:「美大使館遞信員一人於佳日飛台,業經電報在案。該會鐸上校於今午十時三刻自臺北松山飛返京」[23]。

24、3 月 11 日陳儀給蔣介石的電報。主要內容是:「查本省應內運械彈,已集臺北基隆部分,正利用回空輪裝運中。其餘存儲中南部暨屯留數以外之械彈,俟交通恢復暨聯勤總部核定數到後,即行集運」[24]。

25、3 月 11 日陳儀給蔣介石的電報。主要內容是:「廿一師師部及四三六、四三八兩團已完全到達,此後肅奸工作即應逐步推進。俟廿一師其餘兩團到後,全省治安即可恢復。擬徹底清除奸黨、倭奴禍根。留用日人,一俟全省穩定,即當悉數遣回。現軍事上已有把握,請舒鈞念。惟因抽調問題須急解決,其著手是改組長官公署為省政府。惟臺灣情形與各省不同,下列各點不能悉照省政府組織法辦理:(一)、省政府名額照組織法只能設十一人,擬請增加二人,為十三人。(二)、建設廳不設,改設工礦、農林、交通三廳。(三)、增設警務處。(四)、長官公署原設

---

[20] 同上,第 133 頁。
[21] 同上,第 134 頁。
[22] 同上,第 135 頁。
[23] 同上,第 142 頁。
[24] 同上,第 143 頁。

機要室、人事室、統計室及法制委員會、設計考核委員會照舊，直隸省府主席。（五）參事仍舊。以上五項擬請鈞座即予核准，俾可從速提出人選，本省人十六，外省人各占半數，著手改組。是否有當？請祈鑒核示遵」[25]。

26、3 月 12 日陳儀給蔣介石的電報。主要內容是：「海湘輪自閩載廿一團之一個營，于今晨七時抵基隆。台安輪自滬載廿一師一四六旅旅部及直屬部隊，於今午後一時抵基隆」[26]。

27、3 月 12 日陳儀給蔣介石的電報。主要內容是：「（一）、白部長真日派何司長孝元、張秘書亮祖飛台，經將此間情形詳告，已於今午原機飛京。（二）、台中、嘉義、台東各縣市，尚待戡定中」[27]。

28、3 月 13 日蔣介石給陳儀的電報。內容是：「請兄負責嚴禁軍政人員施行報復，否則，以抗令論罪」[28]。

29、3 月 13 日陳儀給蔣介石的電報。主要內容是：「已遵命嚴飭遵照」[29]。

30、3 月 13 日陳儀給蔣介石的信函。主要內容有：「臺北日來已見平靜，正在戒嚴，以搜查亂徒。俟二十一師到齊，即可向各縣市推進，軍事當無問題。……此次事變，表面似發生於緝私傷人，但三四日間騷亂暴動即蔓延全省，而且勢焰甚凶，奸黨之預有計劃，絕無疑義。然檢討得以乘隙惑亂之原因，不外下列七端：（一）、台人……愛國觀念、民族觀念薄弱，易受煽動，（二）、一年以來，因新聞言論過於自由，反動分子得以任意詆毀政府，離間官民，挑撥本省人與外省人之情感。……（四）、臺灣公營制度，……只因商人及資本家尚未認識清楚，……不斷反對，……奸黨利用之，以助長毀壞政府之聲勢。（五）、駐台兵力過於單薄，無法嚴厲彈壓。台籍員警走避一空，散失槍械，增長亂源。（六）、

---

[25] 同上，第 244－245 頁。
[26] 同上，第 147 頁。
[27] 同上，第 159 頁。
[28] 同上，第 163 頁。
[29] 同上，第 164 頁。

臺灣因非接戰區域，不能援用軍法，普通司法寬大緩慢，不足以懲巨凶，奸黨因得肆無忌憚。（七）交通及通訊員工多爲台人，事變時無形停工，增加政府困難。爲根本消除禍患，使不再發生變亂計，謹呈善後辦法八項：（一）、軍隊除要塞部隊外，經常有一師駐台。……（二）、司法手續緩慢，而臺灣情況特殊，擬暫請適用軍法，使得嚴懲奸黨分子，以滅亂源。（三）、爲順應台人心理要求，長官公署可以改組省政府。……（七）加強國語、國文、公民、史地教育，改造台人思想，使其完全中國化。……（八）、財政經濟仍須維持原有政策，不能改取放任態度，但方法可以改善，人事可以調整。……總之，治理臺灣，因其五十一年來之歷史，已與各省不同，實非容易，此次事變爲一大教訓。以後政治當力謀適應實際，但治標的軍事與治本的教育，爲國家民族計，必須把握。至於財政經濟，爲施政的命脈，亦不能放鬆」[30]。

31、3 月 14 日蔣介石給陳儀的電報。內容是：「請湛侯兄即速來京，面報一切爲盼」[31]。

32、3 月 17 日陳儀給蔣介石的電報。內容是：「此次臺灣變亂，……職智慮短淺，不能防患於未然，深用負疚。現行政長官公署改組省政府之際，謹乞鈞座念職衰老，不堪再膺繁劇，准予辭去臺灣省行政長官兼警備總司令本兼各職，另選賢能接替」[32]。

33、3 月 17 日陳儀給蔣介石的電報。內容是：「職對此次事變決意引咎辭職，不能再留。惟繼任人選必須審慎以後。臺灣政治經濟如不能利用固有基礎，積極推進，則財政將困難，民生將痛苦。奸黨亂徒乘機煽動，以臺胞國家思想之薄弱，山地之多，又系孤島，恐非少數兵力所能維持。職以爲，軍政兩方面必須選任有爲之青年。警備司令擬請以李良榮繼任。省政府主席擬請以蔣經國或嚴家淦擔任。職鑒於臺灣前途之危機，爲使其永屬於中華民國計，務請鈞座採納愚見」[33]。

---

[30] 同上，第 166－173 頁。

[31] 同上，第 178 頁。

[32] 同上，第 193 頁。

[33] 同上，第 195 頁。

34、3 月 18 日蔣介石給陳儀的電報。內容是：「收復臺灣，勞苦功高。不幸變故突起，致告倦勤，殊爲遺憾。現擬勉從尊意，准先設臺灣省政府。至長官公署，須待省政府成立，秩序完全恢復時，准予定期取消。惟此時仍須兄負責主持善後，勉爲其難也」[34]。

35、3 月 18 日陳儀給蔣介石的信函。主要內容有：「職霰（十七）酉電呈請以李良榮任台省警備總司令，經國兄任台省政府主席，度蒙鈞鑒。職爲國家計，爲臺灣計，台省政府主席人選，殊屬萬分重要。倘人選得當，此次事變，轉可因禍爲福，否則，後患仍屬堪虞。聞將以朱一鳴兄充任台省政府主席，職實期期以爲不可。一則一鳴雖不無才幹，但思想太舊，缺乏現代知識。……二則現在臺灣擔任財政、農林、工礦、交通等各主管人員，皆屬一時俊逸，懷事業之心而來，延攬時煞費苦心，若省政府主席不能志同道合，必定煥然星散，致各種事業大受影響，甚至不堪收拾。三則臺灣人對福州人感情極惡亦可顧慮。一鳴生長福州，雖欲不用福州人，事實上恐亦甚難。至經國兄雖爲職理想中之人選，但昨夜今晚兩度徵求同意，經國兄均堅決拒絕，不肯應承。職不得已而思其次，擬請以吳秘書長鐵城充任，並以現任財政處長嚴家淦調充秘書長」[35]。

36、4 月 2 日陳儀給蔣介石的信函。主要內容是：「台省善後問題，關於軍事、政治、經濟、教育、交通各項，職已按照此間實際情形與白部長熟籌審議。茲謹將堪充省政府委員台籍人選開呈鈞鑒」。計開 12 人，分別是：丘念台、劉啓光、徐慶鐘、林獻堂、謝東閔、遊彌堅、王民甯、李連春、韓石泉、南志信、劉明、林頂立。「如省政府委員定爲十五人，擬請就右列各人中選七人，如定爲十九人則選九人」[36]。

37、4 月 7 日陳儀給蔣介石的電報。內容是：「本省日僑光復後共約三十一萬人，魏得邁將軍建議兩次遣送，尚留三千六百餘人。此次事變發生，更感日僑決不宜留用。……爲清除日本遺毒，消滅叛國隱患計，

---

[34]　同上，第 196－197 頁。
[35]　同上，第 200－203 頁。
[36]　同上，第 245－247 頁。

所有留用日僑,擬於四月底以前全部遣返,不留一人」[37]。

38、4 月 11 日陳儀給蔣介石的電報。主要內容是:「台變時並無捕殺無辜情事。……(四)、查自二二八事件發生起至二十五日國軍一部到達之期間內,全省陷於混亂狀態,奸宄暴徒仇殺狙擊,無法防止。無論外省人及本省人,在此期內傷亡失蹤事件,迄尚無從確報。據臺北衛生院收埋不知姓名之道途遺屍,計有四七人,可以概見。(五)、自國軍到台,防務加強,白部長亦于寅篠蒞台,秩序即行恢復。所有懲捕人犯及處理情形,均經當面詳晰陳報,並承指示辦理。原報所稱二十九日至廿一日(原文如此——筆者注)期間,多人被殺及不問情由槍決格殺各節,純屬奸徒憑空捏造」[38]。

39、4 月 15 日蔣介石給陳儀的電報。內容是:「兄欲來京述職,請暫緩來」[39]。

40、4 月 16 日陳儀給蔣介石的電報。主要內容是:「茲遵諭暫緩來京」[40]。

41、4 月 21 日蔣介石給陳儀的電報。內容是:「台省主席人選已決定為魏道明。原有各廳處長務望連任,不多變動,請代慰留。軍事人選尚未決定,擬待省府改組完成後再定。關於省府委員與正副廳處長人選意見,請速電告,俾能於廿三日以前發表也」[41]。

42、4 月 21 日陳儀給蔣介石的電報。主要內容是:「(一)、台省府委員十五人,除魏主席外,本省外省各半,廳長六人本省二,外省四。(二)、其人選如下:本省委員七人,擬選劉啟光(兼民政廳長)、林獻堂、遊彌堅、謝東閔、南志信、李連春、劉青黎(兼農林廳長)等。外省七人,擬選周一鶚、嚴家淦、范壽康、包可永、任顯群、壽連芳、張延哲等。惟委員兼秘書長,魏伯聰兄當另有人。農林廳長擬用本省人,

[37] 同上,第 233 頁。
[38] 同上,第 234 頁。
[39] 同上,第 248 頁。
[40] 同上,第 249 頁。
[41] 同上,第 258 頁。

故張延哲、壽連芳二人不聯任委員亦可。（三）、警務處長王民甯、會計處長王肇嘉擬留任。四副廳長人選擬俟委員廳長發表後再定」[42]。

43、5 月 6 日蔣介石給陳儀的電報。內容是：「請兄先回京，面商一切。何日起飛，盼覆」[43]。

44、5 月 6 日陳儀給蔣介石的電報。主要內容是：「（一）擬令彭孟緝於辰蒸（5 月 10 日——筆者注）就臺灣□□□（省警備）司令職。（二）職定辰真（5 月 11 日——筆者注）飛京，乞派飛機來接」[44]。

以上電文，並非「二二八事件」中陳儀和蔣介石之間往來電文的全部。有些電文，不知何種原因沒有保留下來。例如，陳儀在 3 月 6 日給蔣介石的信函中說，他「自二月二十八日臺北事情發生以後，曾有兩電報告」。但我們只看到了 2 月 28 日的電報，另一個電報，據賴澤涵總主筆的《二二八事件研究報告》稱，「第二次電文系於三月一日發出」，但「內容不詳」[45]。認為從 2 月 28 日至 3 月 5 日，陳儀總共給蔣介石發過兩封電報，這是根據陳儀的話作出的第一種理解。根據陳儀的話還可以有第二種理解，那就是，所謂「曾有兩電報告」中的「兩電」只是報告事件發展情況的，關於其它問題的電報並沒有包括在內。根據第二種理解，從 2 月 28 日至 3 月 5 日，陳儀給蔣介石的電報就不是 2 封，而可能是 2 封以上的許多封。實際上，在「二二八事件」的前 6 天，陳儀只給蔣介石發 2 封電報是很難想像的。另外，據柯遠芬《臺灣二二八事變之真相》中稱，2 月 28 日「午後六時左右，由南京飛來專機一架，攜來蔣主席手諭一件，詳示處理原則，內容要點：一、查緝案應交由司法機關公平訊辦，不得寬縱。二、臺北市可即日起實施局部戒嚴，希迅速平息暴亂。三、政治上可儘量退讓，以商談解決糾紛。四、軍事不能介入此次事件，但暴徒亦不得干涉軍事，如軍事遭受攻擊，得以軍力平息

---

42 同上，第 48 頁。
43 同上，第 330 頁。
44 同上，第 331 頁。
45 賴澤涵總主筆：《二二八事件研究報告》，時報文化出版企業有限公司，1994 年，第 203 頁。

暴亂」[46]。這個手諭，當然應該是給臺灣最高軍政長官陳儀的，也沒有在以上電文中出現。還有，陳儀 4 月 21 日給蔣介石的電文，「摘由表」中「內容摘要」的內容大大超過文檔的內容，說明文檔後來有缺失。

二

「二二八事件」中陳儀和蔣介石之間往來的電文，是事件發生地地方軍政長官和國民黨中央政權最高領導人之間的內部機要檔，其間較少由於某種考慮而出現的修飾和掩飾。透過這些電文，不難看出陳儀和蔣介石二人在以下幾個方面的看法和做法：

（一）陳儀對「二二八事件」的判斷。陳儀在 2 月 28 日給蔣介石的電報中認為，「二二八事件」「是奸匪勾結流氓」的「聚眾暴動」。所謂「奸匪」指的當然是共產黨。陳儀一開始就指稱共產黨介入「二二八事件」，顯然沒有什麼根據，只是一種習慣性的思維使然。在當時國共鬥爭的政治環境中，國民黨政權的各級領導人很容易就會把民眾的暴動和共產黨的「煽動」聯繫在一起。但陳儀的這個電報並沒有把「二二八事件」看得有多麼嚴重，包括 3 月 1 日給蔣介石的電報，「給蔣氏的印象是問題並不嚴重」[47]。在 3 月 6 日給蔣介石的信函中，陳儀雖然認為「二二八事件」「決非普通民眾運動可比，顯系有計劃、有組織的叛亂行為」，但對形勢的判斷仍然是：「臺北不致再有大問題」，其它縣市「預計短期間內可望平息」。 在 3 月 13 日給蔣介石的信函中，陳儀還是認為，「此次事變，表面似發生於緝私傷人，但三四日間騷亂暴動即蔓延全省，而且勢焰甚凶，奸黨之預有計劃，絕無疑義」。儘管陳儀在「二二八事件」過程中對臺灣的局勢始終認為沒有多麼嚴重，但他也始終把「二二八事件」和「奸黨」聯繫在一起。給「二二八事件」加上「奸黨

---

[46] 柯遠芬：《臺灣二二八事變之真相》，中央研究院近代史所編：《二二八事件資料選輯（一）》，中央研究院近代史所，1992 年，第 18 頁。

[47] 賴澤涵總主筆：《二二八事件研究報告》，時報文化出版企業有限公司，1994 年，第 203 頁。

煽動」的罪名,是造成事件嚴重後果的重要原因。

（二）蔣介石和陳儀對「二二八事件」處理的原則。2 月 28 日,蔣介石用專機送往臺灣的手諭,提出了事件處理原則的 4 個要點,除了緝煙案應交由司法機關訊辦和臺北可實施局部戒嚴外,「政治上可儘量退讓,以商談解決糾紛」,以及「軍事不能介入此次事件,但暴徒亦不得干涉軍事,如軍事遭受攻擊,得以軍力平息暴亂」。這些原則要點得到了陳儀的堅決貫徹執行。陳儀在 3 月 6 日給蔣介石的信函中也說到,這次事件,「就事情本身論,不止違法而已,顯系叛亂行爲。嚴加懲治,應無疑義。惟本省兵力十分單薄,各縣市同時發動暴動,不敷應付。……如果依法嚴懲,勢必引起極大反響,無法收拾。爲顧及特別環境,不得不和平解決」。「爲應付目前情勢,在不妨礙國家民族利益之範圍內,對於臺胞之政治要求,只能從寬應許」。所以,在 3 月 6 日之前,陳儀奉行的是「政治上儘量退讓」和「軍事不介入」的原則。因此,當 3 月 6 日高雄要塞司令彭孟緝出動軍隊鎮壓參加事件的民眾的時候,陳儀向彭孟緝發出了一個譴責的電報:「此次不幸事件,應循政治方法解決。據聞高雄連日多事,殊爲隱憂。限電到即撤兵回營,恢復治安,恪守紀律。……否則該員應負本事件肇事之責」[48]。陳儀當時對彭孟緝的譴責,並不是認爲軍事鎮壓有什麼不對,而是認爲彭孟緝選擇的時機可能不對,擔心在援兵到達臺灣之前的軍事舉動會惡化整個大局。所以,在彭孟緝基本控制了高雄的局勢,後來的發展甚至有利於整個大局時,3 月 8 日,以陳儀爲總司令的臺灣省警備司令部又給彭孟緝發去了嘉獎令:「貴司令認識正確,行動果敢,挽回整個局勢,殊堪嘉獎」[49]。

由於彭孟緝的事先發動和大陸援軍的即將登陸,3 月 7 日之後,陳儀基本放棄了「軍事不介入」的原則,而改採「以軍力平息暴亂」的原則,理由自然是「奸匪到處搜繳武裝及交通工具」,已經「干涉軍事」。3 月 7 日陳儀給蔣介石的電報中稱,「目前我因限於武力,十分容忍。

[48] 彭孟緝:《臺灣省二二八事件回憶錄》,中央研究院近代史所編:《二二八事件資料選輯(一)》,中央研究院近代史所,1992 年,第 71 頁。

[49] 同上,第 75 頁。

廿一師全部到達後，當收斧亂之效」。3月8日的電報又說，「一俟劉師長廿一師之一團開到，臺北即擬著手清除奸匪叛徒，決不容其遷延坐大」。3月11日的電報則稱，「此後肅奸工作即應逐步推進。俟廿一師其餘兩團到後，……擬徹底清除奸黨、倭奴禍根。」

在從「軍事不介入」轉為「以軍力平息暴亂」的同時，陳儀「對於臺胞之政治要求，只能從寬應許」的想法卻沒有改變。對於臺灣民眾，他認為「應改變其封建思想，並改善政治，使其對政府發生信心，不致為奸黨所蠱惑。對於奸黨亂徒，須以武力消滅，不能容其存在」。在陳儀的思想中，政治上可以退讓，但只能是針對臺灣民眾的，對「奸黨亂徒」只能是「武力消滅」。這個處理原則的分際是很清楚的。然而，在實際處理過程中，在「嚴懲奸黨分子」的名義之下，許多臺灣民眾卻成了事件的犧牲品。

（三）陳儀在臺灣駐防兵力問題方面的反思。關於「二二八事件」中的派兵問題，許多學者都進行了研究，以上這些電文，並不能提供可以作出新解釋的資料。在3月5日蔣介石告訴陳儀「已派步兵一團，並派憲兵一營，限本月七日由滬啓運。勿念」之前，他們2人之間一定還有有關派兵問題的電文往來，可惜我們無法見到。

值得一提是陳儀在電文中對臺灣駐防兵力太少的反思。在3月6日給蔣介石的信函中，陳儀指出：「本省兵力十分單薄，各縣市同時發動暴動，不敷應付。……為保持臺灣使其為中華民國的臺灣計，必須迅派得力軍隊來台」。3月7日他又說，「職因兵力太少，深恐一發難收。……不敢以強力即予制止」。「目前我因限於武力，十分容忍」。3月13日他在給蔣介石的信函中說，「駐台兵力過於單薄，無法嚴厲彈壓」。3月17日的電報中更指出：臺灣「恐非少數兵力所能維持」。造成駐台兵力太少的原因，據時任臺灣省警備司令部參謀長的柯遠芬說，陳儀「沒有變生肘腋的預防，所以在中央徵調駐台國軍全部返回大陸參戰時，毅然同意，造成當時臺灣無一兵一卒戰列部隊駐守」[50]。可見，陳儀對「毅然

---

[50] 柯遠芬：《臺灣二二八事變之真相》，中央研究院近代史所編：《二二八事件資料選輯（一）》，

同意」蔣介石抽調駐台軍隊到大陸參加內戰是有反省的。

（四）陳儀的辭職和對繼任人選的推薦。3月6日，陳儀在給蔣介石的信函中就表達了將辭去在台軍政職務的意向，他提出，在行政長官公署改組之後，「省政府主席一職，務請鈞座另派賢能，必不得已，由職暫兼一時」[51]。3月17日，在「二二八事件」基本平息的情況下，陳儀1天之內向蔣介石發出了兩封引咎辭職的電文，其中有「職對此次事變決意引咎辭職，不能再留」之語，態度十分堅決。而在3月18日蔣介石給陳儀的電報中可以看出，蔣介石實際上也已經同意了陳儀的辭職，否則，他不會說，「現擬勉從尊意，……惟此時仍須兄負責主持善後，勉爲其難也」。也就是說，到3月18日止，陳儀辭職之事就已經成爲定局。但當時有一些唯恐陳儀不去的人，仍就此攻擊陳儀。例如，3月26日，保密局長葉秀峰在給蔣介石提供的情報中說，「陳長官現策動游彌堅、劉啓光等發動聯名，向中央請求挽留，但威信已失，民心難服。……眾言誓不相信陳長官」[52]。從檔案資料看，當時確有一些臺灣的「國大代表」、地方民意機構、民間團體向蔣介石呈請挽留陳儀主持台政[53]，但這些人是由陳儀策動的說法卻並無根據。有些學者也認爲，「陳儀電辭行政長官及警備總司令職，並非真有其意，而是出於官場需要，其真正意圖，是希望公署改組後，能續主台政。……各方擁陳通電，可視爲陳儀企圖繼續留任的幕後操作」[54]。這種觀點，顯然是對有關檔案資料的解讀出現了偏差。

陳儀辭職態度的堅決，還表現在他對繼任人選的推薦上。陳儀認爲，「台省政府主席人選，殊屬萬分重要。倘人選得當，此次事變，轉可因禍爲福，否則，後患仍屬堪虞」。陳儀推薦的臺灣省政府主席人選

中央研究院近代史所，1992年，第34頁。

[51] 中央研究院近代史所編：《二二八事件資料選輯（二）》，中央研究院近代史所，1992年，第78頁。

[52] 同上，第230頁。

[53] 侯坤宏編：《國史館藏二二八檔案史料（上冊）》，國史館，1997年，第64−74頁。

[54] 侯坤宏：《導言：二二八事件研究——以國史館藏相關檔案史料爲中心之探討》，《國史館藏二二八檔案史料（上冊）》，第4−5頁。

先後有三人，分別是：蔣經國、嚴家淦和吳鐵城。陳儀推薦蔣經國，不是為了討好蔣介石，而是認為蔣經國確實是「有為之青年」、「理想之人選」，因為蔣經國的名聲已在贛南打響。蔣經國和嚴家淦當時的官職雖然不高（蔣經國當時是三青團中央幹事會第二處處長、嚴家淦是臺灣省行政長官公署財務處長），但陳儀認為他們都是有作為的人。後來歷史的發展證明，陳儀是有眼光的。陳儀還極力反對朱一鳴（紹良）作為臺灣省政府主席的人選，理由是朱一鳴「思想太舊，缺乏現代知識」。儘管蔣介石沒有採納陳儀推薦的人選，而讓魏道明出任臺灣省政府主席，魏道明擁有留法博士的學歷、曾擔任「立法院」副院長，說明蔣介石還是重視陳儀的一些意見的。

對於臺灣省警備司令的人選，陳儀首先推薦的是李良榮，據白崇禧3月19日給蔣介石的電報中說，「此間閩南人最多，李師長良榮系閩南人，公俠先生（即陳儀——筆者注）極推重，如能調長臺灣軍事，人地亦頗相宜」[55]。蔣介石沒有採納陳儀的推薦。4月17日，蔣介石已決定由彭孟緝升任臺灣省警備司令[56]（但未公佈），顯然是對彭孟緝首先出兵鎮壓的獎勵。4月22日，陳儀在應當知道蔣介石意圖的情況下，卻仍然向參謀總長陳誠推薦林蔚作為臺灣警備司令的人選。據4月23日陳誠給蔣介石的電報中說，「據臺灣陳長官養親電開：臺灣省警備總司令，須統一指揮陸海空軍及要塞，任務重要，須資望高、品言好、學識優、性情溫良，而能與政方偕協合作者。因思及林次長蔚頗合上述條件，如蒙贊成，請即轉呈」[57]。說明陳儀對蔣介石準備讓彭孟緝出任臺灣省警備司令的決定有不同的看法。

（五）陳儀對「二二八事件」的善後以及對臺灣前途的看法。「二二八事件」發生後，對陳儀觸動很大。從3月6日給蔣介石的信函開始，他在多次電文中都提到了事件的善後及臺灣前途的問題。有關事件的善

---

[55] 中央研究院近代史所編：《二二八事件資料選輯（二）》，中央研究院近代史所，1992年，第208頁。

[56] 同上，第251頁。

[57] 同上，第262頁。

後，陳儀考慮主要從以下幾個方面著手：

1、將臺灣省行政長官公署改組爲臺灣省政府。陳儀對臺灣省行政長官公署制度有很深的感情，這種特殊的省制，是他和當時在重慶的一些國民黨官員以及一些台籍人士設計出來的[58]，即使「二二八事件」發生後，他仍然認爲「其優點甚多」。但「爲滿足一般人之希望」，「順應台人心理要求」，他同意將長官公署改組爲省政府。

2、省政府中儘量多採用台籍人士。「二二八事件」中有許多臺灣上層人士參與事件，他們的目的是希望獲得更多的參政權利。陳儀提出省政府委員中本省籍、外省籍各占一半名額的方案，以及廳長省籍分配的方案，並提出了具體人選的名單。

3、同意臺灣先試行縣市長民選。「二二八事件」中臺灣民眾要求「民主」和「地方自治」的呼聲很高[59]。因此，陳儀主張「予臺灣以法定之自治權，縣市長可先試行民選」。

4、將留用日人全部遣送回國。鑒於事件期間，一些留用日本人的乘機搗亂，陳儀主張將尚留臺灣的 3600 餘名日僑，「於四月底以前全部遣返，不留一人」。

5、加強臺灣民眾的國家意識教育。事件期間，陳儀深感臺灣民眾經 51 年日本殖民統治，「深中日本帝國主義汙蔑中國之毒素，愛國觀念、民族觀念薄弱，易受煽動」。因此，主張「加強國語、國文、公民、史地教育，改造台人思想，使其完全中國化」。他認爲軍事只是治標，教育才是治本，但「爲國家民族計」，都「必須把握」。

有關臺灣的前途，陳儀想到的是和繼任人選有很大的關係。「惟繼任人選必須審慎以後。臺灣政治經濟如不能利用固有基礎，積極推進，則財政將困難，民生將痛苦。奸黨亂徒乘機煽動，以臺胞國家思想之薄弱，山地之多，又系孤島，恐非少數兵力所能維持。職以爲，軍政兩方面必須選任有爲之青年。……鑒於臺灣前途之危機，爲使其永屬於中華

---

[58] 參見拙著：《光復初期臺灣的行政長官公署制度》，《臺灣研究集刊》，1994 年第 1 期。

[59] 參見拙著：《試論臺灣二二八事件中的民主與地方自治要求》，《臺灣研究集刊》1987 年第 2 期。

民國計，務請鈞座採納愚見。茲事關係國家，心所謂危，不敢不告」。在這方面，陳儀也顯得頗有遠見。

　　然而，無論是陳儀還是蔣介石，他們在處理「二二八事件」及其善後過程中都犯了一個嚴重的錯誤。儘管他們在政治上願意對臺灣民眾的要求「從寬應許」，儘管他們也下令「嚴禁軍政人員施行報復」，但由於他們把事件和共產黨的「煽動」聯繫在一起，錯誤地判定了事件的性質，因此造成了在「清除奸黨」名義下出現的大量犧牲。

再論臺灣「二・二八事件」

　　一個歷史事件，往往需要經過較長的時間，特別是在執掌大權的當事人逐漸或完全退出歷史舞台之後，人們才能比較客觀地了解它的真相，對它作出較爲正確的評論。人們對 1947 年臺灣「二・二八事件」的認識，也正在經歷著這樣一個過程。在相當長的一段時間裡，一些人對「二・二八事件」的認識，總有些像盲人摸象，往往都是從片面的角度得出結論。有人說它是「奸黨叛徒」「妄圖實現其顛覆政府、奪取政權、背叛國家」的「暴動」[1]；也有人說「它是在中國共產黨領導下的一次起義」[2]；還有人把它稱爲「臺灣人民的一次抗外鬥爭」[3]。十年前，筆者曾發表文章，指出「二・二八事件」既不是企圖「顛覆」國民黨政權的「暴亂」事件，也不是「中國共產黨領導下的一次起義」，更不是什麼「臺灣人民的一次抗外鬥爭」，它是一場多層次的人民民主自治運動，唯有「民主」與「地方自治」，才反映了當時廣大臺灣人民的心聲[4]。此後，臺灣社會的發展和「二・二八事件」研究的深入，都證明了筆者的這一結論大致是不錯的。

　　1987 年以後，隨著「解嚴」和臺灣島內政治局勢的發展，臺灣各界人民要求爲「二・二八事件」平反的呼聲越來越高。每年二、三月間，爲「二・二八事件」而發起的政治衝突一年更比一年強烈。各種公開的紀念會和追思會不斷舉行，「二・二八」紀念碑和以「二・二八」命名的廣場、公園在各地相繼建立，民進黨以及其他一些政治組織更以「二・二八事件」作爲爭取民眾、攻擊當局的有力武器。在這種情況下，爲了化解民眾的「二・二八情緒」，保持社會的穩定，臺灣當局不得不逐步放棄了高壓的政策，而採取面對現實的態度。一些政要對「二・二八事

1　臺灣省行政長官公署：《臺灣省二・二八暴動事件報告》，見鄧孔昭編《二・二八事件資料集》，臺灣稻鄉出版社，1991 年版，第 393 頁。

2　楊克煌：《臺灣人民民族解放鬥爭小史》，湖北人民出版社，1956 年版，第 204 頁。

3　《台獨》編輯組：《寫在（二・二八紀念文集）之前》，載《台獨》第 24 期。

4　鄧孔昭：《試論臺灣二・二八事件中的民主與地方自治要求》，《臺灣研究集刊》1987 年 2 期。

件」逐漸從諱莫如深，到同意開放資料研究，到出席民眾舉辦的紀念會、追思會，甚至有人聲稱自己也是「二‧二八的受害者」[5]，還有人公開承認「二‧二八是起因於誤會造成的歷史悲劇，當時的地方政府處置失當」[6]。這些都說明了，臺灣當局對以往國民黨政權對「二‧二八事件」的定性在事實上進行了否定。試想，如果「二‧二八事件」真是一場企圖推翻國民黨統治的「暴動」，或是「中國共產黨領導下的一次起義」，臺灣當局能作出這種轉變嗎？

隨著政治禁忌的解除，臺灣島內有關「二‧二八事件」的研究很快活躍起來。數年之間，大量的回憶錄、訪談錄、檔案資料、研究論文和著作相繼湧現。在許許多多的著作當中，值得特別注意的是臺灣「行政院」研究「二‧二八事件」小組所撰寫的《二‧二八事件研究報告》[7]。這份由一些知名臺灣史專家執筆的「官方」研究報告，一改四十幾年前臺灣省行政長官公署所撰寫的《臺灣省二‧二八暴動事件報告》的基調，已不認為「二‧二八事件」是蓄意的「暴動」，而認為「二‧二八事件」的主要政治要求在於追求臺灣的自治與民主化」[8]。這說明，隨著研究的深入，「二‧二八事件」的性質已被越來越多的人們所認識，即使是臺灣「官方」的研究報告，也不得不承認「二‧二八事件」的這種「本來面目」。

既然只是一次追求「民主」與「地方自治」的事件，為什麼又釀成了這樣一場血腥的歷史悲劇呢？所以釀成「二‧二八事件」這樣的歷史悲劇，應當說除了許多複雜的客觀因素之外，和當時國民黨政權對臺灣社會、對「二‧二八事件」一系列主觀上的錯誤認識和判斷，對臺灣民眾心態的隔膜，有著密切的關係。

首先，國民黨政權在光復前後對臺灣社會狀況做出的錯誤判斷和決

---

[5] 《李登輝：苦思兩年決道歉，化解族群心結》，載臺灣《中國時報》1996 年 2 月 27 日，第 2 版。

[6] 郝柏村語，見《紀念二‧二八選味濃烈》，載臺灣《聯合報》1996 年 2 月 29 日，第 2 版。

[7] 臺灣「行政院」研究二‧二八事件小組：《二‧二八事件研究報告》，時報文化出版企業有限公司，1994 年出版。

[8] 同上，第 199 頁。

策，導致了「二・二八事件」的發生。

在準備接收臺灣的過程中，國民黨政權決定在臺灣實行行政長官公署制。這種行政體制，與當時中國內地各省實行的省府制有很大的不同，而與日本殖民者在臺灣實行的總督制有許多相似。當時，主持籌備接收工作的陳儀（「臺灣調查委員會」主任委員）等人認為，臺灣的社會環境特殊，經過日本五十年殖民統治，臺灣人民已經適應了舊有行政制度；總督府的組織形式很好，不需作多大的改變，只要把名稱改改就行了；這樣，不但可以達到統一事權、提高行政效率的目的，而且還可以避免因政制劇變而引起人民的不安。可是，行政長官公署制在臺灣實施之後，得到的結果卻與陳儀等人的主觀願望完全相反。行政長官公署制不僅被臺灣人民看成是日本時代總督制的復活，是對臺灣人民的一種歧視和不平等的待遇，而且，在國民黨政治腐敗的大環境下，它徒有集權、專制的形式，並不具有統一事權、提高行政效率的能力。因此，它遭致臺灣人民的不滿乃至強烈反對是勢所必然的。「二・二八事件」中，臺灣人民「要求民主」、「剷除專制」、「廢除行政長官公署」等呼聲，正是針對行政長官公署制的弊病而發出的。可以說，國民黨政權決定在臺灣實行行政長官公署制之時，就已經埋下了臺灣人民反對的種子。

國民黨政權接收臺灣一週年後，1946 年 10 月，蔣介石到臺灣參加慶祝光復一週年的活動。在此期間，他發表了一個「巡視臺灣的感想」，對當時臺灣的社會經濟狀況作出了一個十分樂觀肯定的評估。他說：「中正此次來到臺灣，看到臺灣，復員工作已經完成百分之八十，衷心甚為欣慰，尤其交通與水電事業，皆可說已恢復到戰前日本時代的標準。因此，一般經濟事業都能迅速恢復，人民都能安居樂業，以臺灣的交通經濟以及人民生活情形，與內地尤其是東北華北比較，其優裕程度，實不可同日而語」[9]。可是，僅僅 4 個月之後，在蔣介石看來「安居樂業」、生活相當「優裕」的臺灣卻爆發了聲勢浩大的「二・二八事件」。是臺灣人民不知珍惜「安居樂業」的生活？還是國民黨政權錯誤地估計了當

---

[9] 同上，第 19 頁。

時臺灣的社會經濟狀況？答案是不言自明的。同百孔千瘡、行將崩潰的大陸國統區經濟相比，當時，臺灣的經濟狀況確實還算好一些。但是，臺灣民眾的生活絕沒有達到「安居樂業」的程度。開工不足、物價飛漲、失業嚴重同樣困擾著光復後的臺灣經濟。尤其是行政長官公署奉行的經濟統制政策更給臺灣人民的生活帶來了深重的苦難。「二・二八事件」之所以有著廣泛的群眾基礎，同光復後民眾的基本生活缺乏保障是分不開的。蔣介石對臺灣經濟盲目樂觀之時，實際上早已潛伏著臺灣民眾不堪忍受生活困苦而奮起抗爭的危機。

　　在政治人才選用方面，國民黨政權對臺灣各階層人士積極參政、議政的願望和能力更是嚴重估計不足。臺灣人民在日本統治下是「二等公民」，光復以後，迫切希望有當家作主的權利。「當時有些知識分子以為臺灣光復後將由台人治理臺灣，他們甚至以為謝春木（南光）可為省主席，其餘有聲望之台人如遊彌堅、宋斐如、連震東等均可領導臺灣」[10]。可是，國民黨政權名義上給了臺灣人參政、議政的權利，實際上卻又以臺灣沒有政治人才、台人不懂國語國文、不懂如何撰寫公文等為藉口，把許多受過良好教育的臺灣人排斥在中高級職務之外。據當時國民黨政府監察院「臺灣省現任公務人員概況」中的統計，至 1946 年 12 月底，在臺灣省特任和特任待遇級的官員中，沒有一個是臺灣人；在簡任和簡任待遇級的 442 人中，臺灣人只有 36 名，占 8%；即使在荐任和荐任級待遇的 3142 人中，臺灣人也只有 806 名，占 25.6%[11]。儘管有少數台籍人士被安排擔任了縣市一級的職務，但這些人全部來自中國大陸，在內地生活已久，被台人視為「半山」（臺灣人民稱大陸祖地為「唐山」）。大量熱衷於參政的當地知識分子和社會人士得不到適當的發展機會，他們對當政者不滿也就不可避免了。「二・二八事件」中，各地最活躍的人物往往都是當地所謂的社會精英。他們中有省縣市參議員、國大代表、國民參政員、工商知識界名流、甚至國民黨和三青團的幹部。他們

[10] 同上，第 19 頁。
[11] 國民黨監察院檔案：《臺灣省現任公務員概況》，見注 4 鄧孔昭文。

在事件中最熱衷的口號，除了要求民主與地方自治之外，就是要求改革省政和多任用本省人。因此，國民黨政權對臺灣各界人士參政熱情的忽視，也是導致「二‧二八事件」發生的主要原因之一。

「二‧二八事件」爆發之後，國民黨政權對事件主流的錯誤認識，導致了大規模的軍事鎮壓。

由緝煙血案引發的「二‧二八事件」是一個全島民眾廣泛參與的事件。在事件中，不同的人提出了不同的政治主張，也有不同的行動準測。當時的局面，情形確實比較複雜。儘管情形複雜，事件中的主流是什麼，作為當政者卻是應當分析清楚的。然而，國民黨政權無視在事件中占主導地位的那種不反對國民黨中央政府、只要求在臺灣進行政治改革、要求剷除專制和腐敗、要求民主與地方自治的政治傾向，卻把事件當作是受「奸黨」指使和煽動、要推翻國民黨政府的「暴動」。他們所說的「奸黨」，指的是原臺灣共產黨和一些進步團體的成員，主要代表人物有：謝雪紅、楊克煌、林日高、王萬得等。實際上，臺灣共產黨早在 1932 年被日本殖民當局沉重打擊之後，就已停止了活動。臺灣光復以後，這些人已分別參加了「人民協會」和「臺灣政治建設協會」等團體。有些人還在國民黨政權的民意機關或三青團擔任職務，如林日高為省參議員、謝雪紅為臺灣三青團婦女隊隊長。這些人人數不多，事件中只在台中市和台北縣有較大的影響，而對全島尤其是台北市的影響不大。即使是在被認為受共產黨影響較大的台中，其「台中區時局處理委員會」在「宣言」中所提出的口號也是「建設新中華民國，確立民族主義，擁護中央政府，剷除貪官污吏，即刻實行省縣市長民選，反對內戰，反對專制，反對違反民主的措施，反對以武力把持政權，反對武力壓迫，歡迎全國人才合作」[12]等。要求推翻國民黨的專制統治，建立人民政權，在事件中確有人提出，但只是部分人的主張，不是事件中的主流。

可是，由於國民黨政權錯誤地判定了「二‧二八事件」的性質，一次原本可以用政治途徑解決的事件，卻可悲的以軍事鎮壓收場。他們從

12　《二‧二八事件資料集》，第 247 頁。

大陸調來鎮壓的軍隊，而這些軍隊在臺灣登陸之後，不問青紅皂白，濫行捕殺。不但許多只要求政治改革的社會民主人士死於非命，而且還殺害了大量的無辜民眾，造成了臺灣歷史上的這一慘重的大血案。

「二‧二八事件」之後，國民黨政權又錯誤地總結了處理事件的經驗，從而導致了臺灣民怨長期不得宣洩。國民黨政權逃台之後，蔣介石曾對「二‧二八事件」中最早倡導軍事鎮壓的彭孟緝說，「二‧二八事件的發生和處理極具價值，你應該把這些事實寫下來，留作他日的參考」[13]。彭孟緝遵照蔣介石的指示，在 1953 年寫下了《二‧二八事件回憶錄》。彭孟緝在回憶錄中說，「今天，臺灣治安良好，大陸整個淪陷，而臺灣事件給我們一個清除潛匪的大好機會，也提高了我們對共匪陰謀顛覆臺灣的警覺，又因為二‧二八事件對臺灣地方上的少數壞人，給予了一個嚴重的打擊，使絕大多數的善良同胞，增加了對政府的信賴，特別可貴的，是同胞愛情感的增進，這些都是今日臺灣能夠擔任起復興基地的基礎條件。[14]彭孟緝的回憶錄可以說就是國民黨政府處理「二‧二八事件」的一份經驗總結。在這份經驗總結中，他們認為對「二‧二八事件」採取大規模的軍事鎮壓無疑是一種好的經驗。在這種價值判斷之下，任何為「二‧二八事件」平反的可能都是不存在的。因此，臺灣民眾由於「二‧二八事件」而產生的對當局的積怨也就長期得不到宣洩。

今天，距離「二‧二八事件」的發生已經五十年了，人們對它的認識已經越來越清楚。可是，在剛剛由民進黨「欽定」出版的《臺灣史話》中，對「二‧二八事件」卻有這樣一段評述：「終戰後，國民政府接管臺灣，臺灣人原以熱烈心情歡迎新政府，不意新來政權卻以征服者心態凌駕臺灣，……經過一年半的踐踏，臺灣社會倒退了三、四十年，終於爆發了二‧二八事件，臺灣社會精英被屠殺殆盡，民心潰決。這次「統一」，對臺灣造成的傷害，實在難以估計。但新的臺灣意識再次凝聚，成為戰後臺灣獨立運動的濫觴」。台獨分裂分子利用「二‧二八事件」

---

[13] 彭孟緝：《二‧二八事件回憶錄》，臺灣《中國時報》1992 年 2 月 20 日，第 7 版。
[14] 彭孟緝：《二‧二八事件回憶錄》，臺灣《中國時報》1992 年 2 月 20 日，第 7 版。

為他們的政治目的服務由來已久，他們藉攻擊國民黨政權妄圖達到攻擊中國的目的，甚至把國民黨政權施政不善對臺灣造成的傷害，說成是「統一」對臺灣造成的傷害，其叵測居心，人們也是容易看得清楚的。

簡評《二二八事件研究報告》

——兼論彭孟緝《二二八事件回憶錄》

1992 年 2 月下旬，臺灣《中國時報》記者曹女士將兩份資料電傳給筆者，一份是《中國晚報》當月 10 日登載的《二二八事件研究報告》（節錄），一份是《中國時報》當月 20 日登載的彭孟緝《二二八事件回憶錄》，要求就這兩份資料發表一些看法，當時約稿期限很緊，倉促之間，寫下此文。但後來《中國時報》未用此搞，據稱，是由於文章中的觀點他們的「老闆」不能接受。1994 年，《二二八事件研究報告》正式出版[1]，筆者詳讀了此書，對這本書的主要看法沒有改變。現在，將壓在抽屜已多年的稿子再拿出來，略做修改，作為一個大陸「二二八事件」研究者的感想，或許還有一定的參考價值。

《二二八事件研究報告》是臺灣「行政院」研究二二八事件小組的集體著作。儘管它的執筆人都是知名的臺灣史學家，但這個報告仍然脫不開「官方」的「身份」。同樣是官方的報告，五十年前，臺灣省行政長官公署也有一個《臺灣省二二八暴動事件報告》[2]，我們不妨將這兩個報告作一個簡單的比較。過去的報告，稱「二二八事件」是「奸黨叛徒」「妄圖實現其顛覆政府、奪取政權、背叛國家」的「暴動」。將事件的起因，完全歸咎於「潛伏奸黨之死灰復燃」、「御用紳士及歸台浪人之煽動」、「日本奴化教育之遺毒」、「戰後經濟問題之刺激」、「特殊階級之陰懷怨恨」、「不法分子之勾結蠢動」等。對臺灣民眾在「綏靖地方」、「肅清奸暴」過程中的死傷狀況諱莫如深。現在的報告，其基調已不認為「二二八事件」是蓄意的「暴亂」，而認為「二二八事件」的主要政治要求

---

[1] 臺灣「行政院」研究二二八事件小組：《二二八事件研究報告》，時報文化出版企業有限公司，1994 年出版。

[2] 見鄧孔昭編：《二二八事件資料集》，臺灣稻鄉出版社，1991 年 2 月版，第 393~416 頁。

在於追求臺灣的自治與民主化」[3]。對事件的起因與背景，也較為強調政府的因素，如「在政治方面，行政長官制度確有諸多缺失，而官箴、軍紀欠佳，政治參與和待遇也不盡公平。在經濟方面，由於不當之管制政策，百業蕭條，物價飛漲，失業嚴重。在社會方面，復職返鄉的前台籍日軍軍人，就職無路，一文莫名，因而形成一股不滿政府的暗潮」[4]。對陳儀、柯遠芬、彭孟緝、張慕陶等人的政策失誤與措置不當，以及軍、憲、警、特在事件中的不法行為均有一定的揭露，對事件中受害的社會精英與無辜民眾也給予了較多的同情。這些都是現在的報告比過去的報告進步而值得肯定的地方。這說明，現在臺灣的「官方」和過去的「官方」雖然一脈相傳，但時過境遷，物是人非，現在的「官方」已決心卸下歷史的包袱，朝著化解「二二八事件」留下的積怨邁出了一大步。

　　然而，從歷史學的角度來看，《二二八事件研究報告》也有許多不足，最主要的有以下幾點：

　　一、沒有從全國的視野來看待「二二八事件」。「二二八事件」發生在臺灣光復後不到一年半的時間裡，如果僅就臺灣論臺灣，自然會得出臺灣被陳儀搞糟了、陳儀難辭其咎的結論。但是，如果把臺灣放在當時整個中國的背景來考察，結論就會不一樣。當時整個中國大陸的國統區裡，政治腐敗、經濟凋敝、民不聊生、怨聲載道的狀況比臺灣有過之而無不及，臺灣只是當時整個中國的一個縮影。而陳儀在臺灣的所作所為，雖然不能挽狂瀾於既倒，但有些還是起到了「保護」臺灣的作用，例如台幣特殊化政策等。在當時的官僚中，陳儀的人品和施政都實在不算很壞。當然，要求官方的報告承認當時政治腐敗的大背景確實很為難，但是，如果沒有這樣的視野，不作這樣的交代，就無法公正地解釋歷史，也不能正確地總結歷史的教訓。

　　二、對陳儀背後的蔣介石，有為其開脫責任之嫌。在當時政府為什麼要出兵鎮壓的問題上，報告的「結論」部分是顯然有些偏頗。報告的

---

[3]　《二二八事件研究報告》，第 199 頁。
[4]　同上，第 405 頁。

第三章第一節中稱「柯氏稱二日陳儀言已申請主席派整編二十一師一個加強團至台。即使如此,二十一師原本駐台,嚴格說來,只是將部分兵力調返原駐地,防範的作用大於鎮壓。易言之,此時陳儀並不認為須派大軍來台」[5]。這樣的論述應當說還是比較客觀的。因為當初二十一師調離臺灣是陳儀的請求,現在臺灣有事,他只是要求二十一師「歸建」。可是,同樣是這件事,在「結論」部分卻有了不同的說法,其中稱「政府為何要出兵鎮壓?就現在檔案、各種文獻及口述資料觀之,顯然當時中央政府的因應之道,深為臺灣主政者的意見所左右。(在 1992 年的「節錄」中,以上一段文字則是「政府之出兵,係基於臺灣行政長官之請求,認為是恢復秩序的必要之舉」。)蓋事起之初,陳儀、柯遠芬等執掌臺灣軍政大權者」,「認為該事件純係奸黨亂徒藉端生事」,「誇張事件之嚴重性,向中央要求派兵,以進行鎮壓」。「就政府文獻觀察,蔣主席最初並未主張鎮壓,僅同意派一加強團來台,而此係『歸建』(意指軍隊調返原駐地、原單位),主要目的在於防範,其後,蔣主席接受陳儀與各情治單位之請求,轉而視此一事件為『反動暴民』的暴亂,且漠視台人團體之陳情,決定派兵綏靖」[6]。很明顯,在為什麼出兵的問題上,報告的「結論」部分與第三章有些不一致。「結論」部份把責任主要歸咎於陳儀等人,而有企圖為蔣介石開脫之嫌。

　　然而,據當時二十一師副官處長何聘儒的回憶,1947 年 3 月 3 日早上。該師(亦稱軍)即奉到蔣介石的電令,「(一)臺灣亂民暴動;(二)該軍全部開台平亂……」[7]。說明 3 月 3 日蔣介石即已認為「二二八事件」是「亂民暴動」,已決定派二十一師回台鎮壓。而且,報告第三章第二節中也指出了,3 月 6 日,彭孟緝在高雄出兵鎮壓之後,受到了陳儀的指責。當時,陳儀明確地說,「臺灣問題應由政治途徑解除,聞高雄連日多事,該司令輕舉妄動,應負此次肇事之全責,著自電到二日起,

[5] 同上,第 203 頁。

[6] 同上,第 407 頁。

[7] 何聘儒:《蔣軍鎮壓臺灣人民紀實》,載《文史資料選輯》第十八輯。

全部撤兵回營，聽候善後解決」[8]。在不能說明上述資料有誤之前，任何企圖把出兵鎮壓的責任主要歸咎於陳儀，而替他背後的蔣介石開脫的做法，都是不公平的。

　　三、在一些重要問題上沒有明確的態度。例如，報告稱「事變發生時之高雄要塞司令彭孟緝，在三月六日下午二時採取斷然鎮壓手段，使南部亂事不致擴大。就政府立場而言，彭氏之功績甚大；然在高雄市民看來，彭氏下令鎮壓，軍人無差別的掃射，造成民眾大量的傷亡，確有疏失可議之處」[9]。高雄是「二二八事件」中民眾傷亡最慘重的地區之一，彭孟緝是「二二八事件」中軍事鎮壓最早和最有力的倡導者，在事件後得到了一再的擢陞。彭孟緝是有功，還是有罪？大規模的軍事鎮壓是對還是錯？在這個問題上，過去官方和民眾的立場無疑是尖銳對立的。可是，現在的報告仍然只是把這種對立貌似客觀地擺一擺，沒有提出自己的明確態度。因此，人們無法判定，現在的當局是否已經改變了過去的政府那種認為彭孟緝「功績甚大」的觀點。如果現在的當局仍然堅持彭孟緝有功，那麼，民眾和「官方」在這個問題上的認識恐怕就很難一致起來，進而要化解積怨就會成為一句空話。所以，儘管牽涉到過去政府的是與非，而且有些當事人還健在，明確表態很不容易，可是，作為一個真正客觀、公正的研究報告，在關鍵問題上，沒有明確的態度，不秉筆直書，是難以向民眾、向歷史交代的。

　　下面，再簡單地談談彭孟緝《二二八事件回憶錄》[10]的看法。彭孟緝的回憶錄寫於1953年，可以說是那時臺灣官方對「二二八事件」處理的一份經驗總結。其中提到蔣介石曾對彭孟緝說，「二二八事件的發生和處理極具價值，你應該把這些事實寫下來，留作他日的參考」，說明了蔣介石很重視這個「經驗」。彭孟緝認為「今天，臺灣治安良好，大陸整個淪陷，而臺灣竟未絲毫受到感染，不能說不與當年二二八事件有密切關係的。二二八事件給我們一個清除潛匪的大好機會，也提高了

---

[8] 《二二八事件研究報告》，第229頁。
[9] 同上，第410—411頁。
[10] 臺灣《中國時報》，1992年2月20日，第7版。

我們對共匪陰謀顛覆臺灣的警覺，又因爲二二八事件對臺灣地方上的少數壞人，給予了一個嚴重的打擊，使絕大多數的善良同胞，增加了對政府的信賴，特別可貴的，是同胞愛情感的增進，這些都是今日臺灣能夠擔當起復興基地的基礎條件。」可見，在彭孟緝看來，對二二八事件採取大規模的軍事鎮壓是一種好的經驗。這種看法，在當時肯定不只是他一個人所具有的，否則，蔣介石不會鼓勵他寫出來。

　　歷史發展到了今天，人們的認識有了很大的進步，現在大概很少人會繼續肯定上述的「經驗」了。相反，對「二二八事件」這一歷史悲劇，人們覺得有許多教訓應當總結。前事不忘，後事之師，只有充分總結歷史教訓，才能防止此類悲劇的再度發生。

陳儀的一生及其是非功過

陳儀（1883－1950），曾名毅（清末溥儀當皇帝期間，爲避諱，曾用此名），字公俠，後改字公洽，自號退素，浙江紹興人。他的一生錯綜複雜，是中國近代政治風雲變幻中的一個悲劇性人物。他曾先後爲北洋軍閥和國民黨政府效力，最後卻又不惜成爲它們的「叛徒」。在擔任臺灣行政長官期間，他一心想爲國家和民眾做些事情，可是，由於「二二八事件」的發生，卻又不幸擔負了「獨裁者」和「殘殺民眾兇手」的罵名。他曾說自己一生糊塗，只做對了一件事，但卻爲這件事丟掉了性命。幾十年過去了，儘管他的名字還一再被人提起，但他一生的是非功過卻仍然很難用一個簡單的結論加以概括。

生平與抱負

陳儀 1883 年 5 月 3 日（清光緒九年三月二十七日）出生於浙江紹興的一個商人家庭。父親陳靜齋經營錢莊，家境頗富。陳儀幼年隨教私塾的叔父到杭州讀書。十幾歲時，父母將其召回，讓他改學經商，進紹興怡豐錢莊當學徒。滿師後，又赴杭州求學，入求是學堂（浙江大學的前身）。1902 年，考上官費留學生，赴日進入士官學校第五期炮兵科學習。1907 年畢業回國，在杭州陸軍小學任教員，後升監督（校長）。辛亥革命後，曾任浙江都督府軍政司司長。1914 年，應召到北京任政事堂統率辦事處參議。1917 年，再次赴日進陸軍大學深造，是中國留日陸大第一期畢業生。1920 年回國後，在上海經營實業和商務，與友人合資興辦裕華墾殖公司和絲綢商業銀行等。1924 年，軍閥孫傳芳任命他爲浙江第一師師長。次年，參加「五省聯軍」與奉系作戰有功，被任命爲徐州總司令。1926 年 10 月，擔任浙江省省長。不久，由於和南方革命軍秘密接觸事洩，被孫傳芳羈押，後經友人說情脫險。

1928 年，陳儀由南京國民政府委派赴歐洲考察半年，重點參觀德國的工廠。回國後，於 1929 年 4 月初任軍政部兵工署署長。次月，即

升任軍政部常務次長。1934 年，任福建省政府主席。在閩主政期間，推行「統制經濟」，搞糧食「公沽」（即專賣），結果，米商趁機囤積居奇，官吏從中漁利，百姓叫苦不迭，受到回國考察的著名僑領陳嘉庚的極力攻擊。1941 年，任行政院秘書長，由於和副院長孔祥熙不和，1942 年改任考核委員會主任委員。1943 年，兼任代理陸軍大學校長。1945 年，出任臺灣行政長官兼警備總司令。1947 年，因「二二八事件」被免職。1948 年 6 月，出任浙江省主席。1949 年 2 月，因策動湯恩伯起義，被湯出賣遭逮捕。1950 年 6 月 18 日，在台北被槍決。

　　陳儀的一生是有抱負的，他廉潔，勤儉，不謀私利，凡是認識他的人，有口皆碑。對於國家建設和社會變革的追求，他又十分地癡心和執著。1928 年，他在赴歐洲考察過程中，面對強盛的歐洲國家和積弱的祖國，曾有感而發，考察後寫下：「中國宜以道德文物超越世界」。二十年內，希望國家能夠達到「1.全國人民有教育（有營生能力，有做人的知識及道德）、有職業、有人的生活。2.衣食住及日用必需品，交通上，國防上主要品均能自製自用。3.國防穩固。4.學問漸能獨立。「我們對於人民與國家，先要有一種確切的意識，就是要使人民有做人的生趣，國際上有國家的尊榮。這個意志確定了，我們就向著這個方向走」。然而，在當時中國的社會環境中，不僅他的抱負不能實現，而且，一生辛勞，四處碰壁。他在晚年寫下了兩首七言絕句，全文是「事業平生悲劇多，循環歷史究如何？癡心愛國渾忘老，愛到癡心即是魔」。「治生敢曰太無方，病在偏憐晚節香。廿載服官無息日，一朝罷去便飢荒」。正是他一生最好的寫照。

　　陳儀的一生做了不少的錯事，但在生命的最後一兩年裡，他已經認識到，「人民的力量是偉大的」。做什麼事情，都應當「採取以人民利益為重，適應時局變化的方針」。他還說，「新的總比舊的好，辛亥革命後，比清朝進步了。北伐成功後，中國又比北洋軍閥時代進步」。儘管他沒有明白說出，但他心裡已經論定：即將誕生的新政權，將使中國社會更加進步。為了使人民的生命財產免受戰火的損失，他決定策動他一手培

養起來的湯恩伯起義。結果，反被湯恩伯出賣。陳儀被押送臺灣之後，蔣介石曾表示，如果陳儀認錯，寫一張悔過書，就可以恢復他的自由。可是，陳儀卻說：「我有何錯，我無錯可認。我已年過半百，死得了，悔過書我不能寫」。

二二八事件該負什麼責任

評價陳儀一生的是非功過，還有一個最重要的問題，那就是他對二二八事件該負什麼樣的責任？為了說明這個問題，有必要從他出任臺灣行政長官說起。

1945 年臺灣光復，陳儀出任臺灣省行政長官兼警備總司令。當時臺灣實行的行政長官公署制與內地各省實行的省政府制有很大的不同，臺灣省行政長官具有比內地省政府主席更大更集中的權力。這種特殊的行政體制是由陳儀和當時在大陸的一些台籍人士設計的。他們認為，當時大陸各省所實行的省政府制事權分散，牽制太多，不能充分發揮行政效能，只有集中權力，才能增加辦事的效率。為了照顧臺灣特殊的社會環境，國民黨政府也同意了這種特殊的省制。可是，這種制度在臺灣的實行，卻引起了臺灣民眾極大的反感。他們感到，行政長官公署制是日本總督制的復活，是一種獨裁，專制的制度，在臺灣實行這種制度，是一種對臺灣與內地有別的不平等待遇。這種心理上的抵觸，可以說是後來造成二二八事件的原因之一。

陳儀本想用特殊的制度為臺灣的民眾多做一些事情，實際上，有些也確實做到了。例如，他與財政部力爭，維持了臺灣金融、貨幣的特殊化，使當時中國大陸的惡性通貨膨脹不能直接衝擊臺灣，多少保障了一些臺灣人民的利益。可是，他主持下的臺灣省政，在當時全國普遍存在的政治腐敗，經濟凋敝的客觀大環境中，畢竟不能成為沙漠中的綠洲、汪洋中的孤島。當時島內官吏貪汙腐敗，軍警橫行的現象，可以說與大陸的狀況並無二致。加上陳儀在臺灣推行經濟統治政策，給臺灣人民帶

來了種種的不便和苦難，以及臺灣省籍人士參政機會較少等原因，臺灣民眾中普遍存在著一種對省政不滿的情緒。當時，臺灣各界對省政的批評，與當年陳嘉庚對陳儀主持下閩政的批評，頗有相似之處。作爲行政主官，陳儀對二二八事件之前臺灣省政方面得的種種缺失，自然難辭其咎。

臺灣民眾的不滿，經緝煙血案爲導火線引發了二二八事件，成了中國近代史上最大的流血慘案。那麼，誰該負出兵鎮壓的主要責任呢？過去，因爲陳儀是臺灣的軍政主官，一般都把責任算在他的頭上。包括臺灣官方 1994 年出版的《二二八事件研究報告》中也認爲，陳儀「事起之初亦希圖以政治手段，乃轉而要求中央加派重兵鎮壓，大軍抵台後，他身爲臺灣最高軍政長官，卻未能有效約束軍警人員依法執行綏靖任務，以致……擴大了事件追究之打擊面」。根據這種說法，很顯然，陳儀應當負主要的責任。可是，這種說法未必公允。1995 年 2.28 期間，臺灣有位叫舒桃（原名舒元孝）的人出來說話，自稱當年是陳儀的貼身隨員，知道二二八事件的一些「秘密」，表示陳儀是替死鬼，下令「格殺」民眾的另有其人。儘管學者們對舒桃的說法各有評說，目前還尚難作最後的定論，但僅憑目前已公布的史料就可以說明，陳儀未必應當負主要的責任。請看以下事實：

事件發生之初，陳儀電請蔣介石派整編二十一師的一個加強團回台歸建，而當時中統局則向蔣介石建議加派勁旅三個師赴台鎮壓。當陳儀認爲臺灣事態還不是很嚴重的時候，憲兵團長張慕陶認爲，臺灣局勢已演變到「叛國奪權的階段」，而且，指責陳儀「似尚未深悉事態之嚴重，猶粉飾太平」。當 3 月 6 日高雄要塞司令彭孟緝首先出兵鎮壓民眾之後，還受到了陳儀的指責：「臺灣問題應由政治途徑解決，聞高雄連日多事，該司令輕舉妄動，應負此次肇事之全責，著自電到二日起，全部撤兵回營，聽候善後解決」。事後，彭孟緝被認爲「功績甚大」，得到了一再的升遷，而陳儀則被認爲措施無力，免去職務，黯然離台。對於軍統、中統在二二八事件中的濫捕、濫殺，陳儀也曾痛心地說：「他們事先不請

示，事後還要求補辦手續，真是無法無天」。

　　由此可以看出，雖然陳儀名義上是臺灣的最高軍政長官，但當時軍、警、特各成系統，實際上他根本無法控制全面的局勢，可以控制全面局勢的是陳儀背後的蔣介石。那種把主要責任歸咎於陳儀，而替蔣介石開脫責任的做法，顯然並不公平。

主要參考書目

1、《陳儀生平及被害內幕》，中國文史出版社，1987 年出版。
2、賴澤涵主筆《二二八事件研究報告》，時報文化出版企業有限公司，1994 年出版。
3、李敖：《二二八研究三集》，李敖出版社，1989 年出版。

「二二八事件」六十周年祭

1947 年臺灣發生的「二二八事件」，距今已經整整 60 周年了。中國紀年 60 年一個甲子，一個輪迴。回首「二二八事件」以及 60 年來圍繞著「二二八事件」的爭議和研究，我們應當可以總結出一些經驗和教訓。

60 年前，剛剛擺脫日本殖民統治、回到祖國懷抱才 1 年 4 個月的臺灣人民，由於不滿國民黨行政長官公署的專制統治，由一個偶然的緝煙事件引發，爆發了一場聲勢浩大、震驚中外的鬥爭，史稱「二二八事件」。「二二八事件」是一場臺灣人民自發的、全民性的民主自治運動。無論從參加者的社會地位，還是從他們所提出的政治要求來說，這場運動都包含著各種不同的層次。

首先，從事件參加者的社會地位和政治傾向來看，大致可分為三種人：一是統治階級中的民主人士。事件中，許多省市縣參議員、國大代表、國民參政員、工商知識界名流、國民黨和三青團的幹部極為活躍，不少人充當了「二二八事件處理委員會」和各縣市的主要領導人。這些人由於具有較高的社會地位，且平時比較受國民黨當局的信任，因此在事件中具有較大的影響。二是原臺灣共產黨和一些進步團體的的成員以及中國共產黨的地下組織。臺灣共產黨在 1932 年被日本殖民當局沉重打擊之後，就停止活動，臺灣光復後，其成員已分別參加「人民協會」和「臺灣政治建設協會」等團體，有些人還在國民黨政權的民意機關或三青團中擔任職務，如謝雪紅為臺灣三青團婦女隊隊長。這一部分人人數不多，事件中只在台中市和臺北縣等地具有較大的影響。而中國共產黨的地下組織建立的時間不長，人數也不多，在事件中的影響很小。三是廣大的人民群眾。其中，包括 1、知識份子和青年學生。2、二戰時被日本殖民當局徵用調至南洋、大陸和海南島服役，光復後陸續遣回的退伍軍人和軍夫。3、工人、商人、政府機關台籍職員和台籍員警，以及一般的市民。4、原住民同胞。5、流氓無產者。參加事件的民眾人數很多，在臺灣各縣市造成了聲勢浩大的局面。

其次，從事件中提出的政治目標和要求來說，也可以分為三種類型：一是不反對國民黨的中央政府，但強烈要求在臺灣進行政治改革，要求剷除專制和腐敗現象。在事件中，「二二八事件處理委員會」是全省的領導核心。他們發表的《告全國同胞書》聲明：「我們的目標是在肅清貪官污吏，爭取本省的政治改革」。他們提出的《二二八事件處理大綱》32 條，其中關於政治改革的有 22 條。被認為受共產黨影響較大的「台中區時局處理委員會」，他們在「宣言」中提出的口號是：「擁護中央政府，剷除貪官污吏，即刻實行縣市長民選，反對內戰，反對專制，反對違反民主的措施」等。花蓮縣「處委會」還提出了「以不流血解決政治問題」，「不獨立，不共產」等。事件中，這類要求最為普遍，反映了事件的基本政治傾向。二是要求推翻國民黨的專制統治，建立人民的政權。這主要在台中和嘉義等地提出，同時還散見於臺北和台南等市的一些標語和傳單中。例如台中市舉行的市民大會上，就有人提出了「打倒國民黨的反動專制，組成包括各黨派的民主統一戰線，組織聯合政府」的要求。三是極少數人提出了「臺灣獨立」和「國際託管」的主張。這類要求在事件中很少見，只有花蓮縣地方浪人組織的「金獅隊」提出過「臺灣實行獨立」的口號，台南市青年路出現過「臺灣人要獨立自由」的標語，臺北市也出現過要求「聯合國託管」之類的傳單。

「二二八事件」參加者的成分複雜，提出的政治要求也很多樣。事件初期，由於民眾對貪官污吏的憤怒無法宣洩，發生了毆打外省人的現象，有些地方還發生了武裝鬥爭。但客觀地分析整個事件，它的主流還是要求政治改革、要求民主和地方自治。然而，臺灣行政長官公署和南京的國民黨中央政府對事件的性質作出了錯誤的判斷。他們從習慣性的思維出發，認為凡是有民眾鬧事的地方，一定是「奸黨」（共產黨）在煽動，因此就把「二二八事件」定性為「奸黨勾結流氓」的「聚眾暴動」。一次原本應當用政治途徑解決的事件，卻可悲地以軍事鎮壓收場。儘管臺灣行政長官陳儀也曾表示，「對於臺胞之政治要求，只能從寬應許」，但在「嚴懲奸黨分子」的名義之下，造成了「二二八事件」重大的犧牲，

成百上千的臺灣社會菁英和民眾死於非命，給臺灣社會造成了深重的創傷。

「二二八事件」之後，國民黨政權又錯誤地總結了處理事件的經驗，致使臺灣民怨長期得不到宣洩。國民黨政權逃台之後，蔣介石曾對「二二八事件」中最早進行軍事鎮壓的彭孟緝說，「二二八事件的發生和處理極具價值，你應當把這些事實寫下來，留作他日的參考」。彭孟緝在 1953 年寫下了《二二八事件回憶錄》，其中說，「臺灣事件給我們一個清除潛匪的大好機會，也提高了我們對共匪陰謀顛覆臺灣的警覺，又因為二二八事件對臺灣地方上的少數壞人，給予了一個嚴重的打擊，……這些都是今日臺灣能夠擔當起復興基地的基礎條件」。在這份相當於國民黨政權處理「二二八事件」的經驗總結中，他們認為對「二二八事件」採取大規模的軍事鎮壓是一種好的經驗。在這樣的價值判斷之下，「二二八事件」自然得不到平反，臺灣民眾由「二二八事件」而產生的對國民黨政權的怨恨也難以得到宣洩。這種狀況，維持了大約 40 年。

20 世紀 80 年代，隨著臺灣島內政治局勢的發展和「解嚴」，臺灣一些政治團體和學者要求對「二二八事件」進行平反和開放檔案、加強研究的呼聲越來越高。與此同時，大陸的學術界和一些海外的學者也對「二二八事件」進行了許多的研究。經過數年的努力，海峽兩岸和海外的學者，出版了許多有關「二二八事件」的檔案資料、研究著作和論文，各種報刊、雜誌發表的文章更是不計其數。在這種情況下，「二二八事件」的真相已經越來越清楚。

1994 年，臺灣島內由 5 位知名臺灣史學者組成的「行政院研究二二八事件小組」撰寫的《二二八事件研究報告》出版，代表臺灣官方對「二二八事件」有了重新的認定。這份研究報告，一改以往臺灣官方對「二二八事件」的基調，已不再認為「二二八事件」是蓄意的「暴亂」，而認為「二二八事件的主要政治要求在於追求臺灣的自治與民主化」。1995 年 2 月，臺灣當局「行政院」督建的、位於臺北新公園的二二八

紀念碑落成，李登輝向「二二八事件」受難者家屬公開道歉。同年 4 月，臺灣「立法院」公佈「二二八事件處理賠償條例」，接受受難者家屬申請賠償。1996 年 2 月，時任「行政院長」的郝柏村公開承認：「二二八是起因於誤會造成的歷史悲劇，當時的地方政府處置失當」。這些事實都表面，當時的國民黨政權已經為「二二八事件」平反，已經承擔起該負的歷史責任。此後，一些國民黨政要每年都要參加「二二八事件」追思會，其直面承擔和反思的精神，也得到了許多受難者家屬的諒解，甚至好感。

近年來，有關「二二八事件」的研究更加深入，「二二八事件」的真相更加清楚。可是，在臺灣島內，有些政治團體出於自身利益的考量，千方百計地要從「二二八事件」那裡榨取更多地「剩餘價值」。他們不但借「二二八事件」不斷地攻擊國民黨，而且把當時國民黨政權施政不善對臺灣造成的傷害，說成是「統一」對臺灣造成的傷害、外省人對臺灣造成的傷害，企圖把行將癒合的歷史傷口再次撕裂，挑動族群的矛盾。對於這些政治陰謀家的企圖，海峽兩岸的人民一定要保持高度的警惕。

「二二八事件」，這個千百人用鮮血的代價得出的教訓，應當成為海峽兩岸中國人引以為戒的歷史資產，而不應當成為某些政治團體謀求自身利益的工具。所以，當「二二八事件」的真相已經十分清楚、該承擔責任的政黨已經道歉、受難者已經得到一定的賠償、當事人大多已經作古的情況下，對「二二八事件」的紀念，可以期望學術研究的更加深入，沒有理由再成為政治的喧囂。

連橫與《臺灣通史》

甲午中日戰爭之後，一紙《馬關條約》使臺灣成了日本的殖民地。「國可滅，而史不可滅」，[1]一批臺灣愛國文化志士爲保存民族傳統和文化、宣揚民族精神進行了不懈的努力。在他們當中，《臺灣通史》的作者、著名的史學家連橫就是最傑出的代表。

一

連橫，字武公，號雅堂，又號劍花，清光緒四年正月十六日（1878年2月17日）誕生在福建省臺灣府治（今台南市）甯南坊馬兵營的一個商人家庭。他13歲的時候，他的父親用2兩銀子買了一部余文儀的《續修臺灣府志》給他，並且對他說：「女（汝）爲臺灣人，不可不知臺灣事」。他「受而誦之，頗病其疏，故自玄黃以來，發誓述作，冀補舊志之缺」。[2]光緒二十一年（1895年）五月，在臺灣人民掀起反對割讓臺灣鬥爭的高潮中，一部分臺灣士紳創建了「臺灣民主國」。連橫當時年僅十八，但十分關心時事的發展，並注意收集「民主國」的文告等，後成爲《臺灣通史》中的珍貴資料。1897年春，他到上海入聖約翰大學學俄文，不久，奉母命歸台完婚。當年，與陳渭川等結浪吟詩社。1899年，台南《台澎日報》創刊，他任漢文部主筆。次年，該報與《新聞臺灣》合併，改爲《台南新報》，仍由他主筆漢文部。此後，他斷斷續續在報界任職二十餘年，一面撰文編輯，一面網羅舊籍，整理資料，準備著述。

1902年，連橫先到廈門捐監，八月赴福州參加當年補行的庚子、辛丑恩正併科經濟特科鄉試。據說由於卷中有過激言論，觸犯時忌，被考官批爲「荒唐」，不第。[3]準備從福州返回臺灣，途經廈門時，應聘主

1 連橫：《臺灣通史》，上冊，自序，商務印書館，1983年，第7頁。
2 同上，下冊，第693頁。
3 鄭喜夫：《民國連雅堂先生橫年譜》，臺灣商務印書館，1980年，第42頁。

持《鷺江報》筆政。1905 年，日俄戰爭之後，他不滿清廷的腐敗，攜眷到廈門，和蔡佩香等人創辦《福建日日新聞》，鼓吹排滿。該報暢銷南洋華僑社會，深得當地中國同盟會志士的賞識，他們曾派福建安溪人李竹癡到廈門，商量將該報改組為他們的機關報。但因清官府向日本領事館抗議，1906 年 5 月，該報遂遭封閉，連橫不得已歸台。[4]1908 年，連橫將全家移居台中，入臺灣新聞社漢文部，開始著手撰寫《臺灣通史》。

　　1912 年，民國成立、清帝退位的消息鼓舞了連橫，使他產生了遠遊祖國大陸的想法。3 月，他取道日本，在神戶福建會館發表演說，講述中國改革大勢及經營福建的看法，並以多數票當選為福建省議會日本僑商代表（連橫祖籍福建龍溪）。但因他的行程已定，辭不就。他的大陸之行從上海開始，足跡遍佈大江南北、長城內外。所到之處，飽覽風光，憑弔古蹟，研討時事，寫下了大量的遊記和詩篇，後輯成《大陸遊記》和《大陸詩草》。1913 年 2 月，連橫到北京參加國會議員華僑選舉會，被選為國會議員華僑代表。7 月，應《新吉林報》之聘，遠遊關外。但不久《新吉林報》遭到北洋政府查禁，連橫又和日人兒玉多一合辦《邊聲》，評論時事，主持公議。北洋政府又通過外交管道交涉，《邊聲》開辦不久也只好停刊。1914 年 1 月 31 日，寓居北京南柳巷晉江邑館的連橫向中華民國政府申請恢復中國國籍，並於 2 月 5 日得到內務部的批准。[5]同年，清史館成立，連橫被聘為名譽協修。在館中，他接觸了大量的檔案史料，尤其是臺灣建省檔案得以盡覽和抄錄，對他以後撰寫《臺灣通史》大有裨益。由於他在臧否人物方面和館長趙爾巽意見不同，常有爭執，心中感到十分不快，加上母親和夫人來信促歸，因此在館中工作不到半年時間，乃於當年 10 月回臺灣。

　　倦游歸來，連橫又到《台南新報》工作，同時，更抓緊了《臺灣通

[4] 耒明：《廈門早期的報紙》，載《廈門日報》1962 年 5 月 29 日；鄭喜夫：《民國連雅堂先生橫年譜》，第 53 頁。
[5] 中國第二歷史檔案館、海峽兩岸交流出版中心：《館藏民國臺灣檔案彙編》，第 2 冊，九州出版社，2007 年，第 302－311 頁。

史》的著述。他曾多次對夫人說:「吾平生有兩大事,其一已成而通史未就,吾何以對我臺灣」。[6]又經過三年的努力,1918 年 8 月,《臺灣通史》終於完成,兩年後正式出版。

1921 年 10 月,在祖國「五四」運動的影響下,臺灣一部分青年學生和愛國知識份子組成了「臺灣文化協會」。該會名義上為文化團體,實際上是一個反對民族壓迫、爭取民族解放的政治組織。為了宣傳和喚醒民眾,該會經常組織學術講座、短期講習和演講會。在這一類活動中,連橫總是利用講述臺灣歷史的機會,積極宣傳中華民族的光榮傳統和不屈精神,給聽眾以很大的鼓舞。1923 年 9 月,文化協會臺北支部舉辦「臺灣通史講習會」,連橫到會主講,日本殖民當局照例派人監聽。當講到中日因朝鮮問題進行交涉時,監聽人員命令「注意」,而當再講到日本割取臺灣時,監聽人員則乾脆命令講習「中止」,講習會只好提前結束。當年 12 月,連橫由於參與文化協會的活動遭到殖民當局的傳訊。1927 年秋,他和黃潘萬在臺北開辦雅堂書局,專門銷售中文書籍和大陸、臺灣產文具,日文書籍和日產文具一概不予經營。當時,日人對大陸書籍查禁很嚴,不少進步新書均遭海關沒收,書局的經營非常困難,但為了人們能夠買到大陸書籍,連橫仍極力予以維持。1928 年底至次年初,他在《民報》上連續發表文章,對日本殖民當局禁錮臺灣人民的思想進行抨擊,指出:「臺灣今日之思想則如何?干涉之,阻抑之,禁止之。非所以應時勢之要求也,非所以求人生之真理也」。[7]他認為,當今臺灣有作為的思想家,「必須考既往之歷史,察現在之情形,探民族之特性,立遠大之規模,以求最大多數之最大幸福,而後可得群眾之信仰也」。[8]「欲為臺灣謀解放,為台人謀幸福,非全民運動不為功」。[9]

1931 年 4 月,他將獨子連震東送回中國大陸工作,對其說:「欲求臺灣之解放,須先建設祖國。餘為保存臺灣文獻,故不得不忍居此地。

---

[6] 沈璈:《〈臺灣通史〉後序》,載《臺灣通史》下冊,第 732 頁。

[7] 連橫:《思想自由論》,載《臺灣民報》239 號。

[8] 連橫:《思想創造論》,載《臺灣民報》240 號。

[9] 連橫:《答小隱》,載《臺灣民報》244 號。

汝今已畢業，且諳國文，應回祖國效命，余與汝母將繼汝而往」。[10]從這
年初至次年底，他針對當時臺灣鄉校禁止學童講臺語（閩南語）、留洋
求學回來的青年不會講臺語、趨勢附權的縉紳上士不屑講臺語的情況，
連續在《三六九小報》登載《臺灣語講座》和《雅言》，以期達到宣揚
和保存臺灣語言和文化的目的。他認爲：「凡一民族之生存，必有其獨
立之文化，而語言、文學、藝術、風俗，則文化之要素也。是故，文化
而在，則民族之精神不泯，且有發揚光大之日，比征之歷史而不可易者
也」。[11]1933 年春，他以主要著作已成，爲了實現終老祖國的願望，於
是舉家遷回大陸，定居上海。1934 年 1 月，國民黨四屆四中全會通過
重設「國史館」議案，連橫閱報大喜，當即寫信給國史館籌備委員會主
任委員張繼和當時國民政府主席林森，自薦「研求史學，頗有所長」，
願在「他日開館之際」，「秉片片之直筆，揚大漢之天聲」。[12]可是，國史
館開館遙遙無期，而連橫卻於 1936 年 6 月 28 日因肝癌去世，終年 58
歲。臨終之際，他不忘臺灣的光復事業，勉勵其子說：「今寇焰迫人，
中、日終必一戰，光復臺灣即其時也。汝其勉之」。[13]

連橫一生寫下了大量的著作，除了上述的《臺灣通史》、《大陸遊記》
和《大陸詩草》之外，還有《臺灣詩乘》、《臺灣語典》、《雅言》、《劍花
室詩集》、《雅堂文集》、《臺灣稗乘》、《臺灣詩薈》等。他還將當時較爲
罕見的 38 種臺灣史乘輯成了《臺灣叢刊》。

二

《臺灣通史》是連橫一生最重要的著作，它自 1920 年 11 月至 1921
年 4 月分上、中、下 3 冊在臺灣初版發行以來，先後在臺灣和大陸至少

---

[10] 連震東：《連雅堂先生家傳》，載《臺灣通史》下冊，第 737 頁。
[11] 連橫：《雅言》，臺灣文獻叢刊本，第 1－2 頁。
[12] 連橫：《與林子超先生書》、《與張溥泉先生書》，載《雅堂文集》，臺灣文獻叢刊本。第
　　127 頁、第 127－128 頁。
[13] 連震東：《連雅堂先生家傳》，載《臺灣通史》下冊，第 738 頁。

印行過以下二十幾種不同的版本：

1、1920 年、1921 年，由臺灣通史社在臺灣出版的全 3 冊豎排本，共 1154 頁。

2、1946 年，由商務印書館在重慶出版的全 2 冊豎排本，共 704 頁。

3、1947 年，由商務印書館在上海出版的全 1 冊（中分上、下冊）豎排本，共 704 頁。

4、1955 年，由中華叢書委員會在臺灣出版的精裝全 1 冊、平裝全 2 冊豎排本，均為 792 頁。

5、1958 年，由中華叢書委員會在臺灣再版的平裝全 2 冊豎排本，共 792 頁。

6、1962 年，由臺灣銀行經濟研究室在臺灣出版的全 6 冊豎排本（臺灣文獻叢刊本），共 1064 頁。

7、1973 年，由詳生出版社在臺灣出版的精裝全 1 冊、平裝全 2 冊豎排本，[14]頁碼不詳。

8、1975 年，由臺灣時代書局在臺灣出版的精裝全 1 冊豎排本，共 1154 頁。

9、1976 年，由臺灣省文獻委員會在臺灣出版的精裝全 1 冊豎排本（臺灣文獻叢書本），共 1154 頁。

10、1977 年，由幼獅文化事業公司在臺灣出版的精裝全 1 冊豎排本（臺灣史跡叢書本），共 1154 頁。

11、1979 年，由眾文圖書公司在臺灣出版的精裝全 1 冊豎排本，

12、1983 年，由商務印書館在北京出版的全 2 冊橫排本，共 738 頁。

13、1983 年，由成文出版社，在臺灣出版的精裝全 3 冊豎排本（中國方志叢書本），共 1154 頁。

14、1984 年，由大通書局在臺灣出版的精裝全 2 冊豎排本（臺灣文獻史料叢刊本），共 1064 頁。

---

[14] 鄭喜夫：《民國連雅堂先生橫年譜》，第 289 頁。

15、2001 年，由黎明文化事業股份有限公司在臺灣出版的全 2 冊平裝本，

16、2003 年，由臺灣中國國民黨文化傳播委員會黨史館在臺灣出版的全 3 冊豎排線裝本，共 1172 頁。

17、2005 年，由廣西人民出版社在南寧出版的全 1 冊橫排本，共 556 頁。

18、2006 年，由華東師範大學出版社在上海出版的全 1 冊橫排本，共 579 頁。

19、2008 年，由九州出版社在北京出版的全 1 冊平裝橫排本，共 645 頁。

20、2010 年，由商務印書館在北京出版的全 2 冊平裝橫排本（中華現代學術名著叢書本），共 817 頁。

21、2011 年，由生活‧讀書‧新知三聯書店在北京出版的全 2 冊精、平裝橫排本（中國文庫本），共 814 頁。

《臺灣通史》問世以後，國內學術界對它的反應前後大不相同。開始較為冷淡，甚至有人將它貶得很低。如署名為「漢人」的作者（黃玉齋）在《臺灣革命史》自序中說：「這部書開卷的開闢紀好像一部神話史連一點考證的工夫也沒有的！（臺灣古代史是很複雜的，沒有考證的工夫不成！）總而言之，這臺灣通史的大缺點是：一來，老史家的眼光，以老法子編成的。二來，敘述臺灣與外國的關係，往往誤謬（連氏不識西國字）。三來，自從日本割了臺灣後，一字也沒有再講了（指一八九五年十一月以後，於今三十年的了）。這樣看來，這部臺灣通史是很不適用的了」[15]當時，只有章太炎認為此書宣揚民族精神，「為必傳之作」，[16]並為之作序。後來，隨著抗日戰爭走向勝利，特別是在臺灣光復以後，人們對《臺灣通史》的評價越來越高。抗戰勝利之後，商務印書館首次在大陸印行《臺灣通史》，徐炳昶為之作序說：「邦人君子，如尚不願將

---

[15] 黃玉齋：《臺灣革命史》，自序，新民書店，1925 年，第 1 頁。
[16] 連橫：《徐旭生書》，載《雅堂文集》，臺灣文獻叢刊本，第 132 頁。

祖先之所慘澹經營者完全置之腦後，則對此書允宜人手一編」。[17]以後，更有張其昀認為：「一部臺灣通史，其勢力超過於日本全部陸海空軍，因為日本軍隊只能佔領臺灣的土地，而不能征服臺灣的人心。雅堂先生的大著，發揚愛國思想，喚醒民族靈魂，把明鄭以來二百多年反抗異族、爭取自由的光榮歷史，作系統的記載，使革命的炬火，輝煌地照耀著」。[18]在眾多的對《臺灣通史》的評論中，除少數明顯失之偏頗外，多數則比較注重從政治傾向與社會價值方面進行評價，而不夠重視學術價值方面的探討。《臺灣通史》是一部史學著作，注意它的政治傾向和社會價值是必要的，但不能忽視它的學術價值。和臺灣已有的幾種舊方志比較，《臺灣通史》的學術價值在於它具有以下幾個特點。

一、宣揚中華民族在開發臺灣和抵禦外族侵略鬥爭中不屈不撓的精神。臺灣以往的方志，都是為了宣揚封建統治者的「德政」編撰的。而連橫卻在臺灣淪為日本殖民地的歷史條件下，公開亮出旗幟，為保存民族傳統、宣揚民族精神而修史。他在《臺灣通史》自序中說：「夫史者民族之精神，而人群之龜鑑也。代之盛衰，俗之文野，政之得失，物之虛盈，均於是乎在。故凡文化之國，未有不重其史者。古人有言，國可滅，而史不可滅。……然則臺灣無史，豈非台人之痛歟？……橫不敏，昭告神明，發誓述作，兢兢業業，莫敢自遑。遂以十年之間，撰成《臺灣通史》。……洪維我祖宗，渡大海，入荒陬，以拓殖斯土，為子孫萬年之業者，其功偉矣。追懷先德，眷顧前途，若涉深淵，彌自儆惕，烏乎念哉。凡我多士，及我友朋，惟仁惟孝，義勇奉公，以發揚種性，此則不佞之幟也」。[19]書中對漢族人民開發臺灣堅忍不拔精神的讚美之詞比比皆是。例如：卷三十五「勇士」中，「臺灣為海上荒島，我先民之來相宅者，皆抱堅毅之氣，懷必死之心，故能辟地千里，以長育子姓」。[20]卷三十一「台東拓殖」中，「（台東）當荒昧之時，天氣瘴毒，野獸猖獗，

[17] 徐炳昶：《〈臺灣通史〉序》，載《臺灣通史》上冊，第3—4頁。

[18] 張其昀：《臺灣精神》，轉引自《台南文化》新4期，第5頁。

[19] 連橫：《臺灣通史》，上冊，第7—8頁。

[20] 同上，下冊，第701頁。

生番出沒。而我先民如陳文、賴科、吳全輩，入其地，辟其土，利用其物產，勇往不屈，險阻備嘗，用能以成今日之富庶，其功業豈可泯哉」[21]等。對臺灣人民在反抗外來侵略鬥爭中前仆後繼、英勇不屈的事蹟和大無畏的精神，書中也進行了大量的記敘和頌揚。特別是對 1895 年臺灣人民反割台、反日軍佔領的鬥爭記載尤詳，全書三十六卷，即有兩卷專載此事。這在當時是需要很大勇氣的，因爲這完全有可能爲日本殖民當局所不容。故連橫在抗日義士吳湯興、徐驤、姜紹祖、林昆岡等人的傳後理直氣壯地聲明：「夫史者天下之公器，筆削之權，雖操自我，而褒貶之旨，必本於公」。[22]充分表現了他高尚的史德。

　　二、肯定了民族英雄鄭成功驅逐荷蘭殖民者、開創臺灣基業的歷史功勳。在《臺灣通史》之前，舊方志都站在清朝統治者的立場，把鄭成功視爲「海寇」和「逆賊」。連橫對這段歷史進行了翻案，他不但在「建國紀」和「列傳一」中專門記載了鄭氏政權和人物的事蹟，而且在全書有關各卷中都不放過任何一個可以頌揚鄭氏在台開創之功的機會。他說：「吾觀舊志，每蔑延平大義，而諸臣姓名，且無有道者，烏乎，天下傷心之事，孰甚於此」。「吾撰通史，吾甚望爲之表彰也」。[23]當時，史學界對鄭成功的研究還不夠重視，可以說，《臺灣通史》在重新評價鄭成功方面創造了一個良好的開端。書中宣揚的鄭成功「使臺灣復爲中國有」[24]的英雄業績，也鼓舞了一代爲民族解放而奮戰的愛國志士。

　　三、重視人民群眾在歷史活動中的地位和作用。連橫在《臺灣通史》的凡例中說：

　　「前人作史多詳禮、樂、兵、刑。而于民生之豐嗇，民德之隆汙，每置缺如。夫國以民爲本，無民何以立國，故此書各志，自鄉治以下尤多民事」。[25]書中不但隨處可見連橫對先民艱難締造臺灣歷史活動的頌

---

[21] 同上，第 566 頁。

[22] 同上，第 724 頁。

[23] 同上，第 513、518 頁。

[24] 同上，上冊，第 18 頁。

[25] 同上，第 9 頁。

揚，而且他對民間習俗、信仰和一些「小人物」的事蹟也記載得十分詳細。他對人民群眾反抗封建統治階級的鬥爭給予極大的同情和熱情的讚揚，這在當時的歷史學家中是不多見的。在《臺灣通史》六十篇傳記中，就有十一篇是專門為農民起義領袖人物而寫的，占總篇數的六分之一強。在卷三十〈朱一貴〉傳中，他說：「中國史家原無定見，成則王而敗則寇，漢高、唐太亦自幸爾，彼豈能賢于陳涉、李密哉？然則一貴特不幸爾。追翻前案，直筆昭彰，公道在人，千秋不泯」。[26]同卷「吳球、劉卻」傳中，他說：「吳球、劉卻以編戶之細民，抱宗邦之隱痛，奮身而起，前後就屠，人笑其愚，我欽其勇」。[27]連橫當時雖然還沒有掌握階級鬥爭的理論，但他對階級壓迫是引起人民反抗鬥爭的根源已經有了一定的認識，並且，總是把同情給予被壓迫的人民群眾一邊。在卷三十一〈林爽文〉傳中，他指出：「夫臺灣之變，非民自變也，蓋有激之而變也。……善乎鄭兼才之言曰：『林爽文之變，實激之使起』，則此後張丙之變，戴潮春之變，又孰非激之使起哉？而論者乃輒謂台人好亂，何其偵也」！[28]

　　四、重視經濟活動在歷史中的地位。《臺灣通史》志二十四，其中有一半是專門寫經濟活動或與經濟活動有關的。除了一般志書中常有的篇目外，連橫還自己設計了一些新的篇目，如「工藝志」。他說：「秦漢以來，史家相望，而不為工藝作志，餘甚憾之」。他認為，中國歷史上有許多傑出的發明創造，只是由於「不能由而效之，以發皇光大，而且賤之為器」，才造成了器亡而道不存，[29]以致在整個科學技術方面落後於西方的可悲局面。所以，他記載歷史上的經濟活動，不但在於述古，而且更在於激勵後人的建設。例如：他在介紹先民對台東的開發之後說：「今列其行事，舉其壯志，亦足以為後生之策勵也」。[30]在介紹臺灣物產

---

[26] 同上，下冊，第 546 頁。

[27] 同上，第 539 頁。

[28] 同上，第 576 頁。

[29] 同上，第 450 頁。

[30] 同上，第 566 頁。

時說:「是篇所載,多屬天然之物,⋯⋯非所以博異懷奇也,經之營之,用啟我後」。[31]在「工藝志」中也說:「開物成務,則有俟于後之君子」。[32]

　　五、具有較高的史料價值。連橫在撰寫《臺灣通史》時,參考了大量的正史、方志,接觸了清史館中有關臺灣的檔案史料,又極力搜羅私家的記載和傳聞,進行實地調查,在此基礎上予以考證。所以,書中所反映的史實,大多是翔實可信的。例如,他寫〈林爽文〉傳,不但參考了載有大量諭旨、奏疏的《欽定平定臺灣方略》和趙甌北的《皇朝武功紀盛》等書,而且博采它書及故老傳聞而參酌之,以求征實。他認為:「蓋作史者不得純從官書,亦不得偏信野乘,必於二者之中考其真偽,而後能得其平也」。[33]他還很重視寓於筆記、傳聞中的史料,曾說:「臺灣開闢未久,故事頗多,余撰《臺灣通史》,極力搜羅,以成此書」。[34]也正是由於書中記載的史實較為可信和具有一些其它史書上不易見到的資料,《臺灣通史》直至今天仍為人們所喜歡引用。

　　當然,《臺灣通史》也有一些不足,主要表現在:

　　一、有些篇目詳略處理不當,引文過長。如卷十二〈刑法志〉總共只有 5 頁,卷七〈賦役志〉連附表只有 10 頁,而卷三〈軍備志〉卻長達 70 頁。卷六〈職官志〉附表除外,正文只有 8 頁,但其中引用沈葆禎、左宗棠的兩個摺子就占了 4 頁。卷九〈度支志〉引用徐宗幹的一個摺子占了 6 頁。卷十三「軍備志」引用姚瑩、福康安、徐宗幹 3 人的 4 個摺子共占了 16 頁半。這些引文有的並非十分重要,而且也不是罕見的史料。引文過長,正文的內容就顯得薄弱。

　　二、隨意改寫引文。連橫寫史,注重文采,他常對舊志「文采不彰」表示不滿。但為了文采和表明他對歷史的看法,他卻把許多引文都進行了改寫。以卷三〈經營紀〉中所引的施琅《恭陳臺灣棄留疏》為例,文

---

[31] 同上,第 483 頁。
[32] 同上,第 450 頁。
[33] 連橫:《雅言》,臺灣文獻叢刊本,第 57 頁。
[34] 同上,第 22 頁。

中除未注明整段整句刪去 4 處共 275 字外，又隨意增、減、改動 185 字，使原文面目大改。又如，左宗棠在光緒十一年六月十八日（1885 年 7 月 29 日）所上的《台防緊要請駐巡撫以資鎮攝由》，是中法戰爭以後引起臺灣建省討論、最終導致臺灣建省的重要文件。由於《左文襄公全集》和它處未見收錄，《臺灣通史》「職官志」中的引文本來應是很有價值的，但連橫也對它進行了改寫。引文從「目今之事勢」開始到「即飭次第舉行」結束，其中未注明整段整句刪去 6 處共 222 字，又隨意增、減、改動 36 字，從而失去了它本來的面目，破壞了它應有的價值。如左宗棠曾在文中闡述了那種所謂分省會造成接濟難通的意見「究不足慮」的理由，並且提出了分省後撥給臺灣協餉及使用協餉辦法的建議，在引文中就沒有反映出來。

　　三、體例方面的問題。關於《臺灣通史》的體例，有過各種不同的看法。章太炎最早提出說：「志其事者，不視以郡縣，而視以封建之國，故署曰通史，蓋華陽國志之例也」。[35] 有人進一步提出批評，認為「以臺灣之史為國別史，既昧事實，又舛體制」。[36] 但也有人完全不同意這種批評，認為連橫這樣做，「正所以表示臺灣不屬於日本也」，並且說，「一省可以有通志，何嘗不可有通史」。[37] 近年來，還有人利用《臺灣通史》的體例作文章，居然從中讀出了「台獨」意識，說什麼「連橫的歷史意識更令人玩味。依一般對史志的傳統看法，以『通史』為名者應該是一國之史，是否在連橫當時的思考中已經明確將臺灣視為一國？翻開這本通史著作，赫然可見『建國紀』一章，這是幾乎不可能被誤讀的安排。不過歷史學究仍然會援引《華陽國志》之例，試圖消除連橫《臺灣通史》所蘊涵的『台獨』意識」。[38]

　　平心而論，以連橫的史識和治史的態度，他是決不會用紀傳體的「龍門之法」來寫一省之史的。他這樣安排體例確實是把臺灣當作一「國」

---

[35] 章炳麟：《臺灣通史序》，《太炎文錄續編》卷二下。

[36] 周憲棠：《臺灣郡縣建置志》，自序，附注 3，中正書局，1947 年 10 月滬三版，第 4 頁。

[37] 方豪：《連氏〈臺灣通史〉新探》，《方豪六十自定稿》上冊，第 1056 頁。

[38] 陳其南：《文學、史學與臺灣意識》，載臺灣《聯合報》1999 年 3 月 23 日，第 14 版。

來看待的。當時臺灣處於日本殖民統治之下，把它作爲一「國」，自然含有表示臺灣不屬於日本的意思。但也應當注意到，還有另外一層意思。連橫要寫的「國」是漢人之「國」，是明亡之後，鄭氏在臺灣堅持了二十多年的「國」，是清廷割讓臺灣之後，臺灣紳民宣佈建立的「臺灣民主國」。《臺灣通史》有一個明顯的傾向，即對清朝的統治採取蔑視和不承認的態度。連橫把鄭氏事蹟納入「建國紀」，稱臺灣歸清爲「亡國」，恨施琅覆台之後，「台無申胥，不能爲復楚之舉」，[39] 都說明了這一點。這也就是他爲什麼對清朝官吏修撰的大量頌揚清朝「德政」的臺灣舊方志視而不見，聲稱「臺灣無史」的原因。因此可以說，《臺灣通史》的體例是連橫獨具匠心，欲爲漢人的臺灣修史而設計的。所以，它既有表示臺灣不屬於日本的進步意義，也有大漢族主義的歷史局限性。

　　四、史實方面的錯誤。由於連橫只能利用業餘時間修史以及當時條件的限制，《臺灣通史》中也出現了不少史實方面的錯誤。這些錯誤，有些是連橫未經考證，引用了前人一些錯誤的記載而造成的，有些則是連橫在史料不充分的條件下加上主觀臆測而造成的，有些則是一時的筆誤。出現這些錯誤，雖然不會影響這部歷史巨著的史料價值，但也容易給一些初學臺灣史的人造成混亂。

　　總的說來，儘管還有一些缺點和錯誤，但《臺灣通史》仍是一部閃爍著愛國主義光輝、具有較高學術價值的歷史巨著。它能在問世之後的90 年間被連續翻印二十餘種版本，就是一個很好的說明。

---

[39] 連橫：《臺灣通史》下冊，第 538 頁。

連橫民眾締造歷史思想述評

　　臺灣著名史學家連橫以一部《臺灣通史》和他的愛國思想，得到了人們的敬仰和紀念，多年來，人們對他的史學思想的研究，較多地集中在民族史觀和愛國主義等幾個方面，而對他的樸素的唯物史觀——民眾締造歷史的思想卻注意得很不夠。民眾締造歷史，是連橫史學思想的一個重要組成部分，只有充分了解這一思想，才有可能對他的史學成就作出更加全面的估量。

一

　　連橫民眾締造歷史的思想主要體現在以下兩個方面：

　　（一）充分肯定漢族先民開發臺灣的歷史功績。連橫在《臺灣通史》自序中宣稱，此書旨在宣揚「洪維我祖宗，渡大海，入荒陬，以拓殖斯土，爲子孫萬年之業者，其功偉矣」。在全書各卷中，他更是以飽滿的熱情謳歌漢族先民在開發臺灣歷史過程中的豐功偉績。如在「田賦志」中他說，「臺灣爲海上荒土，其田皆民之所自墾也，手耒耜，腰刀槍，以與生番猛獸相爭逐，篳路藍縷，以啓山林，用能宏大其族，至今是賴，艱難締造之功，亦良苦矣」[1]。在「撫墾志」中他說：「清廷守陋，不知大勢，越界之令，以時頒行。而我先民乃冒險而進，剪除荊棘，備嘗辛苦，以闢田疇、成聚落，爲子孫百年大計者，其功業豈可泯哉」[2]。在談到臺北和新竹的開發時，他說，「夫以臺北今日之富庶，文物典章，燦然美備，苟非我先民之締造艱難，詎能一至於此」[3]。「新竹固土番之地，勢控北鄙，文物典章，燦然美備。跡其發揚，可以媲嘉義而抗彰化。然當二百數十年之前，猶是荒昧之域也。鹿豕所游，猿猴所宅，我先民入而啓之，剪除其荊棘，驅其猿猴鹿豕，以長育子姓，至於今是賴。……

---

[1] 連橫《臺灣通史》卷八，田賦志。
[2] 同上，卷十五，撫墾志。
[3] 同上，卷三十一，林成祖、胡焯猷、張必榮、郭元汾。

前之所謂番地者，無往而不爲爲漢人拓矣。經營締造，以迄於今，是誰之力歟？語曰：作始也簡，成功也巨。烏乎，可不念哉」[4]。

除了將漢族先民作爲一個整體進行頌揚之外，連橫對那些在臺灣土地開發過程中作出重要貢獻的代表人物也進行了充分的肯定。《臺灣通史》爲拓殖人物立傳計有八篇，共有三十餘人入傳。這些人物無疑都只具有「民」的身份，有的甚至被封建統治者污衊爲「海盜」。但連橫決不因爲他們出身低微而忽視他們的歷史貢獻，反而把這些根植於土地的草莽人物提高到歷史功臣的地位。例如：

在談到顏思齊時，他說：「臺灣固海上荒島，我先民入而拓之，以長育子姓，至於今是賴。故自開闢以來，我族我宗之衣食於茲者，不知其幾何年，而史文零落，碩德無聞，余甚憾之。間嘗陟高山，臨深谷，攬懷古跡，憑吊興亡，徘徊而不能去。又嘗過諸羅之野，游三界之埔，田夫故老，往往道顏思齊之事，而墓門己圮，宿草莽焉。烏乎，是豈非手拓臺灣之狀土也歟。[5]」

在談到彰化一帶的開發時，他說：「漢人日進，拓地愈廣，如楊志申、吳洛、施世榜等先後而至半線，闢土田，興水利，以立彰化之規模，其功大矣」[6]。

在談到臺東的開發時，他說，「臺東天府之國也，平原萬畝，可農可工，而森林之富，礦產之豐，久爲世人所稱道。……然當荒昧之時，天氣瘴毒，野獸猖獗，生番出沒。而我先民如陳文、賴科、吳全輩，入其地，闢其土，利用其物產，勇往不屈，險阻備嘗，用能以成今日之富庶，其功業豈可泯哉」[7]

在談到姜秀鑾、周邦正時，他說，「新竹爲北臺沃壤，王世杰既墾之矣，而沿山一帶，草萊未啓，番害靡寧，地力之興，猶有待也。姜、

---

[4] 同上，王世杰。
[5] 同上，卷二十九，顏思齊、鄭芝龍。
[6] 同上，卷十五，撫墾志。
[7] 同上，卷三十一，台東拓殖。

周二子，協力一心，前茅後勁，以張大版圖，其功偉矣」[8]。

在談到宜蘭的開發時，他說：「吾讀姚瑩、楊廷理所爲書，其言蛤仔難之事詳矣，而多吳沙開創之功。夫沙匹夫爾，奮其遠大之志，率其堅忍之氓，以深入狉榛荒穢之域，與天氣戰，與猛獸戰，與野蠻戰，勇往直進，不屈不撓，用能達其壯志，以張大國家之版圖，是豈非一殖民家也哉。……夫蛤仔難番地爾，聲控東北，負嵎固險，得失之機，實系全局。使非沙有以啓之，則長爲豺狼之域矣，然則沙之功不更偉歟」[9]。

從這些引述中我們可以清楚地看到，在連橫的著作裡，那些筆路藍縷、險阻倍嘗，不屈不撓的漢族先民有著十分崇高的地位。臺灣的歷史是千百萬這樣的拓墾者創造的，這就是連橫所要告訴我們的真理。

（二）重視人民群眾在歷史活動中的地位和作用。連橫在《臺灣通史》凡例中說，「前人作史多詳禮、樂、兵、刑，而於民生之豐嗇，民德之隆污，每置缺如。夫國以民爲本，無民何以立國，故此書各志，自鄉治以下尤多民事」。《臺灣通史》一書，不僅隨處可見連橫對漢族先民開發臺灣歷史功績的頌揚，而且對臺灣民間的習俗、信仰以及一些「小人物」的事跡也記載的十分詳細。更爲可貴的是，連橫對歷史上人民群眾反對封建統治階級的鬥爭進行了大膽的翻案並給予熱情的讚揚，這在當時的歷史學家中是少見的。在《臺灣通史》六十篇傳記中，就有十一篇是專門爲農民起義或「民變」領袖人物而寫的，占總篇數的六分之一強。在〈朱一貴〉傳中他說：「吾觀舊志，每蔑延平大意，而以一貴爲盜賊者矣。夫中國史家，原無定見，成則王而敗則寇，漢高、唐太亦自幸爾，彼豈能賢於陳涉、李密哉？然則一貴特不幸爾。追翻前案，直筆昭彰，公道在人，千秋不泯」[10]。在「吳球、劉卻」傳中，他說，「吳球、劉卻以編戶之細民，抱宗邦之隱痛，奮身而起，前後就屠，人笑其愚，我欽其勇」[11]。在「郭光侯、施九緞」傳中，他說，「光侯、九緞皆鄉曲

---

[8] 同上，卷三十二，姜秀鑾、周正邦。
[9] 同上，吳沙。
[10] 同上，卷三十。
[11] 同上，卷三十。

之細民，手無寸柄，而爲義所迫，不顧利害。此則士大夫之所不敢爲，而彼肯爲之，何其烈也」[12]。

連橫當時雖然沒有掌握階級鬥爭的理論，但他對階級壓迫是引起人民群眾反抗鬥爭的根源已有了一定的認識，並且，總是把同情給予被壓迫的人民群眾一邊。他在《臺灣通史》「田賦志」中說，「鄉曲猾豪，奪民之田，以殖私利，用其富厚，敖游官府，驕奢淫佚，勢過王侯。而爲之佃者，胼手胝足，水耨火耕，歲稔乃不獲一飽。先疇自作，貸種於人，頭會箕斂，從而剝之，貧富之等日差，貴賤之階愈絕，而民怨郁矣」[13]。這種「不平之氣，郁於國中，而亂作矣」[14]。在「林爽文」傳中，他更加明確地指出，「夫臺灣之變，非民自變也，蓋有激之而變也。一貫之起，始於王珍之淫刑，繼由周應龍之濫殺，從之者眾，而禍乃不可收拾。若夫爽文固一方之豪也，力田致富，結會自全，乃以莊民之怨，起而誅殘，喋血郊原，竄身荒谷，揣其心固有不忍人之心也。善乎鄭兼才之言曰：『林爽文之變，實激之使起』。則此後張丙之變，戴潮春之變，又孰非激之使起哉？而論者乃輒爲臺人好亂，何其傎也」[15]。

此外，《雅堂文集》中有「紀軍大王」一文，其中說：「新竹沿山之地，輒有軍大王廟，軍大王者，無名之英雄也。先是我族既闢臺灣，自南徂北，漸拓漸大。而新竹尙爲番土，我族復經營之。進及荒陬，手未耜，腰刀槍，以與土蠻相爭逐。其沒於鋒鏑、隕於瘴癘、斃於虺蛇之毒者，前仆後繼，用能撫而有之，以長育子姓，此則我族之武也。……在昔楚爲荒服，若敖，蚡冒篳路藍縷，以啓山林，而楚爲上國。吳亦東海之夷，秦伯、虞仲被以德化，而吳乃日進。夫吳、楚之得以抗衡諸夏者，豈秦伯、蚡冒一二人之力，而千萬人之力也。我臺之闢也亦猶是。而軍大王者，乃不能與林圯、吳沙輩垂名史册、紀其功勳，以傳諸國內，而

---

[12] 同上，卷三十二，郭光侯、施九緞。
[13] 連橫《臺灣通史》卷八，田賦志。
[14] 連橫《臺灣通史》卷八，田賦志。
[15] 同上，卷三十一，林爽文。

獨血食於窮鄉僻壤之間。然則軍大王者，固無名之英雄也，祀之宜」[16]。這裡，連橫不僅把生前默默無聞，爲臺灣土地開發獻身的「軍大王」尊爲無名英雄，而且還深刻地指出，當年楚發展爲「上國」以及吳國的社會進步，並不是蚡冒、秦伯等一兩個人的力量就可以辦到的，而是千百萬人的力量之所致，臺灣的開發也是如此，這段話，集中地反映了連橫的民眾是真正的英雄，民眾締造了歷史的思想。

在肯定人民群眾在歷史活動中的地位和作用的同時，連橫也不否認一些傑出的官方人物在臺灣歷史上的貢獻。例如，他對鄭成功、陳永華、沈葆楨、劉銘傳等人也都給予了高度的評價。因爲，這些人物能夠順應廣大人民群眾的要求，而且善於集民眾之力，做出有益於國家和民族的業績。正像他看到秦伯、蚡冒的業績包含千萬人的創造力一樣，連橫也同樣注意到，鄭成功等傑出人物的業績也是和無數軍民的努力聯繫在一起的。他在追尋鄭氏遺跡時，面對「平疇萬畝」，曾經感慨地說：「苟非鄭氏開創之功，則猶是豺狼之域」[17]。他這裡所說的「鄭氏開創之功」，不僅包含了鄭成功、陳永華等少數傑出人物的業績，而且還包含了全體鄭氏軍民的勛勞。例如，他在談到林圯埔的開發時，不僅記載了林圯率眾「斬荊棘、逐豺狼，經營慘淡，未嘗一日安處」，乃至「身死眾亡」的壯烈事蹟，而且還記載了林圯死後，他的「黨徒繼進，前茅後勁，再接再厲」[18]，鍥而不捨的奮鬥。以此說明「鄭氏的開創之功」是由無數軍民的共同努力所成就的。

二

連橫的上述思想和歷史唯物主義的觀點相當接近。歷史唯物主義認爲，「社會發展的歷史首先是生產發展的歷史」。「人類社會賴以生存的物質資料是勞動者的雙手創造出來的。勞動者的生產活動是社會的一切

---

[16] 連橫《雅堂文集》卷二，紀君大王。
[17] 《臺灣通史》卷二十九，林圯、林鳳。
[18] 《臺灣通史》卷二十九，林圯、林鳳。

活動的基礎」[19]。「人民，只有人民，才是創造世界歷史的動力」[20]。在臺灣的社會發展史上，早期的土地開發無疑具有十分重要的意義，而從事早期土地開發的勞動者和組織者在臺灣從「荒土」變「沃壤」、「野蠻」變「文明」的歷史進程中，無疑起到了開創的作用。連橫肯定並高度評價這種作用，說明他的思想和歷史唯物主義的觀點是共通的。

但是，根據現有的資料，連橫似乎沒有接觸過馬克思主義的歷史觀。他的這一思想的形成，自有一條獨特的發展道路，主要來自以下三個方面：

（一）繼承了中國古代傳統的「民本」思想。「民本」思想在中國古代產生很早，《尚書・五子之歌》中就有「民爲邦本，本固邦寧」的說法。《春秋・穀梁傳》中也說「民者君之本也」。春秋戰國時期，許多著名的思想家對「民本」思想均有精闢的闡述。如管子的「王者以百姓爲天，百姓與之則安，輔之則強，非之則危，倍之則亡」（《韓詩外傳》）；「政之所興，在順民心，政之所廢，在逆民心」（《管子・牧民篇》）；孟子的「民爲貴，社稷次之，君爲輕」（《孟子・盡心下》）等。「民本」思想是一種以民眾爲社會的主體和把民眾作爲施政基礎及衡量標準的政治倫理學說，用在對歷史的解釋上，則是一種樸素的唯物史觀。連橫對「民本」思想是十分讚賞的，他的著作中有不少直接體現「民本」思想的內容。如「國以民爲本，無民何以立國」[21]。「國者民之國也，與民治之。是故管仲相齊，作內政而寄軍令，商君用秦，立保甲以屬耕戰，故能有勝於天下」[22]。「夫國以民爲本，富則國富，貧則國貧」[23]。「古人有言，一夫不耕，或受之飢。是故國以民爲本，民以食爲天，則農業重矣。……夫國之所恃者民眾，民之所重者農爾。故正其經界，薄其賦斂，平其輕重，勉其勤勞，使民得盡力於田疇，而不有所奪，此其所以強也」

---

[19] 艾思奇《辯證唯物主義・歷史唯物主義》338~339 頁，人民出版社 1978 年 4 月版。

[20] 毛澤東《論聯合政府》，《毛澤東選集》第三卷 1031 頁。

[21] 《臺灣通史》凡例。

[22] 同上，卷七，戶役志。

[23] 同上，卷十七，關征志。

[24]。更為重要的是，連橫把「民本」思想融進了對歷史的觀察和解釋之中，因此，在他的著作裡，民眾自然成了臺灣社會和歷史的主體。

（二）對臺灣歷史上大多數的統治者沒有好感。臺灣先後兩次遭受過異族的統治，荷蘭殖民者和日本殖民者殘酷的壓迫和剝削，給臺灣人民帶來了深重的苦難。作為一個愛國史學家，連橫對這兩個時期的統治者是十分痛恨的。他在揭露荷蘭人的統治時曾說，「荷蘭人之有臺灣也，肆其橫暴，剪食我土地，侮虐我人民，剝奪我權利，而世之論者曰，是殖民之策也。烏乎痛哉」[25]。對於日人的統治，連橫則以實際行動進行鬥爭。他的一生致力纂修臺灣歷史、整理臺灣文獻、研究臺灣語言，無一不是對日本殖民統治者企圖泯滅臺灣人民的民族精神和民族文化所進行的最直接的反抗。同時，連橫又是一個漢民族意識十分濃厚的史學家，具有強烈的排滿思想。他對清廷在臺灣的統治，同樣採取了蔑視和不承認的態度。他稱臺灣歸清為「亡國」，恨施琅覆臺之後，「臺無申胥，不能為復楚之舉」[26]。而且，對於清朝官吏修撰的大量頌揚清廷「德政」的臺灣舊方志視而不見，聲稱「臺灣無史」[27]。這些都說明，他對清朝統治者也是十分反感的。在臺灣歷代的統治者中，連橫唯有對鄭氏在臺灣的統治採取了認同和肯定的態度。然而，鄭氏在臺灣的統治只有二十二年，在臺灣的歷史上只是一個比較短暫的時期。對臺灣歷史上大部分時間裡的統治者，連橫都是持否定態度的。對統治者不滿，必然會把更多的同情給予被統治者。連橫對民眾的同情和頌揚，和他的旗幟鮮明的民族史觀有很大的關係。

（三）對民間有較深入的接觸和了解。連橫 1878 年出生在臺灣府治（今台南市）寧南坊馬兵營的一個商人家庭。儘管少年時除「讀書養花之外，不知有所謂憂患者」[28]。但一進入青年時期，即慘遭家國大變。

---

[24] 同上，卷二十七，農業志。
[25] 同上，卷十七，關征志。
[26] 同上，卷三十，施琅。
[27] 《臺灣通史》自序。
[28] 《雅堂文集》卷二，過故居記。

1895 年，臺灣割讓給日本，他的父親也在這一年的 8 月去世。沒過幾年，他的「附城而居，境絕幽靜」[29]的故居因殖民當局修建臺南法院宿舍而遭強買。「余家被毀，而余亦飄泊四方，不復有故里釣遊之樂」[30]。漂泊的生活，使他有更多的機會接觸臺灣各地的民眾。而從 1899 年任《臺澎日報》漢文部主筆開始，連橫斷斷續續在報界服務了二十餘年，這樣的職業也有利於他接觸各色各樣的民眾。另外，連橫性喜遊歷，他曾說「古人謂讀萬卷書，行萬里路，為人生一大快事。余素既好書，又好游，雖所讀不諡已達萬卷，而所行則已過萬里矣」[31]。他的行蹤不但遍及臺灣全島，而且遠達大江南北，長城內外。豐富的遊歷生活，也使他的視野更開闊，接觸的人物更加廣泛。他不但從民間搜集了許多野史資料，而且還從田夫故老的口中聽到不少史書未載的故事。他曾說「臺灣開闢未久，故事頗多，余撰《臺灣通史》，極力搜羅，以成此書」[32]。對民間廣泛而深入的接觸，使他對民眾創造生活、創造歷史的偉大力量有了更深刻的了解，這也是他的民眾締造歷史思想形成的一個重要因素。

　　當然。連橫民眾締造歷史的思想也有它的局限性。在他的著作中，締造歷史的「民眾」指的主要是漢族先民，沒有包括臺灣的土著民眾，有些地方甚至還把土著族民眾作為漢族民眾的對立面。他在《臺灣通史》〈撫墾志〉中說「臺灣固土番之地，我先民入而拓之，以長育子姓，至於今是賴。故自開闢以來，官司之所經劃，人民之所籌謀，莫不以理番為務。夫臺灣之番，非有戎狄之狡也；渾沌狉榛，非有先王之教也；岩居谷處，非有城廓之守也；射飛逐走，非有砲火之利也；南北隔絕，互相吞噬，非有節制之師也。故其負嵎跋扈，則移兵以討之；望風來歸，則施政以輯之。此固理番之策也。……夫臺灣之番，非可羈縻而矣也，得其地可以耕，得其人可以用。天然之利，取之無窮，而人治之效，乃

---

[29] 《雅堂文集》卷二，過故居記。
[30] 同上，卷一，寧南詩草自序二。
[31] 連橫《大陸遊記》卷一，轉引自鄭喜夫《民國連雅堂先生橫年譜》76 頁。
[32] 連橫《雅言》四八。

可以啓其奧」。在談到林圮埔的開發時，他說，「而昔日跋扈之番，竟降伏於我族之下。日月也由我而光明，山川有由我而亭毒，草木也由我而發揚」[33]。可見，在連橫的眼中，土著族民眾和漢族先民的地位並不相同。

毋庸諱言，和漢民族相比，臺灣的土著民族處在比較落後的發展階段。在臺灣的開發過程中，由於利益的關係，土著族民眾和漢族人民之間也有過一些衝突。但是，也應當看到，是土著族民眾最先創造了臺灣的歷史（儘管有關這種歷史的文字記載較少）。並且，在漢族人民大量移居臺灣之後，在臺灣土地開發的過程中，土著族民眾與漢族民眾之間不但有鬥爭，而且也有合作。清朝道光年間擔任北路理番同知的史密就曾經說過「臺灣之番與別省異，獻圖開闢，不自今始。全臺無地非番，一府數縣皆自生番獻納而來。由諸羅而彰化，由彰化而淡水，納土開疆，開墾以來四十餘年，亦未聞番害」[34]。臺灣早期開發的土地，也大多都是漢人向土著族承租而來的。土著族民眾對臺灣的開發也有很大的貢獻，這點不容忽視。連橫在高度評價漢族先民的同時，未給予土著族民眾以應有的歷史地位，這是其民眾締造歷史的思想還不夠完善的地方。

儘管如此，連橫民眾締造歷史的思想仍是十分可貴的。在七十多年之前，他能夠充分肯定漢族先民開發臺灣的歷史功績，高度重視人民群眾在歷史活動中的地位和作用，這已爲同時代乃至後來的許多史學家所不及。

連橫的鄭成功研究及其對臺灣民族運動的影響

　　生活在日本殖民統治下的連橫對推動鄭成功的研究有著十分重要的貢獻。他是最早開始研究鄭成功的史學家，也是最早高度評價鄭成功收復臺灣、建設臺灣歷史功績的史學家。連橫在《臺灣通史》中，除了在卷二〈建國紀〉和卷二十九〈列傳一〉中專門記載鄭成功和明鄭有關人物的事蹟外，在全書其它各卷中，也有大量的篇幅記載鄭成功的事蹟。《臺灣通史》之外，連橫的其它著作，如《雅堂文集》、《雅言》、《劍花室詩集》、《臺灣詩乘》中也有許多與鄭成功有關的內容。同時，連橫還把一些記載鄭成功的史籍編輯出版，先後有：黃宗羲的《賜姓始末》、鄭亦鄒的《鄭成功傳》、夏琳的《閩海紀要》等。連橫的鄭成功研究，是他宣揚民族精神、保存民族傳統和文化工作的重要組成部分，對當時臺灣社會的民族運動也有一定的影響。連橫所宣揚的鄭成功驅逐荷人、「而臺灣復始為我族有」的英雄業績，在一定程度上鼓舞了臺灣民眾反抗日本殖民統治的士氣。

一

　　鄭成功作為一位在十七世紀中葉打敗荷蘭殖民者、收復臺灣的民族英雄，由於他生前抗清的關係，在清朝統治的二百多年的時間裡，他是封建統治者和御用文人眼中的「逆賊」和「海寇」。　雖然在臺灣鄭成功得到民眾的崇敬和懷念，清同治十三年（1874）在台南建立了延平郡王祠供民眾奉祀，但在連橫寫作《臺灣通史》之前，舊方志和一些公開印行的史書都是站在清朝統治者的立場來看待鄭成功的。1903 年 1 月，一些留學日本的中國人在東京出版了一本名為《浙江潮》的雜誌（月刊）。《浙江潮》從第 2 期起，開始連載匪石撰寫的《中國愛國者鄭成功傳》。「匪石姓陳，是鎮江人。……匪石著的鄭成功傳……內容大都採自

日本人的著作，史料價值並不甚高，只是用作鼓吹民族主義的一種宣傳品而已」[1]。正像《臺灣文獻叢刊》的編者所言，作爲革命黨人的匪石，他所撰寫的《鄭成功傳》，雖然在辛亥革命之前即已肯定鄭成功爲「愛國者」，但這本書確實不能算是研究的著作。真正對鄭成功的研究，以及建立在研究基礎之上的對鄭成功的使人信服的評價，只有從連橫開始。

　　1920 年至 1921 年間，分上、中、下 3 冊先後出版的《臺灣通史》是連橫一生最主要的史學著作，而在《臺灣通史》中，有關鄭成功和明鄭臺灣史的研究又是十分主要的內容。除了卷二〈建國紀〉和卷二十九〈列傳一〉是專門記載鄭成功和明鄭有關人物的事蹟外，在全書其它各卷中，也有大量的篇幅記載鄭成功在台開創之功的內容。下面，就此作一個簡單的介紹。

　　在卷一〈開闢紀〉中，連橫較爲詳細地記載了鄭成功驅逐荷蘭殖民者、收復臺灣的過程，並且說，荷蘭人「率殘兵千人而去，而臺灣復爲中國有矣。……荷蘭據有臺灣凡三十八年，而爲成功所逐，於是鄭成功之威名震乎寰宇」。臺灣，「我民族生斯長斯，聚族於斯，……延平入處，建號東都，經立，改名東寧，是則我民族所肇造，而保守勿替者。然則我台人當溯其本，右啓後人，以毋忘篳路藍縷之功也」[2]。

　　卷二〈建國紀〉是專門記載鄭成功的生平以及鄭氏三代在臺灣的經營活動的。所謂〈建國紀〉，記載的是鄭氏政權在明朝中央政府覆亡之後，在閩、粵，尤其在臺灣堅持明朝正朔，繼續與清王朝對抗的歷史。所以，〈建國紀〉的最後一句話是「自成功至克塽，凡三世，三十有八年，而明朔亡」[3]。連橫曾對〈建國紀〉的安排做過一個很清楚的解釋，他說：「余居承天，延平郡王之東都也。緬懷忠義，冀鼓英風，憑弔山河，慨然隕淚。洎長讀書，旁及志乘，而記載延平，辭多誣衊，余甚恨之！弱冠以來，發誓著述，遂成臺灣通史三十六卷，尊延平於本紀，稱

---

[1] 諸家：《鄭成功傳》弁言，臺灣文獻叢刊第 67 種，臺灣銀行經濟研究室編印，第 2 頁。
[2] 連橫：《臺灣通史》上冊，商務印書館，1983 年，第 18－19 頁。
[3] 同上，第 42 頁。

曰建國，所以存正朔於滄溟，振天聲于大漢也」[4]。從這些文字中，我們不難看出，連橫所說的鄭成功在臺灣「建國」，建的就是明朝的「中國」，也就是明朝在臺灣的延續。

在卷五〈疆域志〉中，連橫介紹了鄭成功在臺灣設立一府二縣的情況。

在卷六〈職官志〉中，連橫高度評價了鄭氏在臺灣的經營和治理。他說，鄭成功驅逐荷人，「而臺灣復始爲我族有也。夫臺灣固我族開闢之土，延平既至，析疆行政，撫育元元。而我顛沛流離之民，乃得憑藉威靈，安生樂業，此天之默相黃胄，而故留此海外乾坤，以存明朔也。……延平立法嚴，而愛民如子，勸之以忠，勵之以勇，使之以義，綏之以和。閩、粵之民，聞風而至，拓地遠及兩鄙，臺灣之人，以是大集」[5]。

在卷七〈戶役志〉中，連橫介紹了鄭成功和鄭經時期臺灣移民的情況，並給予了高度的評價，他說「其時航海而至者十數萬人，是皆赴忠蹈義之徒」[6]。

在卷八〈田賦志〉中，連橫介紹了鄭氏在臺灣的官田、文武官田、營盤田等土地制度。

在卷九〈度支志〉中，連橫對鄭氏的財政制度的評價幾乎到了美化的程度。他說，「延平建宅，萬眾偕來，蓄銳待時，百事俱舉。養兵之數，多至七十有二鎮，……而延平乃布屯田之制，自耕自贍，不取於民。諮議參軍陳永華又整飭之，內興土宜，而外張貿易，販洋之利，歲率數十萬元，故無竭蹶之患。及經西伐，軍費浩繁，……然猶不斂之民，而以王家所儲者用之。蓋以鄭氏志圖恢復，傾家紓難，固非有自私自利之心也。文武勳舊皆有官田，諸王湯沐之奉，亦別有所給，而土田初辟，征賦甚輕，故民皆樂業，先公而後私。跡其所以治國治民者，猶有西周遺法」[7]。

---

[4] 連橫：《雅堂文集》，臺灣文獻叢刊第 208 種，臺灣銀行經濟研究室編印，第 41－42 頁。
[5] 連橫：《臺灣通史》上冊，商務印書館，1983 年，第 101－102 頁。
[6] 同上，第 114 頁。
[7] 同上，第 144 頁。

　　在卷十〈典禮志〉中，連橫介紹了鄭成功及其子孫堅持明朝正朔的事實，指出：「鄭氏之時，朔望必朝，每有封拜，輒朝服北向，望永曆帝座疏而焚之，君雖不在不敢忘也」[8]。

　　在卷十一〈教育志〉中，連橫介紹了鄭氏時期臺灣教育制度和考試制度的建立，對中華傳統文化在臺灣的奠基和傳播給予高度評價。他指出：鄭氏時期「命各社設學校，延中土通儒以教子弟，凡民八歲入小學，課以經史文章。天興、萬年二州三年一試，州試有名者移府，府試有名者移院，各試策論，取進者入太學。月課一次，給廩膳。三年大試，拔其尤者補六科內都事。……教之，育之，台人自是始奮學。當是時，太僕寺卿沈光文居羅漢門，亦以漢文教授番黎。而避難搢紳，多屬鴻博之士，懷挾圖書，奔集幕府，橫經講學，誦法先王，洋洋乎，濟濟乎，盛于一時矣」[9]。

　　在卷十二〈刑法志〉中，連橫頌揚了鄭成功及其繼承者的法制精神。連橫說「延平郡王鄭成功既克臺灣，養銳待時，與民休息，而立法嚴，犯者無赦。……及克台後，任賢使能，詢民疾苦，民亦守法奉公，上下輯睦，奸宄不生，而訟獄息矣。經立，遵用成法，民樂其業，閩、粵之人，至者日多，盡力農工，相安無事」[10]。

　　在卷十三〈軍備志〉中，連橫介紹了鄭氏軍隊的一些情況，對鄭氏軍隊的善戰，尤其是水師的強大給予了高度的評價。

　　在卷十四〈外交志〉中，連橫介紹了鄭氏與日本的交往以及與呂宋西班牙人的交涉情況，並且寫道，「臺灣當鄭氏之時，彈丸孤島，頡頏中原，玉帛周旋，蔚為上國。東通日本，西懾荷蘭，北結三藩，南徠呂宋。蕩蕩乎，泱泱乎，直軼春秋之鄭矣」[11]。

　　在卷十七〈關征志〉中，連橫寫道，「夫自延平入台以來，與民休息，而永華又咻噢之，道之以政，閑之以誼，教之以務，使之以和，漸

---

[8] 同上，第 167 頁。
[9] 同上，第 188 頁。
[10] 同上，第 198－199 頁。
[11] 同上，第 273 頁。

之以忠，厲之以勇，勸之以利，嚴之以刑，民於是乎可任也。二十年間，臺灣大有，取其有餘，以供國用，民亦樂輸不怠，善乎德化之入人心也」[12]。

在卷二十一〈鄉治志〉中，連橫對鄭氏時期臺灣基層社會的治理也給予了高度的評價，他說「臺灣當鄭氏之時，草昧初啓，萬庶偕來，廣土眾民，蔚爲上國，此則鄉治之效也。……經立，委政勇衛陳永華，改東都爲東寧，分都中爲四坊，曰東安，曰西定，曰甯南，曰鎮北。坊置簽首，理民事。制鄙爲三十四里，置總理，里有社，十戶爲牌。牌有長；十牌爲甲，甲有首；十甲爲保，保有長，理戶籍之事。凡人民之遷徙職業婚嫁生死，均報于總理。仲春之月，總理彙報于官，考其善惡，信其賞罰。勸農工，禁淫賭，計丁庸，嚴盜賊，而又訓之以詩書，申之以禮義，範之以刑法，勵之以忠敬，故民皆有勇知方」[13]。

在卷二十四〈藝文志〉中，連橫對鄭成功存世的文稿評價很高，他說：「吾聞延平郡王入台之後，頗事吟詠，中遭兵燹，稿失不傳。其傳者北征之檄，報父之書，激昂悲壯，熱血滿腔，讀之猶爲起舞，此則宇宙之文也」[14]。

在卷二十五〈商務志〉中，連橫介紹了鄭氏時期臺灣東西洋貿易的情況，並對鄭氏的通商政策給予高度的評價。

在卷二十七〈農業志〉中，連橫介紹了鄭氏之時臺灣農業發展和水利興修的情況，並對當時農業發展的成就頁給予充分的肯定。

卷二十九〈列傳一〉是一些與鄭氏有關人物的傳記。連橫對他們有很深的感情和很高的評價。例如，寫到陳永華時，他說「永華以王佐之才，當艱危之局，其行事若諸葛武侯」[15]。寫到林圯、林鳳等人時，他說「吾過曾文溪，……其旁平疇萬畝，禾麥芃芃，皆我族所資以衣食長

---

[12] 連橫：《臺灣通史》下冊，商務印書館，1983 年，第 340 頁。

[13] 同上，第 392 頁。

[14] 同上，第 436 頁。

[15] 同上，第 513 頁。

子孫者。苟非鄭氏開創之功,則猶是豺狼之域也」[16]。

二

　　除了《臺灣通史》之外,連橫的其它著作中還有許多與鄭成功有關的內容。

　　在《雅堂文集》中,「《賜姓始末》書後」、「跋《延平郡王書》」、「告延平郡王文」、「台南鄭氏家廟安座告文(代書)」、「延平祠記」、「鄭氏故物」、「劉國軒碑」、「前何莊」、「鄭氏故宮」、「承天舊署」、「桔柣門」、「國姓港」、「陳蔡二姬墓」、「兩公子墓」、「監國墓」、「東寧總制府」、「鄭氏家廟」、「夢蝶園」、「陳氏園」等短文都是與鄭成功有關的。其中,在「告延平郡王文」中,連橫將辛亥革命勝利、中華民國建立的喜訊告訴鄭成功,並且寫道,「我中華民族乃逐滿人而建民國。此雖革命諸士斷脰流血,前仆後繼,克以告成,而我王在天之靈,潛輔默相,故能振天聲于大漢也」[17]。

　　在《雅言》中,也有十數篇與鄭成功有關的短文。其中,連橫寫道,「延平郡王肇造東都,保存明朔精忠大義,震曜坤輿。台人敬之如神,建廟奉祀,尊之為『開台聖王』、或稱『國姓公』,未敢以名之也」[18]。「延平郡王為台烈祖,威稜所被,遠及遐荒。故台之地名,每冠『國姓』二字,昭其德也。……蓋凡鄭氏兵力所至之地,皆稱『國姓』。日月也由我而光明、山川也由我而亨毒、草木也由我而發皇,偉人之功大矣哉」[19]。

　　在《劍花室詩集》中,也有許多首詩是專門歌頌鄭成功的,如「春日謁延平郡王祠」、「延平王祠古梅歌」、「鹿泉」、「題荷人約降鄭師圖」、「正月十六日謁延平王祠率成」、「詠史(鄭成功)」等。其中許多詩句

[16] 同上,第527頁。
[17] 連橫:《雅堂文集》,臺灣文獻叢刊第208種,臺灣銀行經濟研究室編印,第115頁。
[18] 連橫:《雅言》,臺灣文獻叢刊第166種,臺灣銀行經濟研究室編印,第24頁。
[19] 同上,第126頁。

對鄭成功給予十分高的評價，如：「諸葛存漢岳驅戎，繼其武者唯我延平真英雄」（「延平王祠古梅歌」）[20]。「殖民略地日觀兵，夾板威風撼四溟。莫說東方男子少，赤嵌城下拜延平」（「題荷人約降鄭師圖」）[21]。「英雄自有回天力，忠孝原由血性成。慨我懸弧當此日，梅花香裡拜延平」（「正月十六日謁延平王祠率成」）[22]。「拒清存漢族，辟地逐荷蘭。吊古生餘恨，東寧落日寒」（「詠史（鄭成功）」）[23]。

在《臺灣詩乘》中，連橫收錄了鄭成功以及沈光文、張煌言、徐孚遠、盧若騰、諸葛璐、錢謙益等一些與鄭成功有關人物的詩篇，並且寫道：「延平郡王辟東都，保持明朔，忠義之氣萬古長存」[24]。

除了自己著述之外，連橫還把一些有關鄭成功的史料編輯出版，先後有：黃宗羲的《賜姓始末》、鄭亦鄒的《鄭成功傳》、夏琳的《閩海紀要》[25]等。他在「《閩海紀要》序」中寫道，「筆削之間，搜求故籍，其載延平者，則有黃宗羲氏之賜姓始末、鄭亦鄒氏之鄭成功傳、江日昇氏之臺灣外記、鷺門夢荂氏之海上見聞錄，皆實錄也。今乃復得閩海紀要，讀之狂喜，……且足補吾通史之缺。因繕副本，付之梓人。而延平之精忠大義，東都之締造經營，謀臣猛將，耆舊名流之功勳，文采炳炳琅琅，並傳天壤，豈非一大快事哉」[26]。可見，連橫對發現和保存有關鄭成功史料的重視。

除了著述之外，連橫還直接向民眾宣講鄭成功的事蹟。

1915 年，他在台南辦夜校，除了講「中國史、西洋史、中外歷史之比較」之外，「亦嘗專講鄭延平事」[27]。

1923 年 9 月，臺灣文化協會臺北支部舉辦「臺灣通史講習會」，特

---

[20] 連橫：《劍花室詩集》，臺灣文獻叢刊第 94 種，臺灣銀行經濟研究室編印，第 31 頁。

[21] 同上，第 103 頁。

[22] 同上，第 116 頁。

[23] 同上，第 136 頁。

[24] 連橫：《臺灣詩乘》，臺灣文獻叢刊第 64 種，臺灣銀行經濟研究室編印，第 18 頁。

[25] 鄭喜夫：《民國連雅堂先生橫年譜》，臺灣商務印書館，1980 年，第 190－191 頁。

[26] 連橫：《雅堂文集》，臺灣文獻叢刊第 208 種，臺灣銀行經濟研究室編印，第 41－42 頁。

[27] 鄭喜夫：《民國連雅堂先生橫年譜》，臺灣商務印書館，1980 年，第 109 頁。

聘連橫爲講師。「講習前段，述明鄭復台及清人經營之經過」[28]。

1924 年 8 月，臺灣文化協會在台中霧峰舉辦「夏季講習會」，請連橫講授「臺灣通史」。他講授臺灣通史，自然會大講鄭成功之事。

1929 年 7 月，臺北大稻埕如水社開辦夏季夜間大學，聘連橫爲講師，講授臺灣歷史。

1930 年 8 月，臺北大稻埕如水社再辦夏季夜間大學，仍請連橫講授臺灣歷史。

1930 年 11 月 1 日，連橫在台南公會堂作「鄭氏時代之文化」的演講。

1930 年 11 月 20－29 日，連橫應《三六九小報》社的邀請，在台南講授「臺灣三百年史」。

三

連橫對鄭成功的研究和對民族精神的宣揚，使原本對鄭成功就有深厚情感的臺灣民眾對鄭成功有了更加深入的瞭解和認識，這對當時臺灣社會的民族運動產生了積極的影響。一些民族運動的社會團體和他們的領導人從鄭成功身上受到了鼓舞。

1921 年 10 月，蔣渭水、林獻堂等人創立了臺灣文化協會。連橫和臺灣文化協會之間有許多聯繫，他爲臺灣文化協會舉辦的各種講習會講授了臺灣歷史、詩學、佛經、食力論、東西科學的比較等專題，文協領導人蔣渭水和林獻堂等人對鄭成功的尊崇，應當就有連橫的影響。

蔣渭水在臺灣文化協會第 1 號會報上發表《臨床講義》一文，其中對鄭成功治理下的臺灣給予了高度的評價，對清朝統治下和日本殖民統治下的臺灣社會十分不滿。他寫道：

「患者：臺灣

姓名：臺灣島。

---

[28] 同上，第 140 頁。

……

一、遺傳：明顯地具有黃帝、周公、孔子、孟子等血統。

一、素質：爲上述聖賢後裔，素質強健，天資聰穎。

一、既往症：幼年時（即鄭成功時代），身體頗爲強壯，頭腦明晰，意志堅強，品性高尚，身手矯健。自入清朝，因受政策毒害，身體逐漸衰弱，意志薄弱，品性卑劣，節操低下。轉居日本帝國後，接受不完全的治療，稍見恢復，唯因慢性中毒長達二百年之久，不易霍然而愈。

現症：道德頹廢，人心澆漓，物欲旺盛，精神生活貧瘠，風俗醜陋，迷信深固，頑迷不悟，罔顧衛生，智慮淺薄，不知永久大計，只圖眼前小利，墮落怠情，腐敗，卑屈，怠慢，虛榮，寡廉鮮恥，四肢倦怠，惰氣滿滿，意氣消沉，了無生氣」[29]。

蔣渭水的這種頌揚鄭成功、排斥清王朝的漢民族情操與連橫在《臺灣通史》中的表現如出一轍。以醫生爲職業的他應當從《臺灣通史》中得到了啓發。做出這樣的判斷，不僅是因爲蔣渭水對鄭成功治理下的臺灣的評價與連橫相同，而且還因爲蔣渭水曾把連橫引爲「知己」。蔣渭水在因爲「治警事件」入獄之時，連橫曾給獄中的蔣渭水寄書。據蔣渭水的《入獄日記》記載，1923 年 12 月 29 日，「晚餐的時候獄吏送到一書，細看乃是基督抹殺論，故幸德秋水先生所著的。這很奇怪的，那裡有這書飛來的呢？我們家裡和讀報社都沒有這個書，開卷一讀才發見第一頁的面上，寫『渭水兄覽雅堂寄贈』，才知道是連先生的好意。……連先生可算我們知己了。我們被拘在練習所的時候，連先生因常爲我們的文化協會講演，所以也被召喚到那處訊問一番，幸得免受拘留，隨即放還。若是平常的人驚得膽都破了，三十六計以走爲先，斷絕關係爲先務哩，怎麼敢再寄來奇怪的書到獄裡呢？怎麼不驚被官僚注意呢？也可以知道連先生不是平凡的人物了」[30]。

林獻堂和連橫之間也有許多的聯繫，林獻堂的《灌園先生日記》中

---

[29] 轉引自黃煌雄：《蔣渭水傳——臺灣的孫中山》，時報文化出版企業股份有限公司，2006 年 3 月，第 246－247 頁。

[30] 王曉波編：《蔣渭水全集》下，海峽學術出版社，1998 年，第 372－373 頁。

記載了許多他們之間交往的例子。作爲臺灣民族運動的主要領導者，林獻堂對鄭成功的推崇和連橫十分一致。《灌園先生日記》記載：1930年11月3日，林獻堂到台南安平參觀，「車到安平，先觀荷蘭人所築之熱蘭遮古城。次登炮臺，遙望鹿耳門，想鄭氏雄師由此而進，奪回我漢民族所開闢之疆土，何其壯也，使人無限感慨」[31]。這次參觀之後，林獻堂還寫下了《鄭成功逐荷蘭人》詩一首：「鹿耳潮高戰艦航，荷人指日拜戎行。暫因草創分雙縣，未有偏安守一疆。救國丹心終不泯，破家宿志亦何傷？七鯤此日來憑弔，不見騎鯨獨望洋」[32]。鄭成功「奪回我漢民族所開闢之疆土」的豐功偉績，以及「救國丹心終不泯，破家宿志亦何傷」的情懷，顯然對林獻堂產生很大的影響。

鄭成功驅逐荷人、收復故土的壯舉還鼓舞了在大陸參加抗戰的臺灣義勇隊的將士們。1943年3月1日，在大陸參加抗戰的臺灣義勇隊第三巡迴工作組路過福建晉江安海時，特地轉往南安石井祭奠民族英雄鄭成功。工作組組長張士德代表臺灣義勇隊總隊長李友邦主祭。祭文中有：「繼公何人，誰來追蹤。東都遺範，台兒服膺，克復故土，驅倭東瀛」[33]的句子。說明臺灣義勇隊的將士們決心以鄭成功爲榜樣，完成光復臺灣的壯舉。

連橫對鄭成功的研究和宣揚，使更多的臺灣民眾瞭解了鄭成功的民族精神和豐功偉績，對於當時臺灣民眾民族意識的覺醒和民族精神的發揚光大無疑是有幫助的，它是日據時期臺灣文化運動一個不可缺少的組成部分，也對當時臺灣的社會運動產生了積極的影響。1944年1月至1946年2月在臺灣工作的日本記者伊藤金次郎曾經說過：「新生臺灣之民族自覺運動，目的在於由日本統治時代的精神奴化獲得解放，所以，請出數千年前的老祖宗黃帝或許有過於雲霧漂渺之感，但引用近世民族

---

[31] 林獻堂：《灌園先生日記（三）──1930年》，中研院臺灣史研究所籌備處，2001年，第367頁。

[32] 此詩發表在《臺灣新民報》昭和五年（1930年）11月15日，署名「灌園」。

[33] 《臺灣青年》1943年第8期，1943年3月11日，第3版。

英雄鄭成功，應該適合於啓發下一代的國民才對」[34]。這句話，可以成爲連橫研究和宣揚鄭成功對臺灣民族運動影響的一個注腳。

---

[34] 伊藤金次郎著、（財）日本文教基金會譯：《臺灣不可欺記》，文英堂出版社，2000 年，第156 頁。

鄭氏文武官田租稅考

「文武官田」是鄭氏時期臺灣私田的別稱，也是臺灣封建地主經濟的發端。「文武官田」的地租和賦稅情況如何？這是一個似乎已經清楚，實際上仍有許多模糊混亂的問題。本文準備就此談一些看法。

一

過去，人們對鄭氏「文武官田」地租和賦稅情況的認識，大多是根據連橫《臺灣通史》「田賦志」中的表述。連氏說：「宗室文武召民自辟，謂之私田，即所謂文武官田者也。定則之法，亦分三等，納稅之外，又課其賦」。[1]同時，還列有二表：

鄭氏文武官田租率表

地 則	一甲租率	地 則	一甲租率
上 田	3 石 6 斗	上 園	2 石 2 斗 4 升
中 田	3 石 1 斗 2 升	中 園	2 石 6 斗 2 升
下 田	2 石 4 斗	下 園	1 石 8 升

鄭氏文武官田稅率表

地 則	一甲稅率	地 則	一甲稅率
上 田	14 石	上 園	7 石 9 斗 6 升
中 田	12 石 4 斗 8 升	中 園	6 石 4 斗 8 升
下 田	8 石 1 斗 6 升	下 園	4 石 3 斗

由於連氏的表述與一般田賦和地租的習慣稱法不同，所以，人們對此產生了各種不同的理解。

一、認為連氏所指的「稅」就是田賦。如《臺灣省通志》「政事志‧財政篇」中說：「文武官員之私田，除收田租外，耕者尚需對政府納賦，是為田賦。其賦稅率或謂如次表（即《臺灣通史》中「鄭氏文武官田稅

---

[1] 連橫：《臺灣通史》，上冊，商務印書館，1983 年，第 125 頁。

率表」)」。[2]

　　二、認爲連氏所指的「稅」就是地租。如有的先生說：「據《臺灣通史》記載，當時地主向佃農收租的稅率如下：上田十四石、上園七石九斗六升、中田十二石四斗八升、中園六石四斗八升、下田八石一斗六升、下園四石三斗」。[3]

　　三、沒有明確指明連氏所指的「租」「稅」是什麼，但把二項相加，作爲佃農的負擔。臺灣學者周憲文先生認爲，「鄭氏時代的文武官田（又稱私田），租之外，還有稅，而且稅重於租。兩者合計，其率大體超過官田」。「文武官田（園）之開墾，投資者雖爲文武官員，開墾者仍爲胼手胝足之農民，故就農民負擔而言，後者重過前者（官田），方合情理。今以文武官田之租、稅合併考慮，庶乎近矣」。[4]陳碧笙先生的《臺灣地方史》中說：「文武官田，即鄭氏宗室及文武將吏招民自墾之田，亦稱私田，亦分上中下三則繳納稅賦：上田稅率十四石，租率三石六斗，中田稅率十二石四斗八升，租率三石一斗二升；下田稅率八石一斗六升，租率二石四斗，租稅合計與官田租率約略相等」。[5]

　　第一種看法將「租」當作田租，把「稅」當作田賦，這如果從一般田租和田賦的習慣稱法來看，自然是不錯的。但是，連氏的表述和一般的習慣稱法並不相同，而且是完全相反的。他把地主向鄭氏官府繳納的田賦叫做「租」，而把佃農向地主繳納的那一部分實物叫做「稅」，這只要認真研究一下《臺灣通史》「田賦志」中的幾個表，就能發現這一點。這些表中，不但「鄭氏文武官田」，即如「鄭氏官田」、「清代民田」，其賦率也都是一概稱爲「租」率的。再看一看表中的數字，「文武官田」的「稅率」大大高於「租率」，如果「稅」就是田賦，「租」就是地租，那麼，這種田賦高於地租的現象也是難以理解的。所以，《臺灣省通志》「政事志・財政篇」中的說法，只能是作者的一種疏忽和誤解。

2　臺灣省文獻委員會：《臺灣省通志》，卷三，政事志，財政篇，眾文圖書公司，1970 年。
3　陳勛：《鄭氏時期臺灣農民的田賦負擔》，載《中國社會經濟史研究》，1982 年第 3 期。
4　周憲文：《臺灣經濟史》，臺灣開明書店，1980 年，第 184－186 頁。
5　陳碧笙：《臺灣地方史》，中國社會科學出版社，1982 年，第 95 頁。

既然連氏所指的「租」就是田賦，下面，我們就具體地研究一下「鄭氏文武官田租率表」中的內容。

二

「鄭氏文武官田租率表」中有一個明顯的錯誤：上則園每甲租率2石2斗4升，而中則園每甲租率卻是2石6斗2升，這顯然是不可能的。有人以為，這大概是連橫無意之中將它們倒置了，於是就擅自將它們交換了位置，變成上則園2石6斗2升、中則園2石2斗4升。[6]其實，連橫並沒有把它們的位置搞錯。要證明這一點，有一個檢驗的辦法：在連橫所列的「鄭氏官田租率表」、「鄭氏文武官田租率表」和「鄭氏文武官田稅率表」中，把文武官田的「租率」和「稅率」相加，基本上等於官田的「租率」。文武官田上則園「租率」2石2斗4升，加上「稅率」7石9斗6升，正好等於官田「租率」10石2斗。可見，2石2斗4升所在的位置並不錯。那麼，為什麼中則園的「租率」會高於上則園呢？用同樣的辦法查驗，2石6斗2升加上中則園「稅率」6石4斗8升，為9石1斗，正好超過官田中則園「租率」8石1斗整整1石。由此說明，2石6斗2升實際上是1石6斗2升之誤。

除了這個明顯的錯誤之外，連橫「鄭氏文武官田租率表」中的數字，和清政府領台之初由蔣毓英所修的第一部《臺灣府志》，以及康熙五十六年由周鐘瑄所修的《諸羅縣誌》中的記載相比，也有不少的出入。蔣氏《臺灣府志》記載，「偽時文武官田園科則：上則田每甲征粟三石六斗，園每甲征粟二石零四升；中則田每甲征粟三石一斗二升，園每甲征粟一石一斗二升；下則田每甲征粟二石零四升，園每甲征粟一石零八升」。[7]《諸羅縣誌》則記載說：「文武官佃則：上則田每甲征粟三石六斗，中則三石一斗二升，下則二石四斗；上則園如田之下則，中則一石

---

[6] 臺灣省文獻委員會編：《臺灣省通志》，卷三，政事志，財政篇，眾文圖書公司，1970年，第97頁。

[7] 蔣毓英：《臺灣府志》，廈門大學出版社，1985年，第76頁。

一斗二升，下則一石八升」。[8]它們之間的差別詳見下表：

	蔣氏《臺灣府志》	《諸羅縣誌》	《臺灣通史》
上則田租率	三石六斗	三石六斗	三石六斗
中則田租率	三石一斗二升	三石一斗二升	三石一斗二升
下則田租率	二石零四升	二石四斗	二石四斗
上則園租率	二石零四升	二石四斗	二石二斗四升
中則園租率	一石一斗二升	一石一斗二升	二石六斗二升（為一石六斗二升之誤）
下則園租率	一石零八升	一石八升	一石八升

　　上則田、中則田和下則園三種記載完全一致，自無疑義。下則田與上則園每甲征粟數相同，這一點，《臺灣府志》和《諸羅縣誌》也是一致的。所不同的是，《臺灣府志》的數額是二石零四升，《諸羅縣誌》卻是二石四斗。那個記載更可信呢？這裡也有一個檢驗的辦法：細心地研究一下「鄭氏官田」和「鄭氏文武官田」的「租率」之間的關係，就會發現，「文武官田租率」大多正好是「官田」的五分之一。「官田」中下則田和上則園的「租率」是十石二斗，五分之一正好是二石零四升。所以，蔣氏《臺灣府志》中的記載是可信的，《諸羅縣誌》中的二石四斗，實為二石四升之誤。至於中則園的「租率」，《臺灣府志》和《諸羅縣誌》都是一石一斗二升。按理說，這個數字是不能輕易懷疑的。可是，如果用上述的方法檢驗，卻又有問題。「官田」中則園「租率」為八石一斗，五分之一是一石六斗二升，這正好和連橫誤寫成二石六斗二升的數字相符。一般說來，其它五個等則都正好是「官田」的五分之一，不會唯獨中則園例外。另外，一石六斗二升，上距上則園「租率」二石零四升是四斗二升，下距下則園「租率」一石零八升是五斗四升，也比一石一斗二升上差九斗二升，下差只有四升要相對合理。

　　總的說來，在連橫「鄭氏文武官田租率表」中有三個數字應當修正。正確的「文武官田」征賦的標準應當是：上則田每甲征粟三石六斗、中

8　周鍾瑄：《諸羅縣誌》，臺灣文獻叢刊本，第86頁。

則田三石一斗二升、下則田二石零四升、上則園二石零四升、中則園一石六斗二升、下則園一石零八升，分別是「鄭氏官田租率」的五分之一。至於「文武官田」，田賦在當時是否稱為「租」，下面談到「稅」時一併再議。

三

前面已經說過，把連橫的「鄭氏文武官田租率表」和「鄭氏文武官田稅率表」中的數字相加，除個別等則略差外，正好等於「鄭氏官田稅率表」中的數字，加上「納稅之外，又課其賦的說法，為此，我們完全可以這樣理解：一、文武官佃負擔的地租，與官佃基本相同。二、文武官佃除向主人繳納一部分地租外，直接向鄭氏官府納賦。三、文武官佃向主人繳納的那一部分地租叫作「稅」。下面，我們就具體地分析一下，連橫的說法是否符合歷史實際。

為了敘述的方便，我們首先考察一下，文武官佃是否直接向鄭氏官府納賦。鄭成功在復台大軍登陸臺灣後不久，就發佈了屯墾令。其中有關文武官圈地和招佃開墾的條文是這樣的：「文武各官圈地之處，所有山林陂池，具圖來獻。本藩薄定賦稅，便屬其人掌管，須自照管愛惜，不可斧斤不時，竭澤而漁，庶後來永享無疆之利」。「文武各官開墾田地，必先赴本藩報明甲數，而後開墾。至於百姓，必開甲數報明承天府，方准開墾。如有先墾而後報及報少而墾多者，察出定將土地沒官，仍行從重究處」。[9]從這裡可以看出：鄭氏對文武官田園的管理是很嚴格的，不但要報明甲數，而且還要將所有山林陂池繪圖獻上。在這種情況下，文武官田要想不和鄭氏發生聯繫，而由佃人直接向鄭氏官府納賦，這顯然是不可能的。對此，《諸羅縣誌》記載得十分清楚：「有佃輸租于文武各官，而文武各官又各輸粟於官者，謂之文武官佃」。[10]《續修臺灣府志》

---

[9] 楊英：《先王實錄》，福建人民出版社，1981 年，第 254－255 頁。

[10] 周鍾瑄：《諸羅縣誌》，臺灣文獻叢刊本，第 85－86 頁。

所引《諸羅雜識》中也說：「鄭氏宗黨及文武僞官與士庶之有力者，招佃開墾，自收其租，而納課於官，名曰私田，即僞冊所謂文武官田也」。[11]明裔甯靖王朱術桂在鄭成功死後，由於「授餐之典廢」，「無以資衣食，乃就竹港墾田數十甲」，「鄭氏又從而征其田賦」。[12]就是「文武官田」地主向鄭氏納賦的一個具體的例子。

　　「文武官田」的地租沒有一分爲二，而是由佃丁完整地交給地主，這點已無疑義。那麼「文武官田」地租的數量情況如何呢？這個問題由於缺乏具體的記載，已不可確考。但有幾點是應當注意到的：一、地租的情況比田賦或租賦合一的「官租」要複雜，往往是由地主和佃人對土地投資的不同比率而確定的。其數額，除部分「鐵租」外，也不會一成不變，許多因素都可能影響到租率的變化。二、「文武官田」的租率只能等於或略低於「官田」的租率。這是因爲，「官田」的佃丁耕種的是現成的土地，而文武官佃耕種的則是自己開闢出來的土地。當然，官佃耕種的土地也可能是他們自己過去或祖上開闢出來的，所以，兩種佃丁負擔約略相等，應當是符合歷史實際的。三、從荷蘭「王田」、鄭氏「官田」和清初民田的租率來看，這一時期，臺灣的地租率沒有多少變化。鄭氏「官田」的租率因襲荷蘭「王田」，這一點盡人皆知。而清初民田的租率，據《諸羅縣誌》記載說：「一甲之田，上者出粟六、七十石，最下者亦三、四十石。佃輸業戶者十之二、三，業戶賦於官半焉」。[13]根據產量的二、三成計算，這時的租率大約還是相當於鄭氏「官田」的租率。如果以業戶要拿地租的一半左右交納田賦計算（康熙二十三年至雍正六年間，臺灣民田的征賦標準是：上田每甲八石八斗、中田七石四斗、下田五石五斗、上園五石、中園四石、下園二石四斗[14]），這時的租率和鄭氏「官田」的租率也是十分接近的。既然荷蘭「王田」、鄭氏「官田」、清初民田的租率都是相等或相近的，那麼，「文武官田」的租率與此也

---

[11] 余文儀：《續修臺灣府志》，臺灣文獻叢刊本，第 241 頁。

[12] 陳元圖：《明甯靖王傳》，載《臺灣府志三種》，上冊，中華書局，1985 年，第 1082 頁。

[13] 周鐘瑄：《諸羅縣誌》，臺灣文獻叢刊本，第 87 頁。

[14] 周鐘瑄：《諸羅縣誌》，臺灣文獻叢刊本，第 90 頁。

肯定不會有很大的差別。

　　上面已經論證了並不存在文武官佃向鄭氏官府直接交納田賦。同時又向地主繳納一部分地租的現象。因此,「文武官田」地租中實際上也就不存在叫作「稅」的一部分。連橫根據「官田租率」減去「文武官田租率」得出的「鄭氏文武官田稅率表」,實際上也就沒有什麼意義。它除了讓人們瞭解「文武官田」的地主在地租收益中可以得到多少純利益之外,更多的則是引起了混亂。

　　至於連橫為什麼把田賦叫作「租」,把地主在地租收益中的純利益叫作「稅」,沒有材料可資說明。不過,明末清初,在臺灣移民主要祖籍地的漳洲府屬,確實出現了在地租中分離出「租」、「稅」兩個部分的現象。顧炎武在《天下郡國利病書》中說:「漳民(受)田者往往憚輸賦稅,而潛割本戶米配租若干石以賤售之。其買者亦利以賤得之,當大造年輒收米入戶,一切糧差皆其出辦。於是,得田者坐食租稅,與糧差概無所與,曰小稅主。其得租者但有租無田,曰大租主(民間賣田契券大率計田若干畝,歲帶某戶大租穀若干石而已)。民間仿效成習,久之租與稅遂分為二。而佃戶又以糞土銀私授受其間,而一田三主之名起焉」。[15]「受田之家,其名有三。一曰大租主(共此一田,出少銀買租辦納糧差);一曰稅主(出多銀賣稅,免納糧差,俗稱糞主),一曰佃戶(出力代耕,租稅皆其辦納)」。[16]儘管當時很有可能某些漳籍移民已把這種習慣帶到了臺灣,而後來臺灣也確實出現了「一田二主」、「一田三主」和大小租的現象,但是,從上面的敘述中已經可以看到,「文武官田」的主佃關係和這種「一田三主」的主佃關係是完全不同的。如果連橫是套用了這裡的稱法,很明顯,這種套用並不恰當;如果不是套用這裡的稱法,那麼,就更看不出他的稱法有何根據了。

　　綜上所述,把鄭氏「文武官田」的田賦叫作「租」,又把「文武官田」的地租分離出一部分叫作「稅」的做法是錯誤的。「文武官田」征

15　顧炎武:《天下郡國利病書》,卷九十四,廣雅書局刻本,清光緒二十六年(1900 年)。
16　顧炎武:《天下郡國利病書》,卷九十五,廣雅書局刻本,清光緒二十六年(1900 年)。

賦的標準，以往的記載都不盡正確，而以連橫《臺灣通史》中的記載錯誤最多，蔣毓英《臺灣府志》中的記載出入較小。正確的征賦標準應當是，各等則都是「官田」租率的五分之一。

臺灣建省後歲入考訂

　　臺灣建省以後每年的財政收入有多少？這是對當時臺灣社會經濟作出正確估量的主要依據之一。過去，史學界採用的數據，主要是根據劉銘傳的傳記材料[1]，或連橫《臺灣通史》度支志中「建省以後歲入總表」（附後），因而得出三百萬兩或四百四十萬兩的數字。連橫的「建省以後歲入總表」，由於各項收入開載清晰，尤為一些學者所喜用。然而，不論是三百萬或四百四十萬兩的數字都是錯誤的。實際上，當時臺灣的財政收入，每年只在二百萬兩上下。本文擬就此作一考訂。

一

　　關於臺灣建省以後歲入的情況，最可信的記載，無疑為當時當事人留下的材料。

　　劉銘傳是首任臺灣巡撫，他在任五年多，多次向清廷奏報財政收支的情況。他的奏議中，就有從光緒十一年七月至十五年底四年半時間裡財政收入的數字。其中，光緒十一年七月至十二年十二月底止，「新收閩省協餉並臺灣關稅、鹽課、貨厘、捐輸、平餘等款銀二百六十萬三千二百三十九兩有奇。」十三、十四兩年，「新收閩省並各省協餉及臺灣關稅、鹽課、厘金、捐輸、平餘等款銀四百六十七萬三千八百四十兩有奇。」十五年，「新收臺灣關稅、鹽課、厘金、平餘等款銀二百一十二萬四千五百六十六兩有奇」[2]。如果用簡單的方法平均計算，再考慮到清賦以後的因素，各年的收入分別是：光緒十二年約一百七十四萬兩、十三年約二萬二十八萬兩、十四年約二百三十九萬兩、十五年二百一十二萬兩。

---

[1]　《清史稿》的劉銘傳傳、王樹枬的「清史本傳」、陳澹然的「劉壯肅公神道碑」、馬其昶的「劉壯肅公墓誌銘」等，都說劉銘傳撫台後，臺灣歲入達三百萬。

[2]　劉銘傳：《劉壯肅公奏議》卷八理財略，「續報十一、十二兩年籌防善後撫番等款摺」及附錄。

邵友濂是第二任巡撫，光緒十八年五月，他向清廷奏銷十七年臺灣海防善後各款，其中說：「自光緒十七年正月起至十二月底止，……新收臺灣關稅、鹽課、厘（金）、平餘及遵刪等款銀一百五十五萬四千六百一十九兩零」[3]。

胡傳，光緒十八年二月至二十一年六月在臺灣任事，先後擔任全台營務處總巡委員、鹽務局提調、代理台東直隸州知州等職務。光緒十九年正月初一日，他寫信給天津的邵班卿，其中說：「（臺灣）自設行省以來，增田賦、榷百貨、採礦、蒸腦、淘金、開煤，歲入近二百萬」[4]。二十年八月初三日，他作書稟覆道台顧肇熙（字緝庭），其中又有「今通計我全台地丁、課稅、厘金之所入，不過二百余萬」[5]之語。

蔣師轍，光緒十八年二月應邵友濂之邀赴台，在台期間（三月二十日至八月二十一日）主持修通志，熟讀地方文獻、公文檔案，對臺灣時務亦可謂瞭若指掌。他的《台遊日記》有兩處提到臺灣歲入的情況。一為六月八日，他在和友人談論時務時說：「臺灣地袤不能千里，廣才數百里或百里耳，田賦所出與夫關榷雜稅，歲入率二百萬金，亦可云饒足矣」[6]。一是他在離台的船上寫了〈治台八要〉，其中「節財用」一條中，也有「全台歲入二百萬有奇」[7]一語。

以上劉銘傳、邵友濂、胡傳、蔣師轍等人記載的臺灣歲入都為二百萬兩左右。所不同的是，劉銘傳、邵友濂指的是屬於臺灣地方財政收入的數字，田賦收入除平餘外，沒有包括屬中央支配的地丁正額，同時卻把閩省和其他各省協餉以及捐輸的數額包括在內。胡傳和蔣師轍指的是臺灣地方提供的財政總收入的數字，其中包括解部的地丁正額，但不包括外省對臺灣的協餉及捐輸各款。從一般意義上理解，只有「稅」和「利」兩項，才可以作為一個地區「歲入」的內容，這樣，則應當以胡傳、蔣

---

[3] 福建通志局纂：《福建通紀》卷二十，光緒十八年五月。
[4] 胡傳：《臺灣日記與稟啟》，臺灣文獻叢刊本，第118頁。
[5] 胡傳：《臺灣日記與稟啟》，臺灣文獻叢刊本，第233頁。
[6] 蔣師轍：《台遊日記》，臺灣文獻叢刊本，第47頁。
[7] 蔣師轍：《台遊日記》，臺灣文獻叢刊本，第135頁。

師轍所指的爲是。但這裡有一個特殊的情況，從光緒十四年（是年臺灣啓征新賦）至十六年（是年閩省協餉期滿）的三年間，每年臺灣解部的地丁正額與閩省和其他各省對臺灣的協餉以及捐輸數額相差無幾。所以，儘管他們所指收入的內容有所不同，而總數卻都在二百萬兩左右。

二

那麼，爲什麼連橫「建省以後歲入總表」中的數字會高出實際收入的 倍以上，究竟錯在哪裡呢？我們只要分析一下「總表」中四十萬兩以上各項收入的情況，其虛實之處，便可了然。

「總表」中收入在四十萬兩以上的共有七項，依次是：地丁實征、腦磺盈利、商務局、煤務局、海關稅鈔、阿片厘金、福建協餉。

「地丁實征」一項，表中數字爲 511,969 兩，筆者查對了《臺灣通史》的幾種版本都是如此。可是，根據劉銘傳奏給清廷[8]和《光緒會計表》中的數字卻是 512,969 兩，表中少了一千兩，這可能是連橫的筆誤。這筆收入，除少量存留外，基本上都必須解部入撥，故劉銘傳和邵友濂在奏報臺灣地方財政收入時，關於田賦一項只計及「平余」，有時還聲明「除正供入款不計」[9]。存留部分，據《欽定大清會典事例》卷一百七十記載：「臺灣新賦存留正銀二萬五千三十三兩六錢九分八厘有奇」，數額是很小的。而「起運錢糧」則有四十八萬七千八百九十四兩之多[10]。另外，這項收入每年還難以如數徵收，光緒十四年只實收 363,856 兩[11]，十六年也有 142,226 兩未完[12]，平常因爲天災或人爲的因素，實收數總要低於額定數。儘管有上述的一些問題，但總的來說，關於這項收入的

8 劉銘傳：《劉壯肅公奏議》卷七清賦略，「全台清文給單完竣核定額征摺」、「臺灣清賦全功告成匯請獎敍員紳摺」。

9 劉銘傳：《劉壯肅公奏議》卷八理財略，「造銷法防軍需摺」。

10 馮用：《劉銘傳撫台檔案整輯錄》（續）四、關於清賦案，「爲行知通飭實力催征完解錢糧並如何杜州縣征多報少之弊事」，見《臺灣文獻》八卷一期。

11 劉嶽雲：《光緒會計表》，「臺灣省入款」。

12 馮用：《劉銘傳撫台檔案整輯錄》（續）四、關於清賦案，「爲行知通飭實力催征完解錢糧並如何杜州縣征多報少之弊事」，見《臺灣文獻》八卷一期。

差錯還是不大的。

　　「腦磺盈利」一項，表中數字為 40 萬兩，這與當年磺務局和腦務局留下的統計數字相比，差距實在太大。據光緒十四年底磺務局結算：「自十二年十一月起至本年年底止，共采熬硫磺八十一萬八千三百余斤，成本銀七千六百五十九兩，管收共存硫磺一百二十二萬二千四百餘斤。除耗出售八十八萬三百斤，得銀一萬九千九十兩，除還本並局用外，餘銀四千三百兩」。同期，腦務局結算：「共采熬樟腦六十三萬七千斤，售出六十一萬八千斤，得價銀六萬一千五百兩，除還本銀四萬八千兩，又除局用、運資、保險等銀八千六百兩，餘銀四千六百六兩」[13]。也就是說來不足一萬兩。十五年，腦務局「共采熬樟腦九十五萬三百斤，售銀八萬五千五百兩，除還本銀七萬一千八百兩及局用各款銀四千七十兩外，實餘銀九千六百兩」。同年，磺務局「共采煮硫磺四十一萬五千六百斤，成本三千八百九十兩，管收共存六十六萬六千斤，除耗出售四十七萬七千斤，得價銀八千八百兩，除還本並局用外，實餘銀三千二百兩」[14]。是年，「腦磺盈利」又不足一萬三千兩。而且，就這三年來說，每年腦磺總值都不到十萬兩，更不可能有盈利四十萬兩之數了。另據修於光緒二十年的《臺灣通志稿》記載：磺務一項，「歲出硫磺六七十萬斤，收贏餘銀三四千兩」，腦務一項，「歲出樟腦六七十萬斤，納防費銀五六萬兩，支局用一成外，歲收贏餘銀四萬餘兩」[15]。即如《臺灣通志稿》所載，「腦磺盈利」每年仍不足五萬兩。光這一項，「總表」中就多算了三十五萬兩以上。

　　「商務局」一項，表中數字為 40 萬兩，並且注明為「火船鐵路等款」。臺灣輪船商運，自光緒十三年在臺北設立商務局以來，先後有萬年青、威利、威定、飛捷、駕時、斯美、伏波、海鏡等船投入營運。新式航運雖然促進了臺灣商務的發展，但本身的經營卻虧損嚴重。光緒十四年八月，布政使邵友濂曾建議將台船照原價讓歸上海招商局，劉銘傳

---

[13] 轉引自羅剛編撰的《劉銘傳年譜初稿》，第 1050 頁。

[14] 轉引自羅剛編撰的《劉銘傳年譜初稿》，第 1123 頁。

[15] 光緒《臺灣通志稿》，「稅餉志」。

和李鴻章積極贊同,但招商局馬建忠卻以「深悉台船經商,歲虧約五、六萬,貿然售進,拋本滋累,局何以堪」[16]爲由,斷然拒絕。這前後,又由於萬年青、威利、威定等船相繼失事沉沒,伏波、海鏡年久失修,商務局的輪船航運幾乎無法維持。光緒十五年底,劉銘傳只好將駕時、斯美二船「並爲官輪,仍作商輪照舊搭客載貨,所收水腳資銀,即抵兩船經費」[17]。可見,商務局經營輪船航運本身絲毫沒有獲利,甚至還要虧五、六萬兩銀子。至於鐵路運輸,最初由鐵路局經營,光緒十九年才併入商務局。具體情況是,自十四年十一月臺北稻埕至錫口段正式通車以後,每修好一段即投入營運。「初因官府主持不甚興旺,故於光緒十六年冬,一度將各票房交由粵商陳某承包,行包商制。後因仍無起色,包商無利可圖,不肯繼續,乃再改爲由官經理」[18]。十九年十一月,基隆至新竹全線通車之後,「平均一日之客,臺北基隆五百人,臺北新竹四百人。……每月搭客一萬六千元,貨物四千元,收支不足相償」[19]。既然輪船和鐵路運輸都是虧損和收支不足相償,商務局一年四十萬兩的收入就純屬子虛烏有了。

「煤務局」一項,表中數字也是 40 萬兩,並且注明爲「15 年收入之額」,明眼人一看,知道又是虛的。當時臺灣的「煤務」,除少數小民窯外,主要就是基隆煤礦。基隆煤礦在建省以後,曾先由商人張學熙承辦。張學熙「開辦數目,虧折本銀數千兩,力不能支,稟請退辦」[20]。光緒十三年正月,劉銘傳設立煤務局,以官商合辦的形式經營。在官商合辦期間,「局用僅可勉支,毫無利息」[21]。商人既知無利可圖,稟請退股,於是只好在十三年十二月「由官收回另行接辦」。官辦期間,每年虧銀「四、五萬兩」[22]。十六年六月和十七年十一月,八斗老井煤層和

---

[16] 李鴻章:《李文忠公全集》,電稿十,光緒十四年八月二十三日,「寄煙臺盛道」。

[17] 劉銘傳:《劉壯肅公奏議》卷五,設防略,「變售舊輪船以資新購摺」。

[18] 李國祁:《中國現代化的區域研究——閩浙臺地區(1860-1916)》,第 331 頁。

[19] 連橫:《臺灣通史》卷十九,郵傳志,「陸運」。

[20] 劉銘傳:《劉壯肅公奏議》卷八,理財略,「官辦基隆煤礦片」。

[21] 同上。

[22] 劉銘傳:《劉壯肅公奏議》卷八,理財略,「英商承辦基隆礦訂擬合同摺」。

基隆官煤廠煤層先後告竭，到十八年八月，煤務局經營的基隆煤礦基本
停產。至此，煤務局從來不曾有過盈利的時候。就以建省後煤產最高的
光緒十五年來說，當年，從淡水向國內外出售的台煤為 43,419 噸（包
括民煤），僅值 134,958 兩[23]。一年生產的煤炭總值不過十幾萬，煤務局
怎能有四十萬兩的收益？

　　「海關稅鈔」一項，表中數字為 990,146 兩，並注明為「15 年收入
之額」。為了便於比較，我們把周憲文《臺灣經濟史》中「歷年關稅收
入表」中有關年份的數字抄錄於此：1886 年，臺灣四口關稅總收入為
536,241 兩，1887 年為 872,100 兩，1888 年為 1,002,590 兩，1889 年為
990,148 兩，1890 年為 1,045,247 兩，1891 年為 1,111,570 兩，1892 年為
1,079,101 兩[24]。相比之下，連橫表中的數字與周憲文相應年份的數字相
差 2 兩，不知是誰的筆誤。另外，連橫所用光緒十五年（1889）的數字，
是十四年以後歷年收入中最低的一年。這些自然不算什麼錯誤，但問題
在於，「建省以後歲入總表」在「海關稅鈔」一項之後，又有「阿片厘
金」一項。

　　「阿片厘金」，表中數字為 446,640 兩，並且注明為「17 年收入之
額」。查鴉片厘金，本由各地自行徵收。但早在光緒二年七月（1876 年
9 月），清政府為了防止稅厘偷漏，在中英《煙臺條約》中曾規定：「令
英商於販運洋藥入口時，由新關派人稽查，封存棧房或躉船，俟售賣時
洋商照則完稅，並令買客一併在新關輸納厘稅，以免偷漏」[25]。十一年
六月（1885 年 7 月），又在《煙臺條約續增專條》中規定：「煙臺條約
第三端第三節所擬洋藥辦法，今議定改為，洋藥運入中國者，應由海關
驗明，封存海關准設具有保結之棧房，或封存具有保結之躉船內，必俟
按照每百斤箱向海關完納正稅三十兩並納厘金不過八十兩之後，方許搬
出」[26]。雖然規定如此，但實行卻延擱了數年。在臺灣真正開始由海關

[23] 孫毓棠：《中國近代工業史資料》第一輯，下冊，第 611 頁統計表。

[24] 周憲文：《臺灣經濟史》，臺灣開明書店本，第 362 頁。

[25] 《中外舊約章》第一冊，第 349 頁。

[26] 《中外舊約章》第一冊，第 471 頁。

進行稅厘並征，是光緒十三年八月以後的事情。劉銘傳在「接收臺地兩海關片」中說：「現准福州將軍臣古尼音布諮稱：本年八月十四日爲洋稅一百八結（三個月爲一結——筆者）屆滿之期，自八月十五日第一百九結起，所有滬尾、打狗二口稅務，以清界限。並稱，部定新章洋藥稅厘歸關並徵，理應另款存儲」[27]。由此可見，臺灣鴉片厘金從光緒十三年八月十五日起即已歸入海關並徵。這也就是臺灣關稅收入由十二年的五十餘萬兩，十三年一躍而至八十餘萬兩，以後每年又都在百萬兩左右的原因。《皇朝續文獻通考》「征榷考」在記載了光緒十八年各關所徵銀兩的數目以後稅：「近年滬、粵等關收數所以益旺者，以洋藥厘金歸併之故」[28]。所以，「建省以後歲入總表」中「阿片厘金」一項，完全是重複計算。

「福建協餉」一項，數額爲 44 萬兩，從光緒十二年起至十六年止，協期五年。這項收入，雖用之於臺灣，但取之于福建的厘金和關稅，嚴格說來，它只能算是福建歲入的一部分。如果僅因福建協餉用於臺灣就把它作爲臺灣歲入的一部分的話，那麼，臺灣「地丁實征」中的「起運錢糧」，由於必須解部入撥就不能算爲臺灣歲入的一部分了。然而，「起運錢糧」畢竟是臺灣土地和臺灣人民的血汗所創造的，將它計入臺灣歲入是合適的。而「福建協餉」終歸是外省的補助，則以不計入爲宜。

綜上所述，在「建省以後歲入總表」40 萬兩以上的七項收入中，由於虛估、重複計算和不應列入等原因，其數額與實際收入相比，誤差已在二百萬兩以上。此外，表中「抄封叛產」的 56,500 兩、電報局的 6 萬兩、郵政局的 3 萬兩、伐木局的 10 萬兩等都不同程度地存在著上述的問題，這裡不一一辨析。總之，「建省以後歲入總表」中的數字只有一半左右才是實數，在引用時務必多加注意。

---

[27] 劉銘傳：《劉壯肅公奏議》卷八，理財略。
[28] 《皇朝續文獻通考》卷五十六，征榷考。

附：建省以後歲入總表（光緒十四年至二十年）

款目	兩數	款目	兩數
地丁實徵	511969 兩（光緒十四年清賦之額）	郵政局	30000 兩
補水秤餘	128246 兩（隨糧徵收）	煤務局	400000 兩（15 年收入之額）
抄封叛產	56500 兩（照舊）	伐木局	100000 兩（15 年收入之額）
官莊租息	33657 兩（照舊）	金沙局	20000 兩（18 年商辦認繳之額）
隆恩租息	3750 兩（歲收租穀 3750 石，每石銀一兩）	茶厘局	14400 兩（16 年商辦認繳之額 200000 元，折兩如是。）
城租	8000 兩（歲收租穀 8000 石，每石折銀一兩）	海關稅鈔	990146 兩（15 年收入之額）
學租		船鈔	5923 兩（15 年收入之額）
陸餉	10000 兩（照舊）	阿片厘金	446640 兩（17 年收入額）
水餉	1000 兩（照舊）	百貨厘金	75000 兩（此款未實）
鹽課	13000 兩（15 年實收之額）	文口規費	5000 兩（14 年歸縣徵收）
腦磺盈利	400000 兩	武口規費	2500 兩
商務局	400000 兩（火船鐵路等款）	福建協餉	440000 兩（17 年停止）
電報局	60000 兩		

計款 4402325 兩（連橫：《臺灣通史》卷九〈度支志〉）

（以上各項相加實際應為 4,402,331 兩——筆者）

連橫有「台獨」意識嗎

——評陳其南對《臺灣通史》的錯誤解讀

　　1999 年 3 月 23 日，臺灣《聯合報》登載了陳其南先生的一篇文章，題目是「文學、史學與臺灣意識」，其中對連橫的《臺灣通史》做出了新的解讀。文章說：「連橫所著《臺灣通史》的格局，至今仍然無人超越。這是一部很有意義的歷史著作，連橫的歷史意識更令人玩味。依一般對史志的傳統看法，以「通史」為名者應該是一國之史，是否在連橫當時的思考中已經明確將臺灣視為一國？翻開這本通史著作，赫然可見「建國紀」一章。這是幾乎不可能被誤讀的安排。不過歷史學究仍然會援引《華陽國志》之例，試圖消除連橫《臺灣通史》所蘊涵的「台獨」意識。多年來，連橫的這個議題似乎被有意地忽略和淡化。」[1]陳先生的解讀確實給人「耳目一新」的感覺，因為，長期以來，人們總是習慣於把連橫作為愛國史學家，把《臺灣通史》作為愛國主義的歷史著作的。現在，陳其南先生居然從《臺灣通史》中讀出了別的「蘊涵」，甚至給連橫貼上了「台獨」的標籤，這是一個完全相反的價值判斷。是過去的人們沒有悟出《臺灣通史》的「真諦」，還是陳其南先生新的解讀有錯誤？這是一個必須認真對待的問題。

　　筆者不敏，多年前對《臺灣通史》曾下過一番功夫，指出了它大大小小幾百處錯誤，寫成了《臺灣通史辨誤》一書[2]。但對於連橫在《臺灣通史》中所表現的歷史意識，則只有感佩不已。書中洋溢著的民族精神和愛國主義，是幾乎每一個讀者都能夠強烈感受到的。這種精神的力量，能給人以鼓舞，也使有些人感到害怕。因此，有人曾故意貶低《臺灣通史》的作用，說它的時代已經過去了。現在，陳其南先生不但不認

1　臺灣《聯合報》，1999 年 3 月 23 日，14 版。

2　鄧孔昭：《臺灣通史辨誤》，江西人民出版社 1990 年版，臺灣《自立晚報》文化出版部 1991 年版。

為《臺灣通史》的時代已經過去，反而認為「《臺灣通史》的格局，至今仍然無法超越」，甚至臺灣現實政治生活中的「台獨」意識也能在《臺灣通史》中找到根據。對於陳先生的高論，筆者同樣不敢苟同。這種「解讀」新則新矣，但確實毫無根據。為了避免連橫先生的名譽無辜受損（儘管有人會以為這是在抬高連橫先生），也為了防止對讀者產生誤導，對這種「新解讀」可能造成的混亂，有必要進行適當的澄清。

一

　　關於《臺灣通史》體例的議題，並不像陳其南先生所說的，「多年來，連橫的這個議題似乎被有意地忽略和淡化」。9 年前，筆者在《連橫與臺灣通史》一文中曾對此有過專門的論述。其中不但列舉了章太炎、周蔭棠、方豪等人對《臺灣通史》體例的各種評論，而且也發表了自己的一些看法。[3]這些內容至少說明了這樣一種事實：多年來，關於連橫《臺灣通史》體例的議題，人們並沒有對其「有意地忽略和淡化」，不但章太炎先生在 20 年代、周蔭棠先生在 40 年代、方豪先生在 50 年代對其有過或褒或貶的評論，到了 90 年代初，還有筆者進行過一些探討。但現在看來，以往的這些評論，或過於簡略，或不夠全面，均沒有把《臺灣通史》體例問題完全說清楚，現在借陳其南先生提出問題之機，正好可以做一個全面的說明。

　　批評《臺灣通史》體例的周蔭棠先生說：「臺灣遺民連雅堂於民國十四年成《臺灣通史》一書，臺灣之於中國，不視為其郡縣，而視為其封建之國，故署曰通史，以臺灣之史為國別史，既昧事實，又舛體制。」[4]讚賞《臺灣通史》體例的陳其南先生也說「依一般對史志的傳統看法，以「通史」為名者應該是一國之史。」這種以「通史」為名者應該是國史的說法是否正確呢？答案是否定的，理由如下：

---

[3] 同上，江西人民出版社 1990 年版，第 349－350 頁。
[4] 周蔭棠：《臺灣郡縣建置志》自序，附注三，中正書局，1947 年 10 月滬三版，第 4 頁。

1.傳統的國史很少以「通史」為名。中國修史的歷史源遠流長，史書汗牛充棟，屬「國史」者亦不在少數，但傳統的國史很少以「通史」為名。以傳統的正史——「二十四史」為例，其書名及修撰者如下：

序號	書名	修撰者	序號	書名	修撰者	序號	書名	修撰者
1	史記	西漢司馬遷	9	陳書	唐姚思廉	17	新唐書	宋歐陽修等
2	漢書	東漢班固	10	魏書	北齊魏收	18	舊五代史	宋薛居正等
3	後漢書	南朝宋范曄	11	北齊書	唐李百藥	19	新五代史	宋歐陽修
4	三國志	晉陳壽	12	周書	唐令狐得棻等	20	宋史	元脫脫等
5	晉書	唐房玄齡等	13	隋書	唐魏徵等	21	遼史	元脫脫等
6	宋書	梁沈約	14	南史	唐李延壽	22	金史	元脫脫等
7	南齊書	梁蕭子顯	15	北史	唐李延壽	23	元史	明宋鐮等
8	梁書	唐姚思廉	16	舊唐書	後晉劉昫等	24	明史	清張廷玉等

這「二十四史」中，以「史」為名者僅 9 種，以「書」為名者有 13 種，以「記」為名者 1 種，以「志」致為名者 1 種，就是沒有一種以「通史」為名的。從內容方面來看，除《史記》具有「通史」的性質外，其餘的均為「斷代史」，和「通史」是完全不同的。可見，傳統的國史很少以「通史」為名，而且實際上大多不能以「通史」為名。

最早以「通史」為名的著作，當屬梁武帝時（公元 502—549 年）的「通史」。據劉知幾《史通》記載：「至梁武帝，又敕其群臣，上自太初，下終齊室，撰成通史六百二十卷。其書自秦以上，皆以《史記》為本，而別採他說以廣異聞。至兩漢已還，則全錄當時紀傳，而上下通達，臭味相依。又吳，蜀二主，皆入世家，五胡及拓跋氏，列於夷狄傳。大抵其體皆如《史記》。其所為異者，唯無表而已。」[5]但其後的 1000 多

---

5 劉知幾：《史通·內篇》，六家第一。

年間，以「通史」為名的著作卻幾乎沒有再出現過。

　　2.近、現代以來，以「通史」為名的著作，不僅僅只有國史。本世紀以來，以「通史」為名的著作逐漸增多。根據中國社會科學院歷史研究所編輯的《1900－1980 八十年來史學書目》，這期間，以「通史」為名的著作至少在 50 種以上。不但有《中國通史》、《中華通史》、《朝鮮通史》、《安南通史》、《印度通史》、《日本通史》、《蘇聯通史》、《俄國通史》等國別通史，而且，也有《世界通史》、《萬國通史》、《歐羅巴通史》、《亞美利加州通史》等世界和洲別通史。此外，還有下列一些名稱的「通史」著作，列表如下：

書名	著譯者	出版單位	出版時間
西洋通史	章起渭	商務印書館	1910 年
西洋通史	余協中	世界書局	1933－1936 年
西洋通史	張致遠	陽明山華岡出版部	1966 年
南洋通史	張致遠	台北中華文化出版事業委員會	1953 年
教育通史	許格士	中大	19XX 年
臺灣通史	連雅堂	台北臺灣通史社	1920－1921 年
澎湖通史	蔡平立	臺灣眾文圖書股份有限公司	1979 年
東北通史	金毓黻	重慶五十年代出版社	1943 年
南洋華僑通史	溫雄飛	上海東方印書館	1929 年
西洋音樂通史	中央音樂學院編譯室	音樂出版社	1959 年
電影通史	唐祖培等	中國電影出版社	1959 年
社會主義通史	嘉桃、啓芳	三聯書店	1958 年
社會鬥爭通史	葉啓芳	上海神州國光社	1930 年

　　可見，以「通史」為名的著作並非只有國史，大到世界，小到澎湖，專門如教育、音樂、電影、華僑、社會主義、社會鬥爭等，均可以有「通史」。

　　3.傳統的關於史志關係的看法，長期以來，都是仁者見仁，智者見智，並不是只有一種看法，即所謂以史為名的就應該是一國之史。

　　確實有一種觀點認為，史和志的區別主要在於地域範圍的不同，國

家的可稱爲「史」，地方的只能成爲「志」。所謂「邑之有志，及國之有史，家之有譜」[6]。「維國有史，乃郡邑有志。」[7]「史者，一國之志；志者，地方之史，範圍異目的同也。」[8]但是，也有一種觀點認爲，史和志的區別主要在於分類和體例的不同。史以時代爲記載中心，主要記載人們的社會活動；志以地域爲記載中心，不但記載人們的社會活動，也記載自然狀況，包括河流、山川、物產等。因此，傳統的分類，「志」就被列在地理一類。清代學者章學誠曾經批評過這種觀點，他認爲，「方志一家，宋元僅存者，率皆誤爲地理專書，明代文人見解，又多誤作應酬文墨，近代漸務實學，凡修方志，往往侈爲纂類家言……多是不知著述之意，其所排次襞績，仍是地理專門見解」[9]。還有一種觀點認爲，方志就是一方之「全史」一方之「通史」，它和史的區別只是比史更詳細、更全面、更貫通而已。章學誠就說：「方志乃一方之全史」[10]。清道光年間所修的《遵義府志·序》中說：「府州志雖一地理，而天文、五行、食貨、職官、藝文、及紀、表、列傳靡不較史加詳。則志也，而全史矣。分門別部，上下數千年史相貫屬。則志也，且通史矣。」[11]據後兩種觀點，既然史和志只是分類和體例的不同，既然方志就是一方的「全史」和「通史」，那麼，國家不但有史，而且也可以有志，地方不但有志，而且也可以有史，這是並行不悖的。

國家也有志，志非地方專屬，這是千百年來中國的一個文化傳統。從唐代的《括地志》、《元和郡縣圖志》，宋代的《元豐九域志》，元代的《大元大一統志》，明代的《大明一統志》到清代的《大清一統志》，唐、宋以後，每一個封建朝代都修有「一統志」（也稱「總志」，相對於「方志」而言）。與國史不同的是，國史是由後一朝代的人修的，而「一統

[6] 喬應甲：《萬曆猗氏縣志·序》，轉引自曾星翔，李秀國：《中國方志百家言論集萃》，四川省社會科學出版社1988年版，第28頁。
[7] 邱駱：《順治沁水縣志·序》，轉引自《中國方志百家言論集萃》，第29頁。
[8] 《宣漢縣志·凡例》，轉引自《中國方志百家言論集萃》，第31頁。
[9] 轉引自《中國方志百家言論集萃》，第30頁。
[10] 黃葦主編：《中國地方志詞典》，黃山書社1986年版，第377頁。
[11] 賀長齡：（道光）《遵義輔志·序》。

志」則是由當代人所修。既然國家有「史」也有「志」，那麼，那種認為「維國有史，乃郡邑有志」的觀點，就失去了一半的根據。

地方有「史」，「史」非國家專屬，這也是中國文化的傳統。正如上述第三種觀點所主張的，地方志就是地方史，而且是地方的「全史」和「通史」。因此，歷代都有一些人修志用史體，修史以「志」名，使地方史志的區別很難截然分清。這些地方史志著作，多數以「志」為名，但也有一些例外。如明代郭子章撰寫的《黔記》[12]，用記（紀）、志、表、傳、論等正史常用體例，記載貴州的歷史和現狀，實際上就是一部貴州的地方通史。其他如明代何喬遠所修的《閩書》[13]、王啓所修的《赤城會通記》[14]（赤城為浙江台州府別稱）、葉春及所修的《惠安政書》[15]、謝肇淛所修的《滇略》[16]、清代田雯所修的《黔書》[17]等。大家知道，「書」和「記」是國史慣用的名稱，《二十四史》以「書」、「記」為名的就有14種。既然《史記》就是那時候的「中國通史」，《漢書》就是「漢史」，那麼，《黔記》就是「貴州通史」，《閩書》就是「福建史」，《滇略》就是「雲南歷史簡編」。還有直接用「史」為地方史志著作命名的例子，如明代周瑛所修的《莆陽拗史》[18]（莆陽為福建莆田縣的別稱）等。古人早就是這樣做的，難怪乎臺灣史學家方豪先生曾借用友人的話說，「一省可以有通志，何嘗不可有通史」[19]。由此看來，那種所謂以史為名的就應該是一國之史的說法，是完全站不住腳的。

4.批評《臺灣通史》體例的周蔭棠先生，其實並沒有讀過《臺灣通史》。它只是根據章太炎先生為《臺灣通史》所寫序言中的部分內容，就做出了對《臺灣通史》如此武斷的批評。這樣的批評，自然很難是客

---

[12] 見《中國地方志詞典》，第88頁。

[13] 同上，第97頁。

[14] 同上，第74-75頁。

[15] 同上，第86頁。

[16] 同上，第87頁。

[17] 同上，第105頁。

[18] 見李厚基、陳衍等：（民國）《福建通志》，藝文志卷二十八。

[19] 方豪：《連氏〈臺灣通史〉新探》，載《方豪六十自訂稿》上冊，第1056頁。

觀而公允的。

　　周蔭棠先生沒有讀過《臺灣通史》，這是他自己告訴我們的，是他所說的「臺灣遺民連雅堂於民國十四年成《臺灣通史》一書」這句話露出了真相。根據鄭喜夫先生《民國連雅堂先生橫年譜》記載，《臺灣通史》脫稿於 1918 年 8 月，初版於 1920 年 11 月至 1921 年 4 月，分上、中、下三冊發行。[20]這是任何一個研究《臺灣通史》者都必須掌握的基本事實。其實，只要讀過《臺灣通史》的人，都可以從連橫的「自序」和其夫人的「後序」中了解到《臺灣通史》的「成書」的時間。可是，周蔭棠先生卻偏偏將《臺灣通史》成書的時間搞錯了，這足以說明他並沒有讀過《臺灣通史》。它沒有讀過，不是他不讀，而是在他批評《臺灣通史》時（《臺灣郡縣建置志》初版於 1944 年），在大陸不容易看到《臺灣通史》一書。據徐炳昶 1945 年為《臺灣通史》所寫的序言中說，此前，對《臺灣通史》，「國人得之非易」。

　　周蔭棠先生所以會把《臺灣通史》成書的時間搞錯，除了他沒有讀過《臺灣通史》之外，還因為他錯誤理解了章太炎為《臺灣通史》所寫序言中的一句話。章太炎先生說：「直富有票舉兵，余與其人多往復，為有司所牽，遁而至臺灣。臺灣隸日本已七年矣，猶以鄭氏舊事，不敢外事之。逾十年，漢土光復。又十四年，遺民連雅堂以所作臺灣通史見示。」[21]章太炎先生說的是民國 14 年（1925 年）連橫將《臺灣通史》送給他（據《民國連雅堂先生橫年譜》記載，1922 年，張繼在章太炎處已見到《臺灣通史》[22]）。但周蔭棠卻根據章太炎的這句話，以為「民國 14 年」是《臺灣通史》成書的時間，這已經是一個過於粗疏和武斷的錯誤。

　　更嚴重的問題還在對於《臺灣通史》體例的看法上。周蔭棠先生從章太炎先生的序言中得到了對《臺灣通史》體例的一些印象，並引述了其中一些語言，但卻做出了和章太炎先生完全相反的價值判斷。章太炎

---

[20] 鄭喜夫：《民國連雅堂先生橫年譜》，臺灣商務印書館 1980 年版，第 177－131 頁。

[21] 轉引自《民國連雅堂先生橫年譜》，第 194 頁。

[22] 同上，第 137 頁。

先生說：「鄭延平之起臺灣也，以不毛之地，新造之國，而抗強胡百萬之眾，至於今遂爲海中奧區焉。……臺灣故國也，其於中國，視朝鮮、安南爲親，志其事者，不視以郡縣，而視以封建之國，故署曰通史，蓋華陽國志之例也。……作者之志，蓋以道土訓者，必求其地建置之原。臺灣在明時，無過海中一浮島，日本、荷蘭更相奪攘，亦但羈縻不絕而已，未足云建置也。自鄭氏受封，開府其地，子遺士女，輻輳於赤嵌，銳師精甲，環列而守，爲恢復中原根本，然後屹然成巨鎮焉。鄭氏系於明，明系於中國，則臺灣者實中國所建置。……雅堂之書，亦於是爲臺灣重也。」[23]周蔭棠先生則說：「臺灣之於中國，不視爲其郡縣，而視爲其封建之國，故署曰通史，以臺灣之史爲國別史，既昧事實，又舛體制。」周先生這段話的前半部分，如果不是出自章太炎先生爲《臺灣通史》所寫序言的話，不可能還有別的出處。後半部分，則是他自己的「標新立異」。但是，這種「標新立異」是在沒有讀過《臺灣通史》原書的情況下做出的。了解這一點，人們就會十分慎重地對待他對《臺灣通史》體例所作的批評了。

　　總而言之，一省不能有「通史」，只有國史才能稱「通史」的說法是站不住腳的。利用《臺灣通史》的體例大做文章的人們，實際上對什麼叫「通史」，以及對中國傳統的史志關係，對《臺灣通史》，並沒有真正的了解。

二

　　連橫是否已經明確將臺灣視爲一國？怎樣看待《臺灣通史》中「建國紀」的安排？對於這些問題，筆者在 1990 年時就說過，連橫這樣安排《臺灣通史》的體例，「確實是把臺灣當作一『國』來看待的。當時，臺灣處於日本殖民統治之下，把它作爲一『國』，自然含有表示臺灣不屬於日本的意思。但也應當注意到，還有另外一層意思，連橫要寫的『國』

是漢人之『國』，是明亡之後，鄭氏在臺灣堅持了 20 多年的『國』，是
清廷割棄臺灣之後，臺灣紳民宣佈建立的『臺灣民主國』。《臺灣通史》
有一個明顯的傾向，即對清朝的統治採取藐視和不承認的態度。連橫把
鄭氏事跡納入〈建國紀〉，稱臺灣歸清爲『亡國』，恨施琅覆臺之後，『台
無申胥，不能爲復楚之舉』，都說明了這一點。這也就是他爲什麼對清
朝官吏修撰的大量頌揚清廷『德政』的臺灣舊方志視而不見，聲稱『臺
灣無史』的原因。因此可以說，《臺灣通史》的體例是連橫獨具匠心，
欲爲漢人的臺灣修史而設計的。所以，它既有表示臺灣不屬於日本的進
步意義，也有大漢族主義的歷史局限性」[24]。在承認連橫是把臺灣當作
一「國」來看待這一點上，筆者和陳其南先生有共同之處。但是，在具
體地如何理解這一「國」的內涵，以及如何解讀「建國紀」的安排等方
面，筆者和陳其南先生則是根本不同的。這裡的不同，主要表現在以下
幾個方面：

　　1.有沒有強調連橫寫作《臺灣通史》的時代背景。當臺灣處在日本
的殖民統治之下時，把臺灣當作一「國」來看待，表明作者主張臺灣不
屬於日本。當臺灣處在中國人的管轄之下時，把臺灣當作一「國」來看
待，則表明作者主張臺灣不屬於中國。這裡的區別，十分重要。連橫是
在臺灣淪爲日本殖民地的歷史條件下寫作《臺灣通史》的。他寫作《臺
灣通史》的目的，就是爲了保存民族傳統，宣揚民族精神。他在《臺灣
通史》自序中說：「夫史者民族之精神，而人群之龜鑑也。代之盛衰，
俗之文野，政之得失，物之虛盈，均於是乎在。故凡文化之國，未有不
重其史者。古人有言，國可滅，而史不可滅。……然則臺灣無史，豈非
台人之痛歟？……橫不敏，昭告神明，發誓述作，兢兢業業，莫敢自遑。
遂以十稔之間，撰成《臺灣通史》……洪維我祖宗，渡大海，入荒陬，
以拓殖斯土，爲子孫萬年之業者，其功偉矣。追懷先德，眷顧前途，若
涉深淵，彌自儆惕，烏乎念哉！凡我多士，及我有朋，惟仁惟孝，義勇

---

[24] 同上，江西人民出版社 1990 年版，第 349－350 頁。

奉公，以發揚種性，此則不佞之幟也。」[25]連橫自己說得很清楚，他是抱著「國可滅，而史不可滅」的精神來寫作《臺灣通史》的，這表明了與他日本侵略者之間有著「滅國」的仇恨，也表明了他作爲一個文人對祖國的最高的忠貞。但是，陳其南先生有意模糊連橫寫作《臺灣通史》的時代背景，似乎連橫即使在今天也會把臺灣當作一「國」來看待，這實際上是企圖借連橫的故事，來表明他自己的主張。

2. 有沒有分析連橫把臺灣當作一「國」，這一「國」的具體內涵是什麼。9年前，筆者曾經分析了連橫在《臺灣通史》中把臺灣當作一「國」有哪些具體的內涵。現在看來，這些分析仍然是正確的，只不過還可以稍作補充。爲了更好地說明這個問題，我們不妨摘引幾段連橫的有關表述：

連橫在《臺灣通史》卷六〈職官志〉中說：「夫臺灣固我族開闢之土，延平既至，析疆行政，托育元元。而我顛沛流離之民，乃得憑借威靈，安生樂業，此天之默相黃胄，而故留此海外乾坤，以存明朔也。……克台之歲，改臺灣爲東都，置承天府，以楊朝棟爲府尹，祝敬爲天興知縣，莊之列爲萬年知縣，設安撫司於澎湖，是爲地方之制。又以周全斌總督承天府南北諸路，任官撫番，分管社事，綱紀振飭，制度修明，決決乎大國之風也。……克塽幼，不能治國，以至於亡。」[26]

《臺灣通史》卷十四〈外交志〉中說：「臺灣當鄭氏之時，彈丸孤島，頡頏中原，玉帛周旋，蔚爲上國。東通日本，西懾荷蘭，北結三藩，南徠呂宋。蕩蕩乎，決決乎，直秩春秋之鄭矣。嗣王沖幼，左右失人，叛將倒戈，而臺灣乃不國焉。」[27]

《臺灣通史》卷三十〈朱一貴列傳〉中說：「朱一貴，少名祖，漳之長泰人，或言鄭氏部將也。明亡後，居羅漢內門，飼鴨爲生，地遼遠，政令莫及。性任俠，所往來多故國遺民，草澤壯士，以至奇僧劍客，留宿其家，宰鴨煮酒，痛譚亡國事，每至悲歙不己。」朱一貴起兵之時，

25 連橫：《臺灣通史》上冊，商務印書館1983年版，第7－8頁。
26 同上，第101－102頁。
27 同上，第273頁。

「布告中外曰：在昔胡元猾下，竊號神州，穢德彰聞，毒遍四海。我太祖高皇帝提劍而起，群士景眾，以恢復區宇，日月重光，傳之萬世。逆闖不道，弄兵潢池，震動京師，帝后殉國……何圖建虜，乘隙而入，借言仗義，肆其窮凶，竊據我都邑，奴僇我人民，顛覆我邦家，殄滅我制度。……延平郡王精忠大義，應運而生，開府思明，經略閩、粵……南京之役，大勳未集，移師東下，用啓臺灣，率我先民，以造新邑。遙奉正朔，永戴本朝。……天未厭禍，大星遽殞，興王之氣，猝爾消沉。……滄海橫流，載胥及溺。茫茫九州，無復我子孫托足之所矣。哀哉！……古人有言，炎炎之火，可焚昆岡。是以夏後一成，能復故國；楚人三戶，足以亡秦，況以中國之大，人民之眾，忠臣義士之眷懷本朝，而謂不足以誅建虜乎？不佞世受國恩，痛心異族……爰舉義旗，為天下倡。……夫臺灣雖小，故延平郡王肇造之土也。……進則可以克敵，退則可以自存，博我皇道，宏我漢京，此其時矣。維是新邦初建，庶事待興，引企英豪，同襄治理，然後獎勵三軍。橫渡大海，會師北伐，飲馬長城，搗彼虜庭，殲其醜類，使胡元之轍復見於今，斯為快爾」。[28]據臺灣學者研究，連橫所寫的朱一貴的「布告」於史無據，可能是他自己的「創作」[29]。正因為如此，從中更可以看出他的「國家」觀念和排滿的思想。

連橫排滿的思想有著深遠的家庭背景，他在《臺灣通史》卷二十九〈諸老傳〉中說：「我始祖興位公生於永曆三十有五年，越二載，而明朝亡矣。少遭憫兇，長懷隱遁，遂去龍溪，遠移鯤海，處於鄭氏故壘，迨余已七世矣。守璞抱貞，代有潛德，稽古讀書，不應科試，蓋猶有左衽之痛也。故自興位公及至我祖我父，皆遺命以明服殮。故國之思，悠悠遠矣。橫不肖，懼隕先人之懿德，兢兢業業，覃思文史，以葆揚國光，亦唯種性之昏庸是儆。緬懷高蹈，淑慎自身，以無慚於君子焉。」[30]

---

[28] 同上，第 537－542 頁。

[29] 楊雲萍：《臺灣史上的人物》，成文出版有限公司 1984 年版，第 82 頁；劉妮玲：《連橫民族史觀的價值與限制──以清代臺灣民變為例說明》，載《台北文獻》直字第 61、62 期合刊。

[30] 《臺灣通史》下冊，第 524 頁。

連橫在《雅堂文集》卷二「告延平郡王文」中寫道說：「中華光復之年壬子春二月十二日，臺灣遺民連橫誠惶誠恐，頓首載拜，敢昭告於延平郡王之神曰：吁嚱，滿人猾夏，禹域淪亡，落日荒濤，哭望天末，而王獨保正朔於東都，已與滿人拮抗，傳二十有二年而始滅。滅之後二百二十有八年，而我中華民族乃逐滿人而建民國。此雖革命諸士斷脰流血，前仆後繼，克以告成，而我王在天之靈，潛輔默相，故能振天聲於大漢也！夫春秋之義，九世猶仇；楚國之殘，三戶可復。今者，虜酋去位，南北共和，天命維新，發皇蹈厲，維王有靈，其左右之。」[31]連橫此文中所表現的情懷，與陸游〈示兒〉詩中「王師北定中原日，家祭無望告乃翁」是何等的相似。

從以上的表述中，我們可以十分清楚地看到，在連橫的史觀中，有一種強烈的排滿思想。這種思想的產生與連橫出生在臺南以及受辛亥革命的影響有關。臺南曾經是鄭氏政權的政治中心，鄭氏政權堅持明朝正朔以及許多「反清復明」的故事對連橫有著深刻的影響。連橫曾經和中國同盟會的人士有過接觸，同盟會綱領中「驅除韃虜，恢復中華」的思想也是他十分易於接受的。所以，連橫認同的國家只能是漢人建立的政權。在他的心目中，清朝的統治即意味著「國家」的淪亡，鄭氏政權在臺灣堅持明朝正朔的 20 多年，就是臺灣代表一「國」的 20 餘年。鄭氏降清之後，這個「國家」就徹底淪亡了。等到辛亥革命推翻清朝的統治，建立中華民國，這個「國家」才得以光復。因此，連橫把臺灣當作一「國」，這一「國」，就是堅持明朝正朔 20 多年的鄭氏政權，就是明朝，就是漢人的中國。但是，陳其南先生有意不去分析這一「國」的具體內涵，只是籠統地提到連橫將臺灣視為一「國」，似乎這一「國」是一個有別於中國的國家。陳其南先生這種故意的「疏忽」，當然有他自己的用心。

3.如何解讀「建國紀」的安排。在了解了連橫把臺灣當作一「國」，這一「國」的具體內涵之後，人們對《臺灣通史》中〈建國紀〉的安排就不會感到奇怪了。事實上，「建國紀」的全部內容都是鄭成功及其子

31　連橫《雅堂文集》卷二，哀祭。

孫抗清鬥爭的記載，其中鄭成功收復臺灣之前的篇幅占四分之一強。換句話說，所謂〈建國紀〉，記載的就是，鄭氏政權在明朝中央政府覆亡之後，在閩、粵，尤其在臺灣堅持明朝正朔，繼續與清王朝對抗的歷史。所以〈建國紀〉記載文字的最後一句話才是會是「自成功至克塽，凡三世，三十有八年，而明朔亡」。[32]

為了更好地解讀〈建國紀〉的安排，我們不妨再摘引一些連橫其他有關的表述：

在《臺灣通史》卷一〈開闢紀〉中，連橫不但記載了表明鄭成功觀點的「臺灣者，中國之土地也」這樣的內容，而且也寫下了表明他自己觀點的鄭成功驅逐荷人「而臺灣復為中國有矣」這樣的文字。在最後的評論中，連橫還寫道：「延平入處，建號東都，經立，改名東寧，是則我民族所肇造，而保守勿替者。然則我台人當溯其本，又啟後人，以毋忘篳路藍縷之功也。」[33]從這些文字中，我們不難看出，連橫所說的鄭成功在臺灣「建國」，建的就是「中國」（中國的一部分）。

連橫在《雅堂文集·閩海紀要·序》中說：「余居承天，延平郡王之東都也。緬懷忠義，冀鼓英風，憑弔山河，慨然隕淚。洎長讀書，旁及至乘，而記載延平，辭多誣衊，余甚恨之！弱冠以來，發誓述作，遂成臺灣通史三十六卷，尊延平於本紀，稱曰建國，所以存正朔於滄溟，振天聲於大漢也。」[34]在這段話中，連橫把自己為什麼會作〈建國紀〉的安排說得一清二楚。有了這樣的解釋，本來是不應該被「誤讀」的。但是，陳其南先生根本不想了解連橫的真實用意，而是看見「建國」二字就以為可以拿來作文章，這種望文生義的作法，卻恰恰是把「不可能被誤讀的安排」給「誤讀」了。

三

---

[32]《臺灣通史》上冊，第 42 頁。

[33] 同上，第 17－19 頁。

[34]《雅堂文集》卷一，序跋。

　　《臺灣通史》中是否蘊涵著「台獨」意識？對於這樣的問題，在看了以上的論述之後，讀者應當已經可以得出明確的答案。事實和陳其南先生的看法正好相反，《臺灣通史》中不但沒有蘊涵任何的「台獨」意識，反而是充滿了強烈的「中國意識」。關於連橫在《臺灣通史》中所體現的民族意識與愛國主義，過去許多文章都進行過討論，這裡不再贅述。筆者要稍作補充的是，連橫曾經擔心處在日本殖民統治之下的某些臺灣人會忘記自己的祖國，因此在《臺灣通史》中反覆諄諄告誡：臺灣人是中國人，臺灣人應當不忘記自己的祖國。他在〈風俗志〉中說：「臺灣之人，中國之人也，而又閩、粵之族也。……緬懷在昔，我祖我宗，橫大海，入荒陬，臨危御難，以長殖此土，其猶清教徒之遠拓美洲，而不忍爲之興隸也。」[35]在〈朱一貴列傳〉中說：「吾聞延平郡王入台之後，深慮部曲之忘宗國也，自倡天地會而爲之首，其義以光復爲歸。延平既沒，會章猶存。數傳之後。遍及南北，且橫渡大陸，浸淫於禹域人心，今之閩、粵尤昌大焉。婆娑之洋，美麗之島，唯王在天之靈，實式憑之！然則臺灣之人固當以王之心爲心也。」[36]把這樣充滿了民族精神和愛國主義的歷史著作說成是蘊涵著「台獨」意識，這與「指鹿爲馬」又有何異！

　　筆者可能屬於陳其南先生所指的「歷史學究」的一類。但是，筆者無意去「試圖清除連橫臺灣通史所蘊涵的『台獨』意識」，因爲所謂「連橫臺灣通史所蘊涵的『台獨』意識」，根本就是不存在的東西。筆者試圖消除的是，那些企圖強加在《臺灣通史》之上莫須有的東西。

　　在結束本文之前，筆者不禁還有一些感慨：近年來，少數臺灣學者在自己的研究中「泛政治化」的現象十分嚴重。他們總喜歡把現實生活中的某些政治因素強加到學術研究中去，就像大陸「文革」期間「四人幫」的「影射史學」一樣，其結果，導致走火入魔，只能糟蹋了學術。

---

[35] 《臺灣通史》下冊，第 423 頁。
[36] 同上，第 546 頁。

經歷臺灣史研究三十年

　　2008 年，是中國大陸改革開放的 30 周年，也是我個人從事臺灣史研究的 30 周年。1978 年，我從廈門大學歷史系畢業後，留在系裡當助教。當時，系領導分配給我的工作，除了教學方面參加中國近代史教研室的活動，社會工作方面擔任歷史專業 78 級本科班和大專班的輔導員外，科研方面則參加臺灣史研究小組的活動。可以說，一參加工作，我就參與到了臺灣史的研究之中。1980 年，廈門大學臺灣研究所成立，雖然當時我的人事關係還在歷史系，但已經參加了臺灣研究所的一些活動。1982 年，我正式轉到臺灣研究所工作，專門從事臺灣史研究，此後一直沒有中斷。因此，在廈門大學從教的 30 年，也是我從事臺灣史研究的 30 年。而且巧合的是，這時間正好與改革開放的時間同步，見證了臺灣史研究 30 年來的發展。儘管 30 年來自己取得的研究成果不多，但作爲一名臺灣史研究的老兵，將自己所經歷的臺灣史研究的一些往事作一個簡單的回顧，也是蠻有意義的。

一

　　在我留系任教之前，廈門大學歷史系早已有了臺灣史的研究。林惠祥先生早在 1929 年和 1935 年就曾到臺灣原住民居住的地區進行社會調查，並收集了許多文物，成爲廈大人類博物館的珍藏。1962 年，在廈門召開了一個全國性的紀念鄭成功收復臺灣 300 周年的學術討論會，傅衣凌、陳碧笙、陳詩啓、陳國強、陳孔立先生等都在這次研討會上發表了論文。據陳孔立老師介紹，會議之後，傅衣凌先生就指出，不能只研究鄭成功，應當研究臺灣史。因此，在「文革」前，學校圖書館就購買了臺灣出版的《臺灣文獻叢刊》309 種中的 200 餘種，爲臺灣史的研究提供了很好的資料基礎。在我畢業之前，歷史系已經有了臺灣史研究小組，從事臺灣史研究的老師有陳在正、陳國強、陳碧笙、陳孔立、林其泉、李強等。分配工作時，系主任陳在正老師將我安排到歷史研究所，

側重科研，做臺灣史研究。所以，我一開始參加臺灣史研究的工作，就處在一個有歷史傳統、有良師指導的學術環境之中。

剛參加臺灣史研究小組的活動之時，系領導給我一項任務，每個星期固定一天，到學校圖書館參考部領取臺灣出版的 3 份報紙：《中央日報》、《新生報》、《自立晚報》。報紙領回來之後，存放在臺灣史研究小組的辦公室，由我管理，只有研究小組的人可以閱讀。過了一定的時間，再把報紙交回圖書館。這 3 份報紙雖然對研究臺灣史沒有太多的幫助，但對於我們瞭解臺灣的現狀則幫助很大。在上世紀七十年代末，能夠閱讀到臺灣的報紙，可以算是我們臺灣史研究小組的政治特權。

參加臺灣史研究工作後，對我幫助最大、指導最多的是兩位陳老師：陳在正老師和陳孔立老師。

我撰寫的第一篇臺灣史論文「試論 1888 年臺灣彰化施九緞起事」，是陳孔立老師給我的命題作文。與朱一貴、林爽文、戴潮春起義相比，「施九緞起事」在臺灣歷史上是一個比較小的事件，是臺灣第一任巡撫劉銘傳在臺灣進行「清賦」之後所引發的一個事件。經過「文革」之後，當時史學界很習慣把所有民間反抗封建統治的鬥爭都稱之為「農民起義」。陳孔立老師對我說：你去研究看看，施九緞是不是農民起義？我在大量搜集資料的基礎之上，從「施九緞起事」的發生、發展和平息的過程，以及不同階級在其中的態度、地位和作用，進而論述它的性質，認為「施九緞起事」不是一次農民起義，而是一次地主階級和封建政權之間因田租再分配而進行的鬥爭。初稿寫出來以後，陳孔立老師給我提出了許多修改意見。我修改一稿之後，陳孔立老師又提出了修改意見，如此反覆修改了 3 遍。文章改好後，提交參加了 1979 年廈門大學第八屆科學討論會歷史組的討論。那時，全國剛開過科學大會不久，學術研究的氣氛很濃，學校每年都要召開一次全校性的科學討論會（1979 年以後是 2 年開一次）。參加了討論會之後，我也沒有想到要把文章投給哪個刊物（那時對教師還沒有發表文章數量上的要求），陳孔立老師又主動地把我的文章推薦到《廈門大學學報》1981 年增刊上發表。經過

第一篇臺灣史論文的寫作，我深刻體會到，陳老師的指點，對自己研究能力的提高幫助很大。此後多年，我每寫一篇文章，都會先讓陳孔立老師看看，請他提出修改意見。

1980 年 7 月，廈門大學臺灣研究所成立。這是中國大陸第一個專門研究臺灣的學術機構，有自己的資料室。臺灣研究所成立之後，由於有專項經費，可以採買臺灣出版的圖書和報刊雜誌，爲包括臺灣史研究在內的臺灣研究提供了日益豐富的資料，更爲研究人員從事專職臺灣研究和對外學術交流提供了一個堅實的平臺。

我第一次外出收集臺灣史的資料，是 1980 年的 10 月跟隨陳在正老師到北京。陳在正老師那時雖然人事關係還在歷史系，但已兼任臺灣研究所的副所長。他帶領我在北京一住就是 50 天，大部分時間在中國第一歷史檔案館查閱明清時期的臺灣史檔案資料，同時也到北京圖書館、中國社科院近代史研究所圖書館、北京大學圖書館等查閱臺灣史資料。在這次查閱資料過程中，我們大致瞭解了這些單位有關臺灣史資料的收藏情況。陳在正老師代表廈門大學臺灣研究所與中國第一歷史檔案館編輯部、滿文部商議了合作整理出版有關臺灣史檔案資料的意向，並且複印了清代咸豐、同治年間臺灣民眾反抗封建統治鬥爭的檔案史料 20 多萬字。我們還在一些圖書館複印了一些有關「二二八事件」的資料（這些資料成爲我此後編輯《二二八起義資料集》和進行「二二八事件」研究的基礎）。此後數年間，我又多次跟隨陳在正和陳孔立老師到中國第一歷史檔案館搜集臺灣史資料，並參與整理編輯出版了《康熙統一臺灣檔案史料選輯》、《鄭成功檔案史料選輯》、《鄭成功滿文檔案史料選譯》等。陳在正老師整理檔案史料和做研究都十分嚴謹，他善於挖掘史料進行嚴密的考訂，文章樸實無華，一如他的爲人。讀他的文章，都會爲其中扎實的史料所折服。在跟他學習的過程中，我從中得到了許多的教益。

1981 年 10 月，我編輯的《二二八起義資料集》由臺灣研究所作爲《臺灣資料叢刊》之三鉛印，分上、下 2 冊，約 28 萬字。這份資料經常被台研所作爲交流資料贈送給來訪的學者，所以在它正式出版前就已

經為一些研究者所引用。

1982 年 7 月，我正式調到臺灣研究所。也在這時，福建省在廈門大學召開了「文革」後第一次大規模的鄭成功學術研討會。研討會有100 多位學者參加，其中還有美國和日本的學者。研討會的學術組由陳孔立老師負責。學術組專門編輯了《臺灣鄭成功研究論文選》，選編了22 篇臺灣學者研究鄭成功的論文，經福建人民出版社支持，趕在研討會之前出版，提供給與會者參考。陳孔立和陳在正老師讓我也參與了《臺灣鄭成功研究論文選》的選編工作。參加研討會的論文由陳孔立老師把關審稿，他不唯名，只唯實，把一些有名望的老先生的文章給「斃了」，卻讓我們這些年輕助教的文章入選，給了我們很大的鼓舞。

1983 年，由廈門大學臺灣研究所主辦的《臺灣研究集刊》創刊，開始時為內部刊物。《臺灣研究集刊》的創辦，為包括臺灣史研究成果在內的臺灣研究成果的發表提供了一個十分重要的學術園地，當年第 2期（也是總第 2 期）發表的文章全部是臺灣史的論文。這一年，臺灣研究所原準備召開紀念康熙統一臺灣 300 周年學術研討會。會議報批過程中，據說由於有些台籍人士對施琅等人物和清代對臺灣的治理有不同的看法，主管單位沒有批准這次學術研討會的召開，說明當時對臺灣歷史的研究，還有某種程度的「禁忌」。

1987 年，我在《臺灣研究集刊》第 2 期發表《試論臺灣二二八事件中的民主和地方自治要求》一文。提出：「二二八事件」不是國民黨政權一貫所說的企圖「顛覆政府」、「背叛國家」的暴亂事件，也不是「中國共產黨領導下的一次起義」，更不是什麼「臺灣人民的一次抗外鬥爭」，它是一場多層次的人民民主自治運動，唯有「民主」與「自治」才反映了當時廣大臺灣人民的心聲。當時，全國從北京到各省市，每年到了「2.28」，都要紀念「二二八起義」。而我說它不是「起義」，相信有些人看了肯定不高興。這篇文章在大陸沒有公開的反應，在臺灣卻受到了一定的注意。臺灣《當代》雜誌 34 期（1989 年 2 月出版）轉載了這篇文章。1989 年 2 月 27 日，夏潮聯誼會在臺北舉辦「2.28 事件的真

相與假相」演講會，演講會宣傳品的背面只印了一篇文章，就是我的這篇文章的部分內容。以後，又有一些研究者陸續引用過這篇文章。

1988 年 6 月，我參加了在香港大學舉辦的「臺灣經濟、歷史、文學和文化國際學術會議」，第一次在境外參加學術研討會。當時參會的臺灣學者有：魏萼教授、呂秀蓮、蔡文輝教授等。我提供給會議的論文是《清政府禁止沿海人民偷渡臺灣和禁止赴台者攜眷的政策及其對臺灣人口的影響》。論文報告之後，在美國印第安那普渡大學社會學系任教的臺灣學者蔡文輝教授給予了較高的評價。在當時的研討會上，報告人的文章被評論者「修理」的居多，被說好話的較少。會議休息時，陳孔立老師讓我去向蔡教授表示感謝，感謝他的鼓勵。會後，蔡教授在撰文介紹這次會議時，對我的文章仍然給予了較高的評價。這使我認識到，在對外學術交流時，研究成果的學術性是十分重要的。

1988 年 8 月，以王曉波教授、尹章義教授為團長的「大陸臺灣史研究現況考察團」一行 20 餘人到廈門訪問，與廈門大學臺灣研究所一同舉辦「臺灣研究學術交流會」。他們這個團在臨行之前，受到臺灣當局的種種阻撓，因此，尹章義教授在專門趕印帶來交流的《臺灣歷史與臺灣前途》一書上，印上了「抽濃煙，喝烈酒，大聲抗議」幾個大字。由於臺灣當局不讓他們組團到大陸交流，他們就分別以個人的身份，並在原來的團旗上加上了「不是」兩個字，到大陸進行交流活動。他們積極促進兩岸學術交流的策略與方法給我們留下了深刻的印象。這也是我第一次參加只有大陸和臺灣雙邊學者參加的臺灣史學術研討會。

1989 年 11 月起，廈門大學的臺灣所、歷史系、人類所與臺灣中研院民族學研究所、美國斯坦福大學合作進行「閩台社會文化比較研究」項目。這是我們所第一次與臺灣學者進行合作研究，陳在正老師、陳孔立老師、周翔鶴、陳小沖與我參加，負責福建平和縣與南靖縣的調查。參加這個項目的臺灣學者有莊英章、潘英海等，美國學者有武雅士、張富美（後來曾在民進黨執政時任「僑委會委員長」）等。這個專案需要做大量的田野調查，我們嘗試在其中結合社會學的方法進行臺灣史研

究。

　　1990 年 4 月，我的專著《臺灣通史辨誤》在江西人民出版社出版。這本書出版後有一定的社會影響，我想有 3 個原因：一、《臺灣通史》和它的作者連橫先生影響都很大，而我的書敢於向權威挑戰，因此出名；二、連橫的孫子連戰是臺灣的政要；三、我的朋友林嘉書爲此書寫了一篇書評發表在《人民日報》（海外版）上[1]（不是我要求他寫的）。

　　1991 年，我在臺灣出版了 2 本書，發表了 1 篇文章。這年 2 月，臺灣稻鄉出版社將以前由廈門大學臺灣研究所鉛印的《二二八起義資料》改成《二二八事件資料集》出版，我增寫了一篇序言。7 月，臺灣自立晚報文化出版部出版了《臺灣通史辯誤》的增訂本。8 月，我寫的《廈門大學臺灣研究所的臺灣史研究》在《中國論壇》雜誌發表，將廈門大學臺灣研究所的臺灣史研究情況介紹給臺灣的學術界。

　　1995 年 5 月，我第一次赴台參加由臺灣中研院近代史研究所與「亞洲與世界社」共同舉辦的「閩台經濟關係研討會」。由於我們赴台時間一再被推遲，我爲這次會議專門準備的論文《臺灣建省初期的福建協餉》此前已在《臺灣研究集刊》發表，但仍在會上作了宣讀。

　　1996 年 4 月，陳孔立老師主編的《臺灣歷史綱要》由九洲圖書出版社出版，並在北京人民大會堂舉行了首發式。這本書的編寫由中國史學會和全國臺灣研究會發起，1994 年 3 月組成編委會，開始編撰工作。編委會成員都是著名的史學家和臺灣問題研究專家，他們是：王汝豐（中國人民大學歷史系）、王慶成（中國社科院近代史研究所）、李侃（中華書局）、李學勤（中國社科院考古研究所）、陳孔立（廈門大學臺灣研究所）、金沖及（中共中央文獻辦公室）、姜殿銘（中國社科院臺灣研究所）、蕭敬（全國臺灣研究會）、戴逸（中國人民大學清史研究所）。編委會主任委員由中國史學會會長戴逸教授擔任，副主任委員由陳孔立、姜殿銘、王汝豐擔任。本書的作者來自廈門大學臺灣研究所、中國社科院臺灣研究所、中國社科院近代史研究所、中國人民大學歷史系。廈大臺灣

---

[1] 林嘉書：《讀〈臺灣通史辨誤〉》，《人民日報》（海外版），1990 年 9 月 11 日第 2 版。

研究所的陳孔立、陳在正、林仁川、鄧孔昭、李祖基、周翔鶴、陳小沖承擔了全書大部分章節的寫作。在此書的編寫過程中，我除了承擔第三章「明鄭時期」的全部寫作和全書的校訂之外，還承擔了相當於編委會秘書的工作（具有同樣身份的還有全國臺灣研究會的李國林、修春萍）。在此書編撰約 2 年的過程中，編委會前後召開了 5、6 次會議，討論編寫大綱、試寫稿、初稿、定稿等，我有幸列席參加了編委會的每一次會議，聆聽編委會這些專家們治史、寫書的高見，確實有很大的收穫。

2005 年初，我和我們院的林仁川教授、管理學院的黃福才教授、人文學院的顏章炮教授，4 人承擔了給泉州「中國閩台緣博物館」設計陳列大綱的任務。專案由林仁川和黃福才負責。在一年多的時間裡，我們跑遍了省內歷史上與臺灣關係密切的每一個地區，同時，還到北京、上海、南京、臺灣等地搜集有關資料。僅在臺灣，我們就用了 10 餘天的時間，走遍了全島我們想看的每一處古跡和博物館，拍了數千張照片。「陳列大綱」前後修改了 30 餘稿，經陳列、展出部門的努力，博物館於 2006 年 5 月 27 日開館。開館一年多，據說觀眾已達 100 多萬人次，其中臺灣觀眾超過 10 萬。[2] 這是我們用臺灣史的研究成果為社會大眾服務的一次很好的機會，受眾如此之多，是我們其他的研究成果難以企及的。

個人的經歷總是有限的，回憶自己 30 年來從事臺灣史研究的一些經歷，是為了更好地反映這 30 年來整個臺灣史研究的變化。

二

30 年來，臺灣史研究的情況有了很大的變化，不但大陸的情況是如此，臺灣的情況也是這樣。

首先，是專業研究隊伍的不斷擴大。30 年前，大陸專門從事臺灣史研究的人很少，只有廈門大學、福建社科院有人專門從事臺灣史研

---

[2] 中國閩台緣博物館簡介，http://www.mtybwg.org.cn/。

究。大多數的人研究臺灣史，只是在自己的專業範圍之內，有時把研究的興趣轉移到臺灣史上面而已。這種情況在一個較長的時間裡沒有太大的改變。1993 年 11 月，中國史學會和全國臺灣研究會在北京聯合舉辦了一次「臺灣史學術研討會」。會上，廈門大學的學者提供了多篇學術論文，並且在發言中表現了對臺灣史的深入瞭解，以致其他省市的一些學者稱廈大學者爲「廈大兵團」，而稱自己爲臺灣史研究的「遊擊隊」。進入 21 世紀之後，中國社科院 2002 年成立了「臺灣史研究中心」，並且在近代史研究所中設立了臺灣史研究室，有多位學者專門從事臺灣史研究。北京聯合大學臺灣研究院（2005 年 4 月由原來的臺灣研究所升格）中也設立了臺灣文化歷史研究所，也有幾位學者專門從事臺灣史研究。廈門大學臺灣研究所 2004 年 4 月改爲臺灣研究院之後，原來的歷史研究室變成了歷史研究所，現有專門從事臺灣史研究人員達到 8 人。此外，在許多高校和研究機構中，願意把研究興趣轉移到臺灣史研究上面的學者也越來越多。

　　30 年來，臺灣島內隨著政治局勢的變化，臺灣史的研究也逐漸由冷門的學問變成了「顯學」，研究臺灣史的人越來越多。「中央研究院」在原來的歷史語言研究所、近代史研究所之外，專門成立了臺灣史研究所。在一些大學和研究機構中，對臺灣史有興趣的人大大超過了研究中國史和世界史的人數。據說，現在每年畢業的歷史專業的碩士生和博士生，學位論文以研究臺灣史的居多。臺灣史研究在臺灣社會之所以會出現這樣的「吸引力」，原因是多方面的。上世紀 70 年代以來，臺灣社會出現了「本土化」的傾向，開始有更多的學者對自己生長和生活的這塊土地的歷史有了更大的興趣，加上李登輝執政後期和民進黨執政期間臺灣當局推行「去中國化」的政策，中國史成了「別人」的歷史，因此，選擇研究臺灣史的人就更多了。當然，還有一些人研究臺灣史是爲了自己的「政治論述」，是爲了「重組」臺灣社會的「歷史記憶」。

　　其次，是研究成果的大量湧現。1978 年以前，大陸臺灣史的研究成果很少，除了「文革」前發表的少量的文章之外，還有幾本較爲通俗

的小冊子，如王芸生的《臺灣史話》、[3]劉大年、丁名楠的《臺灣歷史概述》、[4]楊克煌的《臺灣人民民族解放鬥爭小史》[5]等。1978 年以後，臺灣史的研究成果逐漸增多。發表的論文，由每年幾篇到每年十幾篇，到每年幾十篇。專著也開始陸續出版，並且出現了一些具有較高學術價值和較大學術影響的著作。其中，較具代表性的著作，通史類的有：陳碧笙的《臺灣地方史》、[6]陳孔立主編的《臺灣歷史綱要》[7]等；斷代的著作有：楊彥傑的《荷據時代臺灣史》、[8]陳小沖的《日本殖民統治臺灣五十年史》、[9]茅家琦主編的《臺灣三十年》[10]等；專史類的著作有：陳孔立的《清代臺灣移民社會研究》、[11]黃福才的《臺灣商業史》、[12]林仁川的《大陸與臺灣的歷史淵源》、[13]劉登翰等主編的《臺灣文學史》[14]等。此外，在研究資料的整理出版方面，近年來也有了可喜的發展。不但一些珍稀的臺灣史研究資料經過整理出版，如李祖基點校的張嗣昌的《巡台錄》、尹士俍的《臺灣志略》、季麒光的《蓉洲詩文稿選輯》、《東寧政事集》[15]等；同時也有一些大型的臺灣史研究資料的出版，如陳支平主編的《臺灣文獻彙刊》（100 冊），[16]中國第二歷史檔案館、海峽兩岸出版交流中心編的《館藏民國臺灣檔案彙編》（300 冊）[17]等。

---

[3]　王芸生：《臺灣史話》，中國青年出版社，1955 年。

[4]　劉大年、丁名楠：《臺灣歷史概述》，三聯書店，1956 年。

[5]　楊克煌：《臺灣人民民族解放鬥爭小史》，湖北人民出版社，1956 年。

[6]　陳碧笙：《臺灣地方史》，中國社會科學出版社，1982 年。

[7]　陳孔立主編：《臺灣歷史綱要》，九洲圖書出版社，1996 年。

[8]　楊彥傑：《荷據時代臺灣史》，江西人民出版社，1992 年。

[9]　陳小沖：《日本殖民統治臺灣五十年史》，社會科學文獻出版社，2005 年。

[10]　茅家琦：《臺灣三十年》，河南人民出版社，1988 年。

[11]　陳孔立：《清代臺灣移民社會研究》，廈門大學出版社，1990 年。

[12]　黃福才：《臺灣商業史》，江西人民出版社，1990 年。

[13]　林仁川：《大陸與臺灣的歷史淵源》，文匯出版社，1991 年。

[14]　劉登翰、莊明萱、黃重添、林承璜主編：《臺灣文學史》（上、下），海峽文藝出版社，1991 年。

[15]　李祖基點校、張嗣昌‧尹士俍撰：《巡台錄‧臺灣志略》，香港人民出版社，2005 年；李祖基點校、季麒光撰：《蓉洲詩文稿選輯‧東寧政事集》，香港人民出版社，2006 年。

[16]　陳支平主編：《臺灣文獻彙刊》，九州出版社、廈門大學出版社，2004 年。

[17]　中國第二歷史檔案館、海峽兩岸出版交流中心：《館藏民國檔案彙編》，九州出版社，2007 年。

　　臺灣的臺灣史研究成果更是可觀。30 年來，除了大量的論文之外，每年都有多種臺灣史著作出版。筆者曾經進行過一個粗略的統計，從 1979 年到 2002 年，僅研究清代臺灣史的著作就有 40 餘種之多。[18]近年來，清代臺灣史已不是臺灣學者研究的「熱點」，一些臺灣史研究的「熱點」，如日據時期臺灣史和平埔族的研究，其成果更是蔚爲大觀。研究資料的整理出版也有了許多新的進展，大量的檔案、古文書、日記、詩文稿被整理出版，爲研究者提供了很大的方便。從總的來說，臺灣學者的臺灣史研究成果，多數研究課題相對較小，但佔有資料充分，研究比較深入。由於社會環境的影響，也有少數一些臺灣史的著作帶有強烈的政治傾向，這些著作大多學術價值不高，只是政治觀點的附屬品。

　　海峽兩岸的臺灣史研究不同程度的都存在著社會環境和政治的影響。由於特殊的原因，吸引了許多的人對臺灣歷史感興趣，而參與其中的研究。由於社會的需要，臺灣史研究的文章和著作也相對比較容易發表和出版。因此，我們在看到許多有學術價值的研究成果的同時，也會看到一些「湊熱鬧」、「趕時髦」、粗製濫造、毫無新意的臺灣史著作和出版品。或許，中國如此之大，臺灣問題如此之熱，這種現象的出現也是十分正常的。在改革開放已經 30 年的今天，在強調文化大繁榮的今天，我們應當追求更多的學術精品，把臺灣史的研究引向更加深入。

---

[18] 鄧孔昭：《清代臺灣史研究綜述》，《臺灣研究論文精選》（文史篇），第 243－246 頁，台海出版社，2006 年。

國家圖書館出版品預行編目資料

鄧孔昭臺灣史研究名家論集/鄧孔昭 著者. -- 初版. -
臺北市：蘭臺, 2016.7
面； 公分
ISBN 978-986-5633-36-3 （精裝）
1.臺灣史 2.文集
733.2107   105009076

鄧孔昭臺灣史研究名家論集

著　　者：鄧孔昭
主　　編：卓克華
編　　輯：高雅婷
封面設計：塗宇樵
出 版 者：蘭臺出版社
發　　行：蘭臺出版社
地　　址：台北市中正區重慶南路 1 段 121 號 8 樓之 14
電　　話：(02)2331-1675 或(02)2331-1691
傳　　真：(02)2382-6225
E—MAIL：books5w@yahoo.com.tw 或 books5w@gmail.com
網路書店：http://bookstv.com.tw/、http://store.pchome.com.tw/yesbooks/、
　　　　　http://www.5w.com.tw、華文網路書店、三民書局
經　　銷：成信文化事業有限公司
電　　話：(02)2219-2080 　　　傳　真：(02)-2219-2180
地　　址：台北市中正區重慶南路 1 段 121 號 5 樓之 11 室
劃撥戶名：蘭臺出版社　帳號：18995335
網路書店：博客來網路書店 http://www.books.com.tw
香港代理：香港聯合零售有限公司
地　　址：香港新界大蒲汀麗路 36 號中華商務印刷大樓
　　　　　C&C Building, 36,Ting, Lai, Road, Tai,Po, New,Territories
電　　話：(852)2150-2100 　　　傳　真：(852)2356-0735
總 經 銷：廈門外圖集團有限公司
地　　址：廈門市湖裡區悅華路 8 號 4 樓
電　　話：(592)2230177 　　　傳　真：(592)-5365089
出版日期：2016 年 7 月初版
定　　價：新臺幣 2000 元整 　（全套新台幣 28000 元正，不零售）
ISBN：978-986-5633-36-3